Was ist
Friedenstheologie?

Ein Lesebuch

Was ist Friedenstheologie?

Ein Lesebuch

Herausgegeben im Auftrag
des Ökumenischen Instituts
für Friedenstheologie von
Thomas Nauerth

edition pace

Ökumenisches Institut für Friedenstheologie
www.oekum-institut-friedenstheologie.de

Diese Veröffentlichung
wurde unterstützt von der
Solidarischen Kirche im Rheinland

Bildmotiv auf dem Umschlag:
Edward Hicks (1780-1849), Peaceable Kingdom, ca. 1834,
National Gallery of Art, Washington.
Gift of Edgar William & Bernice Chrysler Garbisch.
https://commons.wikimedia.org/wiki/
File:Edward_Hicks_-_Peaceable_Kingdom.jpg

© 2020

Thomas Nauerth /
Ökumenisches Institut
für Friedenstheologie (Hg.):
Was ist Friedenstheologie? Ein Lesebuch

edition pace 12

Satz & Buchgestaltung: Peter Bürger

Herstellung & Verlag: BoD – Books on Demand, Norderstedt
ISBN: 978-3-7526-4444-9

Inhalt

Was tun?

„Den brüderlichen Ausgleich des Besitzes fördern,
im geringsten Umfange die Vorteile,
die einem zufallen, ausnützen,
sich in keiner Weise und auf keiner Seite an
einem Kriegsunternehmen beteiligen und
die Hypnose zerstören, mit deren Hilfe,
die in gedungene Mörder verwandelten
Menschen in dem Glauben erhalten werden,
daß sie etwas Gutes thun,
wenn sie Waffendienst leisten;
und vor allem
eine vernünftige christliche Lehre bekennen
und mit allen Kräften den grausamen, in jenem
falschen Christentum liegenden Betrug zerstören,
in dem unsere Jugend zwangsweise erzogen wird – :
in dieser dreifachen Thätigkeit, scheint mir,
besteht die Pflicht eines jeden Menschen,
der dem Guten dienen will und
der eine gerechte Entrüstung empfindet
über den schrecklichen Krieg."

Graf LEO TOLSTOI, Während des Transvaalkrieges.
In: Patriotismus und Regierung (Übersetzung Wladimir Czumikow)
Leipzig: Eugen Diederichs 1900, 48-51.51

Edward Hicks (1780-1849), Peaceable Kingdom, ca. 1834,
National Gallery of Art, Washington.
Gift of Edgar William & Bernice Chrysler Garbisch.
https://commons.wikimedia.org/wiki/
File:Edward_Hicks_-_Peaceable_Kingdom.jpg

Einleitung

Thomas Nauerth

Christliche Friedenstheologie beginnt, wenn beim theologischen Nachdenken über Krieg und Frieden die religiösen Überzeugungen und theologischen Grundlagen nicht vergessen, sondern ernst genommen werden. Christliche Friedenstheologie führt auf unterschiedliche theologische Wege. Christliche Friedenstheologie führt aber immer, das zeigt dieses Buch deutlich, zu Ablehnung von tötender (militärischer) Gewalt als einem legitimen politischen Mittel.

Mit diesem Buch verbinden wir zwei Anliegen:

Zum einen ist es eine kleine Selbstvorstellung des vor zwei Jahren gegründeten „Ökumenischen Instituts für Friedenstheologie".[1] Viele Beiträge dieses Buches stammen von Menschen, die sich diesem Institut zugehörig fühlen. Besonders zu Dank verpflichtet sind wir Gisa Luu für die unverzichtbare und doch so wenig sichtbare Tätigkeit des Korrekturlesens.

Zum anderen ist unsere Hoffnung, dass es auch zu einer Selbstvorstellung dessen kommt, was mit Friedenstheologie zu bezeichnen ist. Denn an den theologischen Universitäten im deutschsprachigen Raum hat Friedenstheologie zur Zeit keine Heimat. Dementsprechend fehlt sie in den Ausbildungen der zukünftigen Theologen und Theologinnen und damit natürlich auch in den christlichen Gemeinden.

---

[1] „Das Institut versteht sich im Sinne einer Vernetzungsstelle friedenstheologischer Projekte als Ansprechpartnerin für Personen, Organisationen und Institutionen. Es geht um friedenstheologische Fragestellungen und Forschungsprojekte im weitesten Sinn. Klassisch-theologische Grundfragen sollen in Hinsicht auf Theorie und Praxis der Gewaltfreiheit neu bedacht und artikuliert werden. Auf der Basis der Heiligen Schrift und der Zeugnisse gewaltfreier Praxis soll das Konzept aktiver Gewaltfreiheit in die kirchliche und wissenschaftlich-theologische Debatte eingebracht werden. Dazu wird der Austausch gesucht mit kirchlichen Gruppen, die sich für Frieden, Gerechtigkeit und die Bewahrung der Schöpfung engagieren." (www.oekum-institut-friedenstheologie.de)

Wir haben versucht, einzuladen und zu sammeln, was es an friedenstheologischer Nachdenklichkeit aktuell hier in Deutschland gibt. Es ist auf diese Weise eine spannende Sammlung ganz unterschiedlicher Texte zusammengekommen.

Neben Versuchen, auf die Frage „Was ist Friedenstheologie" eine direkte Antwort zu geben, auch im Vorgriff auf noch zu erstellende Lexikonartikel und hoffentlich kommende universitäre Disziplinbeschreibungen (Matthias-W. Engelke, Rainer Schmid, Theodor Ziegler) finden sich eindringliche exegetische und biblische Detailanalysen (Dietrich Becker-Hinrichs, Georg Steins, Thomas Nauerth, Martin Leiner). Anja Vollendorf sieht Friedenstheologie als notwendige Konsequenz christlicher Gotteslehre, daneben finden sich ekklesiologische (Ullrich Hahn, Marie Noëlle von der Recke) und christologische Ansätze (Hildegard Goss-Mayr), gefährliche Erinnerungen an große Vorgänger und Zeugen (Stefan Federbusch *ofm*, Johannes Weissinger, Gottfried Orth, Wolfgang Krauß), praxisorientierte spirituelle und homiletische Beispiele friedenstheologischer Orientierung (Karen Hinrichs, Margot Käßmann, Burkhard Luber, Michael Schober), ein Versuch, Friedenstheologie interreligiös zu verorten (Egon Spiegel), und eine Erkundung der Anschlussfähigkeit an bestehende Theologiekonzepte (Stefan Silber).

Zu Beginn fragt Peter Bürger in sehr eindringlicher Analyse, ob es schon zu spät für eine glückliche Jugend des homo sapiens sei. Die Menschwerdung stehe noch aus. Sie vollziehe sich erst da, wo unsere Gattung davon ablassen kann, das Kriegshandwerk des Tötens auszuüben und die Erde zu zerstören. Von daher spricht Bürger von „Friedenstheologie im zivilisatorischen Ernstfall".

Wir haben dieses Buch Lesebuch genannt, weil es uns auch um Texte geht, die in den Gemeinden lesbar sind. Ziel des Buches sind nicht nur Anstöße in die wissenschaftliche Theologie hinein, sondern Anstöße auch für diejenigen, die Christsein an der Basis, in den Gemeinden, in Friedensbewegungen, in Verbänden und an vielen anderen Orten (gewaltfrei) zu leben versuchen.

Christliche Friedenstheologie wird in der Regel, wie andere Theologie auch, in diskursiver, argumentativer Form betrieben. So vielfältig auch narrative Theologie gepriesen wird bzw. wurde, bis heute wird Theologie, die einen akademischen Anspruch hat (die also ernst genommen werden will), hierzulande nicht erzählerisch betrieben. Auch von dieser Tradition zeugen die Beiträge dieses Buches. Gleichwohl haben wir einige narrative Texte eingestreut. Denn mit ihrem diskursiven Theologiestil unterscheidet sich christliche Theologie deutlich von jenem Menschen, auf den sie sich sonst ständig bezieht. Das ist nicht unproblematisch. Wie die sogenannten Gleichnisse im Neuen Testament zeigen, war Jesus von Nazaret ein begnadeter Erzähler, er hat seine Theologie im wesentlichen narrativ entworfen. Jesus von Nazaret stand damit in der kulturellen Tradition Israels und seiner heiligen Schriften. Auch dort wurde bereits Theologie narrativ betrieben. Auch dort wusste man: von dem, was man nicht benennen und definieren kann, davon kann man immerhin erzählen.

Eine narrative Friedenstheologie kann damit anfangen, sich biblische Geschichten auszuleihen und sie ein wenig zu verändern, zuzuspitzen, zu verheutigen, gegen den Strich zu lesen. Friedenstheologie, narrativ betrieben, entwirft weniger Statements, sondern eher Provokationen oder Einladungen. Provoziert bzw. eingeladen wird zu einem neuen Nachdenken, zu Rückbesinnung und zur Klärung. Wenn einige Versuche solcher Art, Friedenstheologie zu betreiben, in diesem Buch mit aufgenommen sind, dann soll dadurch auch der Charakter eines Lesebuches unterstrichen werden. Eingestreut sind nicht zuletzt aus diesem Grund auch einige Bilder, einige bemerkenswerte Zitate und abschließend noch ein „Christlicher Fragebogen Frieden".

Friedenstheologie kann auch damit beginnen, sich den richtigen Fragen zu stellen. Dies war jedenfalls die Überzeugung des Theologen, Priesters und Poeten LOTHAR ZENETTI:

„Zu den Waffen, Leute?"– Doch
weshalb und was sollen wir dort?

„Der Feind steht im Land?" – Na und,
einen Stuhl wird's noch geben,
setz dich zu uns, Feind, selbst du
brauchst im Land nicht zu stehn.
„Erhebt euch?" – Wozu und was soll's?
Wir sitzen doch gerade so schön.

Gewonnen hat, und er kriegt einen Kuß,
wer der Menschheit beim
Überleben hilft. Zum Beispiel
indem er Stühle besorgt. Oder
Fragen stellt, ja dies vor allem.

Was meint ihr, Freunde? vielleicht
ist der Weg zum Frieden wirklich
mit Fragezeichen gepflastert?[2]

---

[2] Auszug aus dem Gedicht „Friede ist möglich". In: Lothar ZENETTI: Texte der Zuversicht. Für den einzelnen und die Gemeinde, München ²1973, 100f.

Edward Hicks (1780-1849): Peaceable Kingdom, Ausschnitt

Zum Titelbild „Peaceable Kingdom"

Der Quäker William Penn gründet seinen „Staat" Pennsylvannia
in friedlichen Verhandlungen mit den indianischen Stämmen.
Ein historisches, „heiliges Experiment" in Bezug auf einen Staat
ohne Gewalt bei seiner Gründung und für lange Jahre
im täglichen Alltag. Penn ist der einzige bisher,
der praktisch zeigen konnte, dass mit der Bergpredigt
erstaunlicherweise doch Staat zu machen ist.

„Lamm und Löwe einträchtig nebeneinander, Kinder spielen
zwischen Raubkatzen. Und klein im Hintergrund steht der
Quäker William Penn. Er hat gerade einen Vertrag mit den
Indianern unterzeichnet. […] Das Bild ist von dem Quäker
Edward Hicks. […] Er hat diese Szene immer wieder gemalt.
Man weiß nicht, wie viele Bilder es gibt, man schätzt, das es
achtzig (oder hundert) gewesen sind. Immer ein wenig anders
in den Details, aber beinahe immer mit William Penn im
Hintergrund. […] Das Bild beruht, und das war für den
frommen Quäker Hicks selbstverständlich, auf einer Bibelstelle,
auf Jesaja 11, 6-8, wo es heißt: *Die Wölfe werden bei den Lämmern
wohnen und der Pardel bei den Böcken liegen. Ein kleiner Knabe wird
Kälber und junge Löwen und Mastvieh miteinander treiben. Kühe und
Bären werden an der Weide gehen, daß ihre Jungen beieinander liegen;
und Löwen werden Stroh essen wie die Ochsen.* […]
Er hat sein Bild beinahe immer mit einem eigenen Gedicht
versehen. Manchmal (in der Tradition der Schildermaler) auf
dem Rahmen, manchmal auf einer gedruckten Karte,
die dem Käufer überreicht wurde:

The illustrious Penn his heavenly kingdom felt;
Then with Columbia's native sons he dealt:
Without an oath a lasting treaty made,
In Christian faith beneath the elmtree's shade."

(https://loomings-jay.blogspot.com/2011/03/peacable-kingdom.html)

„Lassen Sie mich für einen Augenblick noch unter der Ulme am Delaware verweilen, wo William Penn, der Gründer von Pennsylvanien, sich im Oktober des Jahres 1682 mit den indianischen Häuptlingen traf: er selbst im Kavaliershut mit blauer Schärpe, die Häuptlinge im Federschmuck. Alle hatten die Waffen abgelegt: Brüder als Kinder desselben Vaters. Unter den Sätzen ihres Vertrags scheint mir der wichtigste der zu sein: daß ein jeder gelobe, bösen Gerüchten über den andern nicht zu glauben und ihre Herkunft aufzudecken. Dies ist auch heute unabdingbare Voraussetzung des Friedens zwischen Menschen und Völkern. […] Diese Begegnung Penns mit dem Häuptling ‚Onas‘, das heißt ‚Feder‘, ihr Händedruck ist die schönste, die erlösende Antwort auf die Greuel europäischer Kolonialgeschichte, vergleichbar dem, was die Jesuiten in Paraguay getan haben.“

REINHOLD SCHNEIDER, Der Friede der Welt.
Rede nach der Verleihung des Friedenspreises
des Deutschen Buchhandels in Düsseldorf, 27.09.1956.
In: Ders., Schwert und Friede, Frankfurt 1987, 379-406, 399f.

„Seine Art kennzeichnen die Worte, die er in Pennsylvanien an die Indianer richtete: ‚Der große Geist ist der Vater aller. Er wünscht, daß wir alle leben, als ob wir nur ein Haupt und einen Körper gemeinsam hätten. Ich und meine Kinder sind von dem Wunsch erfüllt, euch kein Übles zu tun, mit euch in Frieden zu leben und euch zu helfen. Ich und die Meinen wollen nie das Kriegsbeil gegen euch erheben.“

ERNST CROUS, Art. Penn, William.
In: Mennonitisches Lexikon. Dritter Band. Karlsruhe 1958, 340.

Edward Hicks (1780-1849): Peaceable Kingdom, Ausschnitt

Jesus von Nazaret –
Befreiung zum Frieden

Friedenstheologie im zivilisatorischen Ernstfall

Peter Bürger

„Menschen, die ihr wart verloren,
lebet auf, erfreuet euch!
Heut ist Gottes Sohn geboren,
heut ward er den Menschen gleich."

CHRISTOPH BERNHARD VERSPOELL (1743-1818)

Christliche Friedenstheologie ist Befreiungstheologie und geht als solche jeglicher Aufteilung des Theologietreibens in Disziplinen oder Fächer voraus. Ihre Grundlegung kommt im Titel des an dieser Stelle maßgeblichen Bandes der „Dogmatik"[1] Eugen Drewermanns unmissverständlich zur Sprache: *Jesus von Nazareth – Befreiung zum Frieden.*" Jesus, so formuliert es das II. Vatikanische Konzil, macht „dem Menschen den Menschen selbst voll kund" (Gaudium et spes 22) und erschließt ihm seine *mögliche Schönheit.*

Auf Sand gebaut haben jene kirchlichen Lehrer, die stattdessen die Metaphysik der klügsten Köpfe der antiken Sklavenhaltergesellschaft oder die Systeme der staatstragenden Philosophien späterer Zeiten zum Ausgangspunkt nehmen. In ihren Schulen lernen wir gerade nicht, unsere eigenen Untiefen und die Abgründe der Welt, in der wir leben, klarer zu sehen. Vielmehr besteht der Lehrplan dort aus einer Angstbetäubung der Großhirnrinde und dient dazu, noch das Abgründigste – selbst

---

[1]Eugen DREWERMANN: Jesus von Nazareth – Befreiung zum Frieden (= Glaube in Freiheit, Bd. 2). Düsseldorf ⁶2001 (Zuerst 1996).

die Apparatur der Atombombe – zu rationalisieren (oder gar ge-
schichtsphilosophisch zu verfeierlichen).

Der Friedenstheologie ist es nicht darum zu tun, die real existierende „Welt" – als Natur, Schöpfung oder Zivilisation – zu
rechtfertigen und hierbei die Majestät irgend einer Gottheit zu
verteidigen. Als *Ernstfall* des christlichen Dogmas gilt ihr einzig
die Menschwerdung des Menschen. Wir, die wir verletzlicher
und potentiell verletzender sind als alle anderen Wesen, bedürfen einer leibhaftigen – nicht bloß behaupteten – Erlösung von
der Gewalt. An dieser Frage entscheidet sich, so weit es die
menschliche Spezies betrifft, das „Heil der Welt".

ERNSTFALL MENSCHWERDUNG:
SCHEITERT DER HOMO SAPIENS?

Vor knapp 250 Jahren konnte der Dichter Matthias Claudius
(1740-1815) seine Leserschaft noch dazu ermuntern, täglich die
Freude am eigenen Menschsein zu besingen: „Ich danke Gott,
und freue mich / Wie's Kind zur Weihnachtsgabe, / Dass ich bin,
bin! Und dass ich dich, / Schön menschlich Antlitz! habe." An die
Schönheit der Gattung Mensch vermag heute ein Großteil des
Publikums nicht mehr zu glauben. Zu offenkundig ist im dritten
Jahrtausend unserer Zeitrechnung die Übermacht der zerstöreri-
schen und selbstmörderischen Potenzen unserer Spezies geworden. Es scheint schon ausgemacht zu sein, dass es kein „Happy
End" geben kann und der Mensch schlussendlich ob seiner
Hässlichkeit abtreten muss: „Leben, dieses Wunder unseres Uni-
versums, entstand vor vier Milliarden Jahren. Der Mensch trat
vor rund 200 Tausend Jahren auf. Und doch hat er es in dieser
relativ kurzen Zeit geschafft, das Gleichgewicht der Natur zu gefährden."[2]

Seit einem halben Jahrhundert verdichtet sich die wissenschaftliche Aufklärung über den menschengemachten Klimawandel zum apokalyptischen Szenarium einer Hölle für die nach

---

[2] Yann ARTHUS-BERTRAND: „Home", Dokumentarfilm 2009.

uns Kommenden. Doch der durchgreifende Kurswechsel bleibt aus. Das Kulturchristentum sinnt derweil darüber nach, für was denn nun die „Chiffre Gott" stehen soll, und hat sich auf ästhetische Dienstleistungen für die bürgerliche Gesellschaft verlegt. Staatstheologische Institute publizieren unverdrossen Handbücher zur Militärethik, in denen man den Auftraggebern und sich selbst vergewissert, dass das Bestehende im Großen und Ganzen durchaus in Ordnung sei. Die Kräfte der römisch-katholischen Kirchenreformer sind durch das Ansinnen gebunden, mit einer Verspätung von Jahrhunderten im Kircheninneren der Aufklärung und den Menschenrechten eine Heimstatt zu bereiten.[3]

Die hiesigen Kirchentümer sind bekümmert ob des rasanten Tempos der eigenen Pulverisierung. Wie lange noch soll die Zeit der Trauerarbeit dauern? Können wir jenseits der Geistermessen zurückfinden zu jenem Selbstbewusstsein, mit dem sich die frühe Christenheit einst beauftragt sah, einer verlorenen Menschenwelt die Möglichkeit, nein: Wirklichkeit von Erlösung zu bezeugen?

Den Blick auf die Verlorenheit der ‚Welt' hat eine neue Generation in allen Ländern des Erdkreises schon geschärft. Sie formuliert jene radikale Fragestellung, die auch Ausgangspunkt einer ‚Friedenstheologie im zivilisatorischen Ernstfall' ist: Scheitert der homo sapiens? Was hat es mit dem Traktat über die Menschwerdung auf sich?

DIE ANGST MACHT DEN MENSCHEN ‚BÖSE'

An diesem Punkt angekommen, gilt es jedoch, innezuhalten. Wenn wir nicht auf der Stelle treten wollen, müssen wir zunächst das Drama des Menschen erhellen. Die Mythen der Völker wollen wissen, wir seien ursprünglich eingebettet gewesen in

---

[3] Dies ist tragisch *und* notwendig zugleich. Denn ohne eine Befreiung von den Altlasten und dunklen Gewaltschatten der Kleriker-Religion wird es wohl kaum möglich sein, kirchlich die drängenden Fragen der menschlichen Zivilisation in Entsprechung zur Agenda des gegenwärtigen Bischofs von Rom anzugehen.

ein paradiesisches Lebensgefüge. Ernst Bloch spricht von einer „Heimat", die „allen in die Kindheit scheint (und worin noch niemand war)". Sobald wir erwachen und zu Bewusstsein kommen, ist es uns offenbar verwehrt, träumend, kinderselig und „unschuldig" durch die Weltgeschichte zu gehen.

Folgenreich bleibt jene Deutung des Paradiesverlustes, die besonders nachdrücklich Augustinus von Hippo auf der Basis eines platonischen Vorverständnisses vorgelegt hat. Der erste Mensch, so wollte dieser Kirchenvater wissen, sei der *Sünde des Hochmutes* verfallen und habe sich in einem Zustand wirklicher Wahlfreiheit[4] (also doch aus ‚freien Stücken' – ohne Zwang?) für das Böse entschieden …

In dieser Linie wird man der „Erzählung vom bösen Menschen" folgen, die Bestandteil jeder Herrschaftsideologie ist. Es bleibt dann – allem Gnaden-Gerede zum Trotz – nur noch die Möglichkeit, die Menschen durch *Zwang* vom Schändlichen abzuhalten oder auf dem Weg der *Moralpredigt* zum Guten (Gehorsam) zu bewegen. Noch immer glauben gerade auch viele Gutgesinnte in den verbliebenen Kirchentümern, das Weltgeschick ließe sich durch moralische Verurteilungen und Appelle zum Besseren hinlenken.

Eine andere Sichtweise hat am überzeugendsten Eugen Drewermann eröffnet, zunächst in seiner Auslegung des Buches Genesis.[5] Er bleibt nicht stehen an jener Oberfläche, an der sich die aufgeblähte Brust des angeblich hochmütigen Menschen zeigt. Nicht aus Stärke, Stolz und Bosheit kommt das Drama der menschlichen Spezies, sondern aus Zerbrechlichkeit und Angst. Das Säugetier „Homo sapiens", ausgestattet mit einer zuvor in unserer Welt so nie gekannten Selbstbewusstheit, hat den Sprung in eine unerhörte Freiheit geschafft. Es kann sich schier grenzenlose geistige Welten und immer neue Handlungsmöglichkeiten erschließen.

---

[4] Nicht unterschlagen sei, dass für Augustinus hernach die erlöste, wirkliche Freiheit nicht „Wahlfreiheit", sondern ein zum Lieben befreites Leben bedeutet.
[5] Eugen DREWERMANN: Strukturen des Bösen. 3 Bde. Paderborn u.a. 1977/78.

Die Kehrseite dieses wunderbaren Erwachens besteht jedoch darin, dass der Mensch sich seiner großen Verwundbarkeit so intensiv bewusst wird, dass er sogar Bedrohungen, die noch gar nicht da sind, im Voraus zu fürchten lernt (und hierbei leicht das klare Denken verliert). Der Mensch weiß nicht nur intuitiv, dass er einst sterben muss. Bei diesem Wesen, das in reflektierter Weise „Ich" sagt, steigert sich zugleich das in den tieferen Schichten der Psyche grundgelegte Bedürfnis nach Geltung (Liebe) ins Uferlose.

Hinter der Anmaßung und Überhebung (Hybris) unserer Gattung steckt ein Minderwertigkeitskomplex sondergleichen, der durch die Endlichkeit unseres Daseins die ultimative Bestätigung erfährt. Wenn ich letztlich nur ein „*Nichts*" bin, das mir nichts dir nichts von der Bildfläche verschwinden kann, muss ich ruhelos danach trachten, „*Alles*" zu werden, der Mittelpunkt der Welt. (Der Bruder wird unter solchem Vorzeichen nicht nur ein Konkurrent, sondern zur tödlichen Bedrohung.) Nicht ein freier Entscheid wider das „Gute", sondern die *Angst der Nichtigkeit* macht den Menschen „böse". Diese erstaunliche Offenbarung ist uns durch einen Theologen Israels – schon vor etwa drei Jahrtausenden – vermittelt worden. Wäre sie verstanden worden, hätte man in einer langen Glaubensgeschichte – statt vermeintlich stolze Sünder zu *brechen* – hinter den Maskeraden der Angst erbarmungswürdige Menschlein aufgesucht, die der *Aufrichtung* bedürfen.

‚AUFRÜSTUNGEN DER ANGST'

Der Atem, mit dem Gott* dem Erdling das Leben einhaucht, das ist die fraglose Berechtigung unseres Daseins: ein Vertrauen, in dem ursprungsloses und verdanktes Leben sich einander nicht (mehr) widersprechen. Im Verlust dieses Atems vermögen wir uns nur noch als Staub zu sehen und sind verurteilt zu einem Dasein als unglückliche Götter. Innerhalb dieser Betrachtungsweise kann man keine statischen Wesensbestimmungen postulieren, denen zufolge die Gattung Mensch „von Natur aus" gut oder böse ist. Alles entscheidet sich daran, ob sich unsere Menschwerdung unter dem Vorzeichen der Angst und des Ungeliebtseins vollzieht – oder in einem Raum des Vertrauens und der Annahme.

Das – individuelle wie kollektive – Drama des Menschen besteht darin, dass er der Angst, Ohnmacht und Nichtigkeit durch machtvolle Aufrüstungen, die im Kreis der Säugetiere nur ihm möglich sind, zu entkommen versucht, auf diese Weise aber geradewegs dem Tod in den Rachen läuft.

Der destruktive Zivilisationsprozess, der im Buch Genesis bis hin zum babylonischen Turmbauprojekt bereits ‚vorgezeichnet' ist und am Ende gar die Selbstauslöschung unserer Gattung möglich macht, geht auf Schritt und Tritt einher mit diesen „Aufrüstungen der Angst". An sich ‚legitime' Bedürfnisse und Vorsorgehandlungen, die wir auch in lebensdienlichen Modellen der Menschheitsgeschichte antreffen, verselbstständigen sich und überschreiten jedes Maß.

Ohne Nahrungsbeschaffung können wir nicht leben. Die vor über 10.000 Jahren eingeleitete landwirtschaftliche Revolution ermöglichte es uns erstmals, mehr Lebensmittel bereitzustellen als wir zum jeweiligen Zeitpunkt brauchen. Im Zuge der industriellen Revolution, die ein schier grenzenloses Wachstum der Weltbevölkerung in Gang gesetzt hat, ist daraus schließlich ein Agrarkomplex geworden, der – im Verbund mit anderen Schauplätzen des CO_2-Ausstosses – die Lebensbedingungen auf dem Planeten dramatisch verschlechtert.

Die Idee, Tauschgeschäfte über unverderbliche symbolische „Platzhalter" zu tätigen, erscheint löblich. Wie konnte daraus ein virtueller Fetisch „Geld" werden, der mit Systemen der Profitmaximierung und „Machttiteln" einhergeht, die die ganze Weltgesellschaft lenken, ohne von dieser kontrolliert zu werden? Als alternativlos gilt eine Form des Wirtschaftens, die auf Schritt und Tritt über Leichen geht. Acht oder achtzig oder achthundert hyperreiche Milliardäre besitzen inzwischen so viel wie die ärmere Hälfte der Weltbevölkerung. In der virtuellen Geldvermehrungsapparatur werden der Tendenz nach unendliche Besitzansprüche („Gewinn in alle Ewigkeit") generiert, die mit den durchaus endlichen Ressourcen des Planeten gar nicht eingelöst werden können. Unsere Spezies scheint jedoch unfähig zu sein, diesem irrationalen Spuk ein Ende zu bereiten.

DIE TOTMACH-INDUSTRIE
ALS VISITENKARTE DES HOMO SAPIENS

Auf dem Boden der systematisch betriebenen Landwirtschaft konnten Städte, Stadtstaaten und Großreiche entstehen. Die Imperien bauten nicht nur Schutzwälle um ihre Besitztümer, sondern vor allem Instrumentarien zur Welteroberung. Obwohl man Rüstungsgüter nicht essen kann, wurde ihre Produktion zu einem machtvollen Wirtschaftssektor.[6]

Ein Großteil der geistigen und materiellen Ressourcen der Weltgesellschaft, die so dringlich benötigt würden zur Bewältigung der vom Menschen selbst herbeigeführten zivilisatorischen „Herausforderungen", wird unverdrossen der industriellen Kriegsapparatur zugeführt. Mit jeder weiteren Maximierung von Zerstörung und Leiden fährt dieser staatlich erwünschte und subventionierte Komplex der Mordwaffenproduktion höhere Profite ein. Neue Kriege zu bewerben, das ist ein lohnendes Geschäft. Der Vergleich des Weltrüstungshaushaltes mit den Budgets für globale Zusammenarbeit und Solidarität offenbart denkbar eindeutig jenes Programm, das die Militärdoktrinen verklausuliert enthalten: „Töten statt teilen!"

Damit im öffentlichen Diskurs nicht zur Sprache kommt, dass es einzig um die Gewinne der in den Militärministerien gut vernetzten Rüstungsindustrie, ökonomische Vorteilsnahme der eigenen Seite und geostrategische Wahnideen geht, dürfen das To-

---

[6] Aus der Perspektive einer ‚matriarchal' geformten und rationalen Wirtschaftsweise (Hausordnung des Lebens), die sich einzig an den *Bedürfnissen* der menschlichen Gemeinschaft – also leibhaftiger Menschenkinder – ausrichtet, ist ein größerer Irrsinn nicht zu denken.

talversagen der kriegsgläubigen „Verantwortungsträger", die Sinnlosigkeit, das desaströse politische Ergebnis aller „Interventionen", das Morden im Namen von „Humanität", das in Kauf genommene Massenelend der Flüchtlinge ... und auch die seelischen Leiden der zurückkehrenden Soldaten öffentlich nicht ansichtig werden.[7] Das Budget der astronomischen Aufwendungen für Kriegsproduktionen und Militärapparate wäre bereits hinreichend, um auf dem Globus eine Überlebensoffensive zugunsten der nächsten Generation der menschlichen Familie zu finanzieren. Der Bischof von Rom befindet, nur solches könne als vernunftgemäße Politik gelten. Doch nicht einmal die ihm im Kollegium der ‚Apostelnachfolger' verbundenen Militärbischöfe leisten Widerstand gegen das Dogma der Aufrüstung.

Irrationalität wie Unantastbarkeit der militärischen Heilslehre zeigen uns in besonders drastischer Weise, wie sich die *„Aufrüstungen der Angst"* zu quasi religiösen Komplexen der Zivilisation verselbstständigen. Ein religionskritisches Instrumentarium zur Entzauberung dieser scheinbar omnipotenten Götzen steht uns freilich seit den Tagen der Propheten Israels zur Verfügung.

JORDANTAUFE:
DAS GESCHENK EINES NEUE SELBSTVERSTEHENS

Doch dürfen wir den Verlust des Paradieses so schnell aus den Augen verlieren? Albert Einstein bekennt: „Was mich erschreckt, ist nicht die Zerstörungskraft der [Atom-]Bombe, sondern die Explosivkraft des menschlichen Herzens zum Bösen!" Demnach also könnte die Revolution, welche den Zwang zur Gewalt überwindet, sich einzig im menschlichen Herzen ereignen ...

---

[7] Auch von den *totalitären Potenzen der modernen Militärtechnologien*, die – vermutlich im Kontext eines neuartigen ‚Imperialismus' – alle Mühen um Rückgewinnung und Weiterentwicklung freiheitlicher Gesellschaftsformen zuschanden machen, wollen die staatstragenden Kräfte nur reden, soweit es ihre eigene Seite nicht betrifft.

Der Evangelist Markus führt uns in seiner Erzählung über die Jordantaufe vor Augen, wie Jesus sich bis auf den tiefsten Grund als ein *Geliebter* versteht. Wir sollen es sehen, um zu verstehen, *warum* Jesus gegenüber den Versprechungen der Gottheiten Besitz, Macht und Gewalt immun ist. Sehr richtig ist es, die Menschen zu ermahnen, von der Gewalttätigkeit zu lassen und die Unversehrtheit aller Menschengeschwister zu achten. Sehr notwendig ist es, die Menschen an der Seite Jesu darüber aufzuklären, dass Gewalt nicht funktioniert und – zumal unter imperialer Besatzung – nur *gewaltfreies* Widerstehen eine kluge Weise des Widerstands sein kann, die Aussicht auf Erfolg gewährt … Doch die ‚Offenbarung' in Jesus besteht darin, dass wir durch das *Geschenk eines neuen Selbstverstehens* die Angst und somit auch die ‚Notwendigkeit' der Gewalt überwinden. Die Initiation des christlichen Weges der Gewaltfreiheit bedeutet: Wir dürfen – und können – lernen, uns als immer schon Geliebte zu verstehen.

Markus beginnt nun also mit dem erwachsenen Mann aus Nazaret, der in der Taufgeburt am Jordan das Wort hört, aus dem allein er lebt: „Du bist geliebt!" Dies geschieht nicht, weil Jesus es sich irgendwie verdient hätte. Bei Lukas und Matthäus ist ihm das Jawort ja gleichsam schon in die Wiege gelegt. Eine „jungfräuliche Geburt" hat die Erzeugerkette einer männlich dominierten Gewaltgeschichte unterbrochen. Johannes schließlich erzählt noch auf andere Weise von einer Geburt, bei der das ‚Blut des Mannes' außen vor bleibt. Er langt mit seinem Evangelium in die ‚unsichtbare Tiefe'. Jenseits unserer Zeitkategorien ist das *Jawort* der Ursprung für alles wirkliche Leben: „Am Anfang war das ‚Du' […] und das ‚Du' ist ein leibhaftiger Mensch geworden." Gott will uns nicht dies und das mitteilen, keinen dickleibigen Katechismus und auch keine Enzyklopädie mit ‚übernatürlichen Wahrheiten'. Es ist genau *ein* Wort, welches er dem Menschen zu sagen wünscht. Dieses ist Gottes* ureigenes Wort. Nur er* kann es wirklich sprechen. Wir brauchen es. Ohne dieses Wort, das „*jeden* Menschen erleuchtet", sind wir verloren.

In der Wüste der Versuchungen erweist es sich unter dem Vorzeichen des – geschenkten – *neuen Selbstverstehens*, dass jene trügerischen Verheißungen, die uns zu ‚Aufrüstungen der Angst' verführen, keine Attraktivität mehr besitzen. Jesus findet es in keiner Weise anziehend, über alle Reiche dieser Welt zu herrschen. (Dies ist durchaus etwas ganz anderes als etwa ein demütiger oder tugendhafter Machtverzicht.) Nur die Ungeliebten brauchen den Fetisch „Macht", sehen ihn gar als strahlende Gottheit. Der Schlüsselbegriff für unsere friedenstheologische Suche lautet somit nicht Moral, sondern *Immunität*.

Das neue Selbstverstehen des Geliebten möchte und kann sich mitteilen. Jesus ermöglicht es anderen Menschen, einzutreten in ein nahes, schon angebrochenes ‚Reich des rein geschenkten Lebens'. Dies ist kein Gebilde aus Mauern, Institutionen oder Staatsgrenzen, sondern eher eine Matrix oder besser: ein Beziehungsgeschehen[8], das sich in ‚intimer' Begegnung ereignet und doch Wirkfelder mit einem sich weitenden sozialen Radius hervorbringen kann. Hier teilen wir unsere Bedürftigkeit miteinander und entdecken in ihr gar den Schlüssel zu unserer verborgenen Schönheit. Hier muss sich niemand seine Daseinsberechtigung erst erkaufen oder durch Herrschaft über andere konstruieren. Ein engelgleiches Leben mag es nur zuweilen werden. Doch die Verletzungen nehmen ab und führen uns vor allem nicht mehr in endlose Schuldkreisläufe … Gekommen ist die Zeit, in der wir das Schwert zurück in die Scheide stecken können.

Das Kreuz, soweit es *Hinrichtungswerkzeug* zur Ermordung von Propheten ist, müssen wir nicht als ‚Glaubensinhalt' predigen und schon gar nicht anbeten. Es ist ja zu allen Zeiten da, wo die Geliebten in den Strukturen des Ungeliebtseins – im Reich des erkauften Lebens – zu Recht als Störer oder gar Bedrohung wahrgenommen werden. Wie Jesus in diesen tödlichen Widerspruch hineinzugehen, ohne sich in Gesinnung und Handlungsweise der Welt der Kreuzesaufrichter angleichen zu müssen, das ist erneut ein Erweis jener Befreiung zum Frieden, die allen Men-

---

[8] Fundamentalisten mögen sagen, dass ein neues Selbstverstehen und *Beziehungen* noch keine ‚göttlichen Wirklichkeiten' sind, doch da können uns die christlichen Dogmatiker der „rechtgläubigen Schule" eines Besseren belehren.

schenkindern von nun an offensteht. Hier jedoch geschieht der Erweis an einer äußersten Grenze, denn in der Welt der Ungeliebten gibt es wirklich niemanden, den der Tod nicht korrumpieren könnte.

DIE FRÜHEN CHRISTEN UND DIE „POMPA" DES IMPERIUMS

Die „Tröstung der Völker" (E. Drewermann) kommt zum Vorschein, wo für die gesamte Gattung die Möglichkeit eines zum Frieden befreiten Menschseins ansichtig wird. Fortan gilt – mit Blick auf die Archetypen der Bewusstseinsgeschichte – nur noch ein Heldentum, das die Erde nicht mehr mit Gewalttat übersät und zwangsläufig zerstören muss.

Die frühe Christenheit hält daran immerhin über drei Jahrhunderte lang fest – und zwar unter den Bedingungen des Römischen Imperiums, das die Symbiose „Münze – Macht – Militär" zur einstweiligen Höchstform getrieben hat. Die Geburt eines neuen Selbstverstehens (als Kinder Gottes) drückt sich aus in der Taufliturgie und *ermöglicht* die Absage an die „Pompa diaboli", wozu wir die Blendwerke des Imperiums – namentlich auch die militärischen Aufzüge – zählen müssen. Die Gottheiten „Mammon – Macht – Krieg" sind schon vom Thron gestürzt, wo die Geliebten den Horizont ihrer Wirksphären längst überschritten haben. Die Christinnen und Christen verstehen sich als „Salz der Erde", als Vorhut einer neuen Menschheit, in der man das Kriegshandwerk nicht mehr erlernt.

Diese Leute vom „Weg" (Apg 9.2), die die Kulte des Imperiums transzendieren und ihnen ihre Dienstbarkeit verweigern, gewinnen ihre Immunität durch keine innovative Ethik, sondern als Bewohner*innen einer neuen Beziehungswirklichkeit – im bereits angebrochenen ‚Reich des rein geschenkten Lebens'. Das Ein- und Ausatmen geschieht hier – ohne Angstbefehle – wie von selbst: „Denn in ihm leben wir, bewegen wir uns und sind wir, wie auch einige von euren Dichtern gesagt haben: Wir sind von [Gottes] Art." (Apg 17,28)

Bezeichnenderweise ist von diesem ‚Reich' im Apostolischen Bekenntnis der nachkonstantinischen Kirche dann keine Rede mehr. Jenes Kirchentum, das in siebzehn Jahrhunderten ungezählte Pakte eingehen wird mit der Religion des Krieges, weiß nicht mehr darum, dass Jesus die Perspektive einer neuen ‚Zivilisation der Geliebten' eröffnet hat. Wer sich den Strukturen einordnet, in denen die ‚Aufrüstungen der Angst' verewigt werden sollen, verliert den Gesang der Weihnacht: „Menschen, die ihr wart verloren, lebet auf und freuet euch."

DIE ZIVILISATION DER UNGELIEBTEN: KOLLEKTIVE HYPERVENTILATION

Die ‚Aufrüstungen der Angst' erreichten erst im jüngsten, sehr kurzen Abschnitt der Geschichte des homo sapiens ein kritisches Stadium. Die systematische Ausbeutung der vor 100 Millionen Jahren entstandenen fossilen Energieressourcen hat gleichsam ‚gestern' erst begonnen und ist doch heute schon absehbar an ihr Ende gekommen. Die nur einem Teil der menschlichen Familie dienliche petrochemische Revolution, maßgebliche Ursache des menschengemachten Klimawandels, setzte ein Zivilisationstempo frei, mit dem unsere Gattung nachweislich nicht mehr Schritt halten kann.

Die nachfolgende *Revolution der elektronischen Datenverarbeitung*, die Kriegskomplexe, Ökonomien, Sozialgefüge, „Öffentlichkeit", politische Prozesse, Selbstbilder der Menschen und sogar das biologische Leben (Gentechnologie) durchgreifend verändert, führt Beschleunigung geradewegs als Markenzeichen im Schilde.

Das Zivilisationsphänomen ‚tödliche Angstgier' kann veranschaulicht werden durch die lebensbedrohliche Angstatmung eines Individuums, welche die Medizin Hyperventilation nennt. Am Anfang können eine hirnorganische Erkrankung oder ein psychischer Angstzustand stehen, bei denen einem der Atem wegbleibt. Die Angst, keine Luft mehr zu kriegen, führt zu einer hektisch-getriebenen Ein- und Ausatmung, zu einer notvollen – am Ende tödlichen – ‚Angst-Gier‘. Unsere Zivilisation befindet sich in einer *kollektiven* Hyperventilation, die immer schneller wird, *das klare Denken eintrübt* und keine Atempause mehr findet, um zur Einleitung eines systemischen Wandels zumindest durchgreifende Korrekturen vorzunehmen. (Wie beim Individuum so gilt hier für die gesamte Gattung: *Angst ist tödlich*.)

Zur Therapie bei Hyperventilation gehört unbedingt eine vertrauensvolle Beruhigung des Patienten (im Einzelfall allerdings auch die weniger sanfte Eindämmung der gierigen Sauerstoffzufuhr z.B. mittels vorgehaltener Tüte). Wir benötigen also zum Überleben ein gesellschaftliches, kulturelles und zivilisatorisches Klima des Vertrauens. (Dies ist nicht zu verwechseln mit einer kollektiven *Einschläferung*, denn wir suchen ja gerade einen Tiefengrund, der die menschliche Vernunft wieder zum Zuge kommen lässt.)

Die Betäubungskomplexe der ‚falschen Götter‘ sorgen im öffentlichen Gefüge noch immer für Verdrängung und Verleugnung des kritischen zivilisatorischen Ernstfalls. Wir Menschen sind auch unabhängig davon zu zerbrechlich für ein Leben unter Daueralarm. Die Problemanzeige lautet: Was könnte uns befähigen, unverstellt in den Abgrund zu sehen und doch nicht irre zu werden? (Müsste dies nicht zunächst so etwas wie eine neue ‚Liturgie‘ sein?)

Angst ist der Hauptmotor des selbstmörderischen Zivilisationsprozesses. Zu widerstehen ist der großen Versuchung, im politischen Gefüge eigene Angstparolen und Weltuntergangspredigten an die Stelle der herkömmlichen Angstpropaganda zu setzen. Der Kult der Apokalypse und die Kulte der Bereicherung und des Krieges werden ja in den gleichen mächtigen Bilderfabriken produziert. Irrationalismus, Ausweglosigkeit und Ohnmacht gehen aus diesem Komplex hervor, nie jedoch ein Aufbruch hin zu neuen Wegen.

Die – ökonomischen, militärischen und politischen – Götzen und Kulte des Todes sind Erzeugnisse unserer eigenen (menschlichen) Aufrüstungen wider die Angst, auch wenn sie uns wie etwas ‚Allmächtiges' gegenüberstehen (und wirklich noch niemand weiß, wie ihre bislang höchste Aufgipfelung zu entmachten wäre). Die *aufklärerische* Botschaft lautet: Wir haben es bei den Komplexen oder Strukturen, die die Weltgesellschaft scheinbar handlungsunfähig machen, nicht mit außerirdischen Dämonen oder ewigen Naturtatsachen zu tun, sondern „nur" mit etwas Menschengemachtem.

Eine *emotional-energetische* Betrachtungsweise wird erwägen, dass lustvolle Verlästerungen und vor allem Liebeserklärungen an das Leben einen wichtigen Beitrag leisten, um die todbringenden Götzen vom Thron zu stürzen.

Heilslehren im Format des Heimatromans werden unverdrossen propagiert. Die Todesmauern an den Grenzen der Wohlstandszonen des Planeten vermitteln unterdessen bereits eine vage Vorstellung von jener ungleich größeren Barbarei, die unter den Bedingungen von Klimawandel und Massenmigration aus demnächst nicht mehr bewohnbaren Regionen droht. Es liegt jedoch auf der Hand, dass nur ein die ganze Spezies verbindendes Kooperationsgefüge den kommenden Generationen die Möglichkeit eröffnet, das gemeinsame Menschsein wieder mit ‚Stolz' oder besser: mit Freude – statt mit bodenloser Scham – zu betrachten. Entweder finden alle auf dem Globus einen gemeinsamen neuen Weg oder es gehen alle – ohne Ausnahme – dem Abgrund entgegen.[9]

Mit Blick auf das System der Atombombe hieß es bereits in der „1. Heidelberger These" der Evangelischen Kirche Westdeutschlands: „Der Weltfriede wird zur Lebensbedingung des technischen Zeitalters" (1959). Die Überwindung von Nationalismus und Rassismus, die glaubwürdige Verwirklichung des visionären Konzeptes von „Vereinten Nationen" (ohne imperiale Zentren der Bevormundung und Aufstachelung zu Konkurrenz), die Entwicklung einer dialogischen und gerechteren Weltgesellschaft (als Gegenkraft zur aggressiven, ökonomisch angetriebenen Globalisierung im Dienste von Konzernen), die Gewinnung

---

[9] Dies betonte schon 2001 sehr nachdrücklich Leonardo BOFF in seinem „Manifest für die Ökumene".

eines global-lokalen Horizontes für unser Denken, Suchen und Gestalten … all das sind *rationale* Erfordernisse einer ‚Weltinnenpolitik' um des Überlebens willen. In Bewegung gerät die Weltgeschichte jedoch erst, wenn sich die vernünftigen Einsichten mit Vision und Festlichkeit verbinden.

Die *Befreiung vom Zwang zur Gewalttat* bezeichnet keinen Ort, an dem noch nie jemand angekommen ist.[10] Dass Individuen (und Gruppen) unter bestimmten Bedingungen lern- und wandlungsfähig sind, wissen wir. Doch die Zeit drängt und die Überwindung der – gierig machenden – Angst betrifft eben nicht nur das Lebensglück von Individuen, sondern das Geschick der ganzen menschlichen Gattung. Wir können in der Tat nicht auf therapeutische Einzelbegleitung und biographische Wandlungen von Milliarden *einzelnen* Menschen warten. Nur im Zusammenhang mit einem sozialen, kulturellen, ja *zivilisatorischen* Geschehen wird es möglich sein, dem Rad in die Speichen zu fallen. Nichts weniger als ein Quantensprung in der Evolution unserer Gattung bzw. eine menschheitliche Revolte tut Not.

AUF DEM WEG
ZU EINEM WAHRHAFT
ÖKUMENISCHEN KONZIL

In dieser Skizze waren mögliche Kontexte, Fragestellungen und Problemanzeigen einer ‚*Friedenstheologie im zivilisatorischen Ernstfall*' zu ermitteln. Im Zentrum steht die Befreiung von jenem Zwangskomplex der Gewalt, der im Äußersten zur suizidalen Zerstörung der Lebensgrundlagen unserer Gattung führt. Es sollte deutlich werden, dass unsere Suche einem grundlegenden – fächerübergreifenden – theologischen Paradigma gilt (und

---

[10] Das ‚Gedächtnis von Seligen und Heiligen', ökumenisch im Sinne der Seligpreisungen der Bergpredigt verstanden, ist eine stete Erinnerung an diese mögliche Schönheit aller Mitglieder der Menschenfamilie und – angesichts der Versuchung zu Fatalismus – eine der bedeutsamsten Kraftquellen im Widerstehen und Friedenswirken.

nicht etwa der Etablierung eines neuen Traktates der Christlichen Soziallehre o. ä.).

Der dringliche Abschied von jenen theologischen Paradigmen, die die Beziehungslosigkeit einer erkrankten Menschenwelt geradewegs sakralisieren[11] und das „Heil der Welt" in die Sphäre einer sogenannten Meta-Physik abschieben, darf nicht länger auf den akademischen Bereich beschränkt bleiben. Jesus verkündete keine omnipotente Gottheit, die als Projektion menschlicher Ohnmacht identifiziert werden kann und uns aus den ‚Aufrüstungen der Angst' niemals erlösen wird. Doch in der infantilen Christenlehre predigt man unverdrossen von einem ‚Herrscher über das All', der – statt uns vom Zwang zum Kriegführen zu befreien – auf Gebetsanrufungen hin einen bestimmten Soldaten auf dem Schlachtfeld vor feindlichem Beschuss bewahrt und seine ‚Plausibilität' verliert, sobald ein Familienmitglied unheilbar an Krebs erkrankt.

Den dramatischen Ausgangspunkt für eine neue ‚Theologie im zivilisatorischen Ernstfall' hat Bischof Franziskus von Rom 2015 so zur Sprache gebracht: „Wir müssen uns bewusst werden, dass unsere eigene Würde auf dem Spiel steht. Wir sind die Ersten, die daran interessiert sind, der Menschheit, die nach uns kommen wird, einen bewohnbaren Planeten zu hinterlassen. Das ist ein Drama für uns selbst, denn dies beleuchtet kritisch den Sinn unseres eigenen Lebensweges auf dieser Erde."[12]

Somit bleibt keine Zeit mehr, mit der Einberufung einer Versammlung der weltweiten Christenheit noch länger zu warten. Es versteht sich von selbst, dass diese keine Teilsynode zur Beratung konfessioneller Kirchenreformfragen etc. sein kann, sondern nur ein wahrhaft Ökumenisches Konzil. Der Ernstfall von Katholizität ist: Jetzt.

---

[11] Dies schon in ihren Gottesbildern, hernach aber auch durch Systeme eines zentralistischen Kirchenregiments und die Grundlegung einer Separierung der Menschen in verfeindete ‚Konfessionslager' etc. (durch ‚Wahrheitsbesitzer').

[12] ENZYKLIKA „LAUDATO SI'" – Über die Sorge für das gemeinsame Haus. Libreria Editrice Vaticana 2015; www.dbk.de/fileadmin/redaktion/diverse_downloads/presse_2015/2015-06-18-Enzyklika-Laudato-si-DE.pdf (hier Nr. 160).

Die *Menschwerdung* unserer Gattung betrifft gleichermaßen das Herz der christlichen Botschaft *und* den zivilisatorischen Ernstfall auf dem Planeten. Deshalb rückt die *Geschwisterlichkeit aller Menschen* wie nie zuvor ins Zentrum der ökumenischen Beratschlagung. Mit seinem Rundschreiben „*Laudato si'*" (LS) über die menschengemachte Bedrohung des Lebens und die „Sorge für das gemeinsame Haus" möchte sich Bischof Franziskus „an jeden Menschen wenden, der auf diesem Planeten wohnt". Die ‚Einheit des Menschengeschlechtes' ist in dieser Ökologie-Enzyklika kein Gegenstand dogmatischer Lehrverkündigung, sondern eben eine Frage des Ernstfalls für den ganzen bewohnten Erdkreis: Es gilt, „die gesamte Menschheitsfamilie in der Suche nach einer nachhaltigen und ganzheitlichen Entwicklung zu vereinen" (LS 13). „Wir müssen uns stärker bewusst machen, dass wir eine einzige Menschheitsfamilie sind. Es gibt keine politischen oder sozialen Grenzen und Barrieren, die uns erlauben, uns zu isolieren, und aus ebendiesem Grund auch keinen Raum für die Globalisierung der Gleichgültigkeit." (LS 52) Das aggressive Zivilisationsprogramm „Geldvermehrung – Macht – Krieg" verbaut den nach uns kommenden Generationen die Zukunft. Es verbreitet Traurigkeit, Fatalismus und Tod. Die Gegenbewegung der Liebhaber*innen des Lebens tritt ein für den Weg der gleichberechtigten Zusammenarbeit aller Kontinente, Regionen, Kulturen, Weltanschauungsgemeinschaften und Religionen. Sie braucht ein *starkes Symbol*, das gute Kräfte freisetzt. Hier kommt die Lehrtradition „Humani generis unitas" (One human family) ins Spiel.

Wenn nun etwas Eingang in die *Liturgie* findet, ist dies gewiss das bedeutsamste Zeichen dafür, dass es sich wirklich um ein Herzensanliegen in der Kirche handelt („lex orandi, lex credendi"). Viel wichtiger als etwa eine Aufnahme von ‚ökologischen Sündenkatalogen' in den Katechismus wären deshalb *Liturgien des Lebens und des Widerstehens* im immerwährenden Gottesdienst der Weltkirche – jenseits des irrigen, ja kindischen Glaubens an die Wirkmächtigkeit von Moralpredigten. Nicht etwa die Kongregationen der Kurienkardinäle sind berufen. Nur die Dichterinnen, Werkleute und Liebenden können den Auftrag wagen: Ein neues *Hochgebet für das Dritte Jahrtausend*, welches unseren Leib bewegt und so auch – hin geleitend zu einem neuen Weg – unseren Sinn, wäre gar nicht zwingend als radikaler Traditionsbruch vorzustellen. Denn die große Gemeinschaft aller Menschen, der Blick auf die ganze bewohnte Erde und sogar die kosmische Dimension des Lebens sind in den Überlieferungen seit alters her enthalten. Notwendig wäre allerdings, unsere von Gott ebenso beseelten Mitgeschöpfe – ihre Lebensfreude und Leiden – im Kanon der Messe nicht zu vergessen (denn jegliche Kreatur seufzt, wenn der homo sapiens als der ,große Ungeliebte' das Zepter an sich reißt).

In der alle Zeiten umfangenden Gemeinschaft am Altar gedenken wir bislang vor allem derer, die *vor* uns gelebt haben und jetzt im Geiste mit uns versammelt sind. Ab heute müssen wir an herausragender Stelle alle Mitglieder unserer menschlichen Familie, die *noch nicht geboren* sind, mit um den Altar versammeln. Die Vergegenwärtigung, das Wesen der Liturgie, muss also das Zukünftige so in einer neuen *Messe für das dritte Jahrtausend* zum Erscheinen bringen, dass wir uns als Mütter, Väter oder auch Hebammen der nach uns Geborenen verstehen lernen. Nur wenn wir in Gemeinschaft mit den zukünftigen Generationen stehen, also ihre Lebensrechte und das ,Schicksal der planetarischen Ressourcen' vor Augen haben, können wir weiterhin – in miteinander verbundenen Ortsgemeinden auf dem ganzen Erdkreis – die Danksagungsliturgie des Lebens feiern: Die Gaben dieser Erde gehören nicht uns, Menschen einer anderen Zeit wollen von ihnen – wie wir – *leben*. In den heiligen Feiern der Christenheit sollten die Jungen wie die Alten somit erkennen können, dass eine *Wandlung*, die uns Irregegangenen Leben ermöglicht, im Mittelpunkt aller liturgischen Bewegungen steht.

Nichts weniger als eine Revision der ,Konstantinischen Wende' steht auf der Tagesordnung des nächsten Ökumenischen Konzils. Die *Bezeugung der Gewaltfreiheit* in Credo und Vollzügen der Gemeinde Jesu betrifft im dritten Jahrtausend den ,status confessionis'. Schon im kommenden Jahrzehnt müssen wir damit rechnen, dass autoritäre – polizeistaatliche – Regime sich weiter vermehren und Konflikte um die Geltung des universalen Menschenrechts immer dramatischer ausfallen. Nicht ohne Berechtigung werden die global vernetzten Bewegungen für eine neue Zivilisationsperspektive vorbringen, man müsse dem systemischen Wandel ohne Verzug Wege bereiten: „Es reicht nicht, die Opfer zu verbinden, die unter dem Rad liegen. Man muss dem Rad selbst in die Speichen greifen." (Dietrich Bonhoeffer) Gewaltfreier Widerstand ist die einzige Revolution, die den Agenten einer aggressiven (Kriegs-)Ökonomie, die über Leichen geht, Sorge bereitet. Die Kirche kann durch praxisorientierte Werkstätten auf dem ganzen Globus ihren diakonischen Auftrag erfüllen und dazu beitragen, dass möglichst viele Menschen – nicht nur Christinnen und Christen – mit der intelligenten Methode einer Revolution ohne Blut vertraut werden.

KULTURELLE TRANSFORMATIONEN: „SOLA GRATIA"!

Unser Ausgangspunkt: Die Angst – die Angst des Ungeliebtseins und der Sterblichkeit – betrifft nicht nur den Einzelnen, sondern sie ist *Geschick der ganzen Gattung*. Der homo sapiens hat eine destruktive, am Ende augenscheinlich selbstmörderische ,Zivilisation der Ungeliebten' hervorgebracht. Die individuellen ,Aufrüstungen der Angst' und die Strukturen (,Mächte und Gewalten') einer gewalttätigen Zivilisation entsprechen sich. Adam steht tatsächlich für das Drama der gesamten Menschheit.

Wenn es sich so verhält, wird eine ,Friedenstheologie im zivilisatorischen Ernstfall' keiner Fährte folgen können, die letztlich nur zu einer oberflächlichen Politisierung des Evangeliums und vergeblichen Drachenkämpfen verführt.

Den Traktat „Christologie" gibt es, weil Jesus für die gesamte Menschenwelt das ,Paradies' eines angstfreien Selbstverstehens (wieder) aufgeschlossen hat, so dass in seinem ganz anderen Königtum *alle* zu Königinnen und Königen werden. Galt hier nicht schon immer, dass der denkbar radikalste Blick auf den *Einzelnen* zugleich den umfassendsten Horizont für die gesamte menschliche *Gattung* erschließt?

In der Betrachtungsweise Meister Eckharts († 1327/28) folgen aus dem Aufscheinen jenes Lichtes, das jeden Menschen erleuchtet (Joh 1), im gleichen Atemzug Selbstannahme und Annahme der universalen Menschheit: „Hast du dich selbst lieb, so hast du alle Menschen lieb wie dich selbst […] in einem Menschen alle Menschen".[13] Selten genug geschieht es, dass einem Menschenkind als Mitglied unserer tragischen Spezies diese Taufgeburt am Jordan widerfährt, die gegen suizidale Gier immunisiert und vom Zwang zur Gewalt erlöst.[14] Doch wie sollte es dann möglich sein, gar *die gesamte Menschengattung „im Jordan zu taufen"*, um die Zivilisation der Ungeliebten zu verwandeln und noch rechtzeitig aus dem Kult der Gottheiten Besitz, Macht und Gewalt zu befreien?

Diese Kernfrage sollte alle Suchenden der Gegenwart verbinden. Der Weg Jesu ist nicht anders als ein Weg der Freiheit zu verstehen und setzt auf eine *intrinsische*, nicht bloß äußerliche Verwandlung der Menschenwelt. Eine Vergewaltigung der Einzelnen scheidet selbstredend aus (z. B. Konditionierung durch Massenpsychologie; ‚Öko- und Friedensdiktatur'; kollektive pharmakologische Sedierung). Alle zentralistischen, autoritären

---

[13] Quellennachweis und weitere Zitate von Eckhart hierzu in: IMPULSGRUPPE „ONE HUMAN FAMILY": Wie die Menschheit eins ist. Die katholische Lehre „Humani generis unitas" für das dritte Jahrtausend. Düsseldorf 2016, 29-31.

[14] Ohne diese ‚Taufgeburt' kann es nirgendwo „Subjekte eines befreienden politischen Handelns" geben. Eine sich als revolutionär verstehende Bewegung, die die Würde und Freiheit des Individuums nicht überzeugender achtet als die (real existierenden) Gesellschaftsformationen der „bürgerlichen Revolution", ist deshalb immer korrumpierbar und zum Scheitern verurteilt. Die großen literarischen „Dystopien" des letzten Jahrhunderts verdeutlichen bereits eine entscheidende Voraussetzung für jede Revolte der Menschlichkeit: Leibhaftige Menschen finden eine Be-Ruf-ung, Möglichkeit oder Befähigung, sich der vorherrschenden kollektiven Gleichschaltungs-Matrix zu entziehen und wie Abraham aufzubrechen in ein ‚anderes Land' … Dies betrifft den Zusammenhang von *„Mystik und Widerstand"* (Dorothee Sölle).

und technizistischen Lösungsmodelle, die angesichts der drängenden Zeit vorgetragen werden, folgen der alten Matrix des babylonischen Turmbauprojektes, die noch niemals eine Sprache hervorgebracht hat, in der sich alle Bewohnerinnen und Bewohner des Erdkreises verständigen können.

Im Spätstadium ist die menschliche Zivilisation durchdrungen von jener beziehungs- und gnadenlosen Opferreligion, der zufolge wir unser Leben *erkaufen* müssen. Wie könnte stattdessen das von Jesus sichtbar gemachte ‚*Reich des rein geschenkten Lebens*‛ und der miteinander geteilten Bedürftigkeit uns zu anderen Beziehungswirklichkeiten auch im öffentlichen Raum hinführen, schließlich gar zu neuen ‚Zivilisationsstrukturen‛, in welchen die Gattung – auch als Ganzes – Frieden zu schließen vermag mit dem Modus einer fehlbaren, verletzlichen und sterblichen Existenz?

Ein solches neues Stadium der Evolution des homo sapiens könnte einsetzen in nahen, sich ausweitenden und miteinander kommunizierenden *Räumen des Erbarmens*, in denen Menschen leichter zu einem neuen Selbstverstehen ohne Angst – d. h. ohne den Zwang zu Gewalttat und Zerstörung – finden: Das gemeinsame Haus – ein Haus der Gnade und der Schönheit, in dem der Tod sich nicht mehr als omnipotenter Erpresser aufspielen kann.

Ohne tieferliegende Wandlungen sind nirgendwo in der Menschenwelt ein neues Denken und eine neue Praxis möglich. Gutes kommt nicht aus der Negation[15], sondern aus *heilsamen Erfahrungen*. Die Leiden der nach uns Kommenden können nicht gemildert werden durch Schulen, die weiterhin Ethik-Handbücher der reinen Vernunft produzieren und die Welt durch moralische Belehrungen retten wollen. Unsere Suche weist in die Richtung *kultureller Transformationen*, in denen die bedeutsamste Einsicht der christlichen Theologie den Ernstfall bezeichnet: Erlösung? „Sola gratia".

---

[15] Die Sabotage bzw. Unterbrechung der Apparaturen des Todes, die eine ‚Zivilisation der Ungeliebten‛ hervorgebracht hat, ist notwendig, aber noch *keine* Erlösung aus dem Zwang zur Gewalt und dem suizidalen Komplex unserer Gattung.

Von der Zärtlichkeit Gottes

Das Gegenteil von Gewalt ist nicht Frieden, sondern
die Kraft der Güte und der Wahrheit, sowie Zärtlichkeit.
Wo Schönheit ist, da regt sich in uns Güte und Zärtlichkeit.
Wo wir Zärtlichkeit spüren und Güte sehen,
nehmen wir im innersten Schönheit wahr.
Güte und Zärtlichkeit (Gütekraft) sind das Gegenteil
von Gewalt und sie zeigen sich in ihrer Qualität
vor allem im unausweichlichen Konflikt.
Es sind wie zwei Achsen, welche das Zeugnis Christi in den
Evangelien und im übrigen Neuen Testament durchziehen.
Da ist einmal die Sanftmut / Zärtlichkeit /
Gewaltlosigkeit und die Vergebung.
Dann gibt es die Versöhnung,
den Einbruch der Trennungsmauer (Epheser),
die Annäherung derer, die bisher weit entfernt waren,
und die Herstellung von Kommunikation
und einer gerechten Beziehung.

HANSULI GERBER,
Predigt in der Kathedrale Lausanne, 5. Dezember 2010

„Er kam in sein Eigentum,
aber die Seinen nahmen ihn nicht auf" (Joh 1,11).
Und dort [...] inmitten der Dunkelheit einer Stadt,
die für den weit gereisten Fremden weder Raum noch Platz hat,
inmitten der Dunkelheit einer sehr bewegten Stadt,
die, wie es in diesem Fall scheint,
dadurch aufgebaut wird, dass jeder nur auf sich bedacht ist,
gerade dort entzündet sich der revolutionäre Funke
der Zärtlichkeit Gottes.

In Betlehem tat sich da ein kleiner Lichtblick auf für jene,
die ihr Land, ihre Heimat und ihre Träume verloren haben;
sogar für jene, die der Erstickung eines in sich
verschlossenen Lebens verfallen waren. […]
Deine Zärtlichkeit wecke unsere Sensibilität und schenke uns,
dass wir uns angesprochen fühlen, dich in all jenen zu erkennen,
die in unseren Städten, in unserem Alltag,
in unseren Leben ankommen.
Deine revolutionäre Zärtlichkeit überzeuge uns,
dem Ruf zu folgen und uns für die Hoffnung
und Zärtlichkeit unserer Leute einzusetzen.

Papst FRANZISKUS,
Predigt Sonntag, 24. Dezember 2017, Christmette

Ephesus: Kaiser-Inschrift; römisches Kriegsrelief (Bild: M. Siudy)
https://pixabay.com/de/photos/ephesus-motiv-bogen-caesar-3292680/
https://upload.wikimedia.org/wikipedia/commons/e/ef/047.Efez.JPG?uselang=de

Von Obrigkeiten und (Un-) Gehorsam – eine radikal neue Interpretation von Römer 13

Dietrich Becker-Hinrichs

Als wir uns während einer Bibelarbeit in der Woltersburger Mühle den Kopf über die paulinischen Aussagen in Römer 13 zerbrachen, wies uns Jakob Fehr, ein mennonitischer Theologe, auf einen aktuellen jüdischen Kommentar zum Römerbrief hin: *„The Jewish Annotated New Testament"*[1]. Jüdische Theolog*innen aus der ganzen Welt, mit Schwerpunkt in den USA, kommentieren dort die Bücher des Neuen Testamentes aus jüdischer Sicht. Die Botschaft Jesu und die paulinischen Briefe werden in den Zusammenhang der jüdischen Traditionen eingeordnet. Der Ausleger des Römerbriefes ist Mark Nanos. Seine Auslegung des Römerbriefes lässt Römer 13 in einem völlig neuen Licht erscheinen. Ich fasse seine Interpretation im Folgenden zusammen.

WER SIND DIE ADRESSATEN DES RÖMERBRIEFES?

Für Mark Nanos[2] richtet sich der Römerbrief an Heiden, die sich den messianischen Gemeinschaften in den Synagogen in Rom angeschlossen haben. Er ermahnt die Heiden, die zum Glauben an den Messias Jesus gekommen sind, sich so zu verhalten, dass die übrigen Juden in der Synagogengemeinde keinen Anstoß an

---

[1] Amy-Jill LEVINE/ Marc Zvi BRETTLER: The Jewish Annotated New Testament. Second Edition. New York ²2017.
[2] Vgl. auch Mark NANOS: The Mystery of Romans. The Jewish Context of Paul's Letter, Minneapolis 1996.

ihnen nehmen. Das Hauptziel des Paulus sei, zu bezeugen, dass Jesus der Messias ist. Er ermutigt die heidnischen Konvertiten, ein der Thora gemäßes Leben zu führen, um dadurch die Juden eifersüchtig zu machen auf den Glauben, damit diese ihn für sich selbst begehren. Die Exegese des Briefes muss demnach im Blick auf seinen Sitz im Leben der Synagogengemeinschaft erfolgen.

Nanos geht also davon aus, dass Paulus nicht an Christen schreibt. Diesen Begriff gibt es zur Zeit der Abfassung des Römerbriefes noch nicht. Auch der Begriff Gemeinde (ekklesia) kommt im ganzen Römerbrief nicht vor, außer in Römer 16, wo Phoebe gegrüßt wird, die die Dienerin einer Gemeinde (*ekklesia*) in Kenchräa ist. Die messiasgläubigen Heiden haben sich noch nicht aus dem Zusammenhang mit der Synagogengemeinde gelöst, sondern sind eigene Gruppen innerhalb der Synagogengemeinde.

Die Adressaten des Römerbriefes sind also heidnische Konvertiten, die sich der Synagogengemeinde angeschlossen haben. Sie kennen die Thora nicht und sind mit der jüdischen Praxis nicht vertraut. Sie kommen aus einer heidnischen Umgebung. Wenn sie sich zu einem messianischen Judentum bekehren, treten sie damit in eine bereits existierende Synagogengemeinde ein, in der bestimmte Gewohnheiten etabliert sind.

Die Juden innerhalb der Synagoge lebten nach der Thora. Heiden, die sich der Gemeinde anschließen, mussten den Thoragehorsam lernen. Es gab bereits einen etablierten Prozess für Proselyten, die sich dem Judentum anschließen wollten. Paulus jedoch argumentiert, die Annahme durch Gott sei nicht abhängig davon, zunächst ein Proselyt des Judentums zu werden. Sein Argument ist, dass sowohl Juden wie Heiden den Status der Gerechtigkeit vor Gott als ein Ergebnis von Gottes unverdienter Gnade erhalten. Sowohl Juden wie auch Heiden gelangen zu Gott auf demselben Weg. Der Gehorsam gegenüber der Thora ist kein Mittel, um Gerechtigkeit zu erlangen. Er ist vielmehr das Ergebnis davon, gerecht gesprochen worden zu sein. Paulus entfaltet dieses Argument im Galaterbrief und im zweiten bis vierten Kapitel des Römerbriefes. Als Apostel der Heiden ist es sein

Anliegen, dass die Heiden nicht aus der Zugehörigkeit zu Gott herausfallen. Ihr Verhalten soll die anderen Juden nicht daran hindern, Jesus als den Messias anzuerkennen.

Weil die Heiden auf der Grundlage des Glaubens in der Gemeinde willkommen waren, schlossen einige daraus, dass der Thoragehorsam nicht entscheidend sei. Paulus argumentiert, dass dies teilweise richtig ist. Der Thoragehorsam spielt keine Rolle in der Gemeinschaft mit Gott. Rettung, Befreiung, Erlösung und Vergebung hängen nicht am Thoragehorsam. Aber das bedeutet nicht, dass der Gehorsam gegenüber der Thora bedeutungslos sei. Der Thoragehorsam ist die natürliche Folge der Gnade. Und der Gehorsam gegenüber der Thora ist der Weg, auf dem Gott eine heilige Gemeinschaft schafft. Sie soll ein Magnet für die Nationen sein.

Unter dieser Perspektive wendet sich Nanos dann den Ermahnungen des Paulus in Römer 13 zu.

RÖMER 13, 1 – 7 GEBIETET DIE UNTERORDNUNG UNTER DIE SYNAGOGENOBEREN

Nanos interpretiert Römer 13 so: Die traditionelle Sicht von Römer 13 sei, dass Christen ermahnt werden, dem Staat zu gehorchen. Obwohl die „Herrschenden" (*archontes*) Regierungsautoritäten sein könnten, sei es viel wahrscheinlicher, dass es Synagogenobere sind.[3] Beispiele für diesen Wortgebrauch sind zahlreich in den Evangelien und in der Apostelgeschichte zu finden.[4] Die Hauptsorge des Paulus sei, wie die heidnischen Konvertiten in

---

[3] Amy-Jill LEVINE/Marc Zvi BRETTLER: The Jewish Annotated New Testament, 314

[4] Vgl. Mt 23, 2–3; Lk 8,41 (Siehe, da kam ein Mann mit Namen Jairus, der ein Vorsteher [*archon*] der Synagoge war); 12,11 (Wenn sie euch aber führen werden in die Synagogen und vor die Machthaber [*archas*] und die Obrigkeiten [*exousias*], so sorgt nicht); 14,1 (Und es begab sich, dass er an einem Sabbat in das Haus eines Oberen [*archonton*] der Pharisäer kam); 18.18 (es fragte ihn ein Oberer [*archon*] und sprach); 23,13,35 (Pilatus aber rief die Hohenpriester und die Oberen [*archontas*] und das Volk zusammen); 24,20 und außerdem Apg 7,27 und 35.

Rom sich unter den Juden verhalten, die ihre Überzeugungen nicht teilen oder sie gar wie Feinde bekämpfen (Röm 11,28). Seine heidnischen Leser haben möglicherweise auch Widerstand gegen Synagogenautoritäten geleistet und sich ihrer Mitgliedschaftsverpflichtungen entzogen. Sie bezahlen z. B. keine Tempelsteuer. Folglich ermahnt Paulus in Römer 13,1 – 7 die messiasgläubigen Heiden in Rom. Sie sollen sich respektvoll gegenüber den Juden verhalten und die Autorität der örtlichen Oberen in der Synagoge akzeptieren. Dies schließt ein, dass sie die Tempelsteuer bezahlen wie diejenigen, die die volle Mitgliedschaft in der jüdischen Gemeinschaft anstreben. Und dies wollen ja die heidnischen Christusnachfolger.

EINZELEXEGESE[5]

Vers 1:

Jedermann sei untertan der Obrigkeit (exousias), die Gewalt über ihn hat. Denn es ist keine Obrigkeit (exousia) außer von Gott; wo aber Obrigkeit ist, ist sie von Gott angeordnet. (Luther 2017)

Jeder Mensch soll sich den Gewalten (exousias) unterordnen, die an der Macht sind. Denn es gibt keine Macht (exousia), außer von Gott. Die bestehende ist von Gott eingesetzt. (BigS)

Mit Obrigkeit (*exousias*) oder Gewalten sind die Leiter der Synagoge gemeint, die die Macht haben. Es lohnt sich, darauf hinzuweisen, dass die Verwendung des griechischen *exousias* (Obrigkeit) im neuen Testament auch andernorts mit der Synagoge verbunden wird, auch durch Jesus.[6]

Es ist kaum anzunehmen, dass Paulus das römische Imperium als eingesetzt von Gott ansieht. Er beschreibt die Zeitumstände im römischen Imperium mit Metaphern wie „Nacht" und

---

[5] Ich verwende zwei deutsche Übersetzungen, die revidierte Übersetzung der Lutherbibel von 2017 (Luther 2017) und die Übersetzung der Bibel in gerechter Sprache (BigS).

[6] Vgl. Lk 12,11: „Wenn sie euch aber führen werden in die Synagogen und vor die Machthaber (*archas*) und die Obrigkeit (*exousias*), so sorgt nicht, wie oder womit ihr euch verantworten oder was ihr sagen sollt".

„Finsternis" (Röm 13,12) und als „böse Welt", etwas, aus dem Menschen befreit werden müssen (vgl. Gal 1,4: „… dass er uns errette von dieser gegenwärtigen bösen Welt"). Seine Worte in 1. Thess 5,3 können als eine Parodie auf die Pax Romana verstanden werden: „Wenn sie sagen Friede und Sicherheit, dann überfällt sie schnell das Verderben wie die Wehen eine schwangere Frau." Von daher ist es äußerst unwahrscheinlich, dass Paulus dem römischen Staat hier gewissermaßen einen Freibrief ausstellt und ihm göttliche Autorität zumisst.

Vers 2:
Darum: Wer sich der Obrigkeit (exousia) widersetzt, der widerstrebt Gottes Anordnung; die ihr aber widerstreben, werden ihr Urteil empfangen. (Luther 2017)
Darum: Wer sich gegen die Macht (exousia) stellt, widersetzt sich deshalb der Anordnung Gottes. Die, die Widerstand leisten, müssen damit rechnen, verurteilt zu werden. (BigS)
Die jüdische Tradition schließt Kritik an Israels Führern, den Königen, Priestern und Propheten ein. Umso mehr gilt die Kritik den Führern anderer Nationen, die ihre Macht einsetzen, um die Sünder zu strafen, die aber sehr häufig die Gerechten verletzen. Sie werden bestraft werden. Oft widersetzen sich die Juden den Oberen in Taten gläubiger Rechtschaffenheit (vgl. die Königskritik in 1. Sam 8, die drei rechtschaffenen Männer im Feuerofen in Dan 3). Können wir uns vorstellen, dass der gelehrte Jude Paulus die Geschichte Daniels und der Israeliten in der babylonischen Gefangenschaft ignoriert oder das Urteil, das Gott über viele der Könige Israels gefällt hat?

Vers 3:
Denn die Gewalt haben (archontes), muss man nicht fürchten wegen guter, sondern wegen böser Werke. Willst du dich aber nicht fürchten vor der Obrigkeit (exousian), so tue Gutes, dann wirst du Lob von ihr erhalten. (Luther 2017)

Die Herrschenden (archontes) sind ein Schrecken – nicht für die gute Tat, aber für die böse. Wenn du nicht in Furcht vor der Obrigkeit (exousian) leben willst, dann tue das Gute. So wirst du sogar Anerkennung von ihr erhalten. (BigS)

Mit den Herrschenden (*archontes*) sind die Leiter der Synagogengemeinde in Rom gemeint.

Vers 4:
Denn sie ist Gottes Dienerin (theou diakonos), dir zugut. Tust du aber Böses, so fürchte dich; denn sie trägt das Schwert (machairan) nicht umsonst. Sie ist Gottes Dienerin (theou diakonos) und vollzieht die Strafe an dem, der Böses tut. (Luther 2017)
Dienerin Gottes (theou diakonos) ist sie, dir zum Guten. Wenn du aber Böses tust, fürchte sie! Nicht umsonst trägt sie das Schwert (machairan). Denn Dienerin Gottes (theou diakonos) ist sie, gerechten Zorn richtet sie auf die, die Böses tun. (BigS)

Der Begriff „Dienerin Gottes" bezieht sich auf das gebräuchliche *diakonos*; dabei geht es um die, die in der Gemeinde leben. Da der Begriff *diakonos* normalerweise in der Schrift verwendet wird, um diejenigen zu beschreiben, die Gott innerhalb der Gemeinde dienen, erscheint es vernünftig anzunehmen, dass Paulus das Wort nicht benutzt, um Führer einer weltlichen Regierung zu beschreiben, die keinerlei Zeichen eines ethischen Handelns zeigen, das auf der Schrift basiert. Des Weiteren ist die Grundlage dafür, ein *diakonos* zu sein, die Unterwerfung unter JHWH und Jesus, daher ist es extrem unwahrscheinlich, dass Paulus denselben Begriff auf die weltlichen Regierenden bezieht, die sich niemals Gott unterworfen haben.

Das Schwert (*machaira*) bezeichnet die richterliche Autorität (*ius gladii*). Damit werden die Rechte der Leiter der Synagoge bezeichnet, die dafür verantwortlich sind, Steuern einzutreiben und für Ordnung innerhalb der Synagogengemeinde zu sorgen. Paulus bezeichnet mit dem Begriff „Schwert" (*machairan*) nicht die Handlungen weltlicher Autoritäten. Das griechische Wort, das hier verwendet wird, ist das Äquivalent zu dem hebräischen

Wort für das Messer, das bei der Beschneidung benutzt wird,[7] es ist nicht das griechische Wort für das typische kriegerische Schwert der römischen Soldaten (*kopis* oder *xiphos*). Dieser Begriff steht außerdem in symbolischer Weise für das Zeichen der Gerichtsbarkeit im römischen Recht. Paulus verwendet dieses Wort als eine Metapher für eine disziplinarische Handlung der synagogalen Autoritäten. Es gibt keinen Grund anzunehmen, dass Paulus hier von der römischen Gerichtsbarkeit spricht. Dieselbe metaphorische Sprache verwendet Paulus auch in Röm 13,12, wenn er sagt: „Lasst uns ablegen die Werke der Finsternis und anlegen die Waffen des Lichts."

Nanos bemerkt dazu, dies passe zu der Beschreibung des Paulus vom Tragen des „Schwertes" als einer Rächerin des Zorns. „Zorn" sei eine weit verbreitet Phrase im Judentum und genauso bei Paulus. Gottes Zorn verbinde sich in seinem Bund mit der Menschheit mit der Erkenntnis des einen Gottes und seines auserwählten Volkes, das nicht länger andere Götter anbetet. Es sei ein zentrales Thema des monotheistischen Glaubens in Israel. Damit die frühen christlichen Heiden die monotheistischen Ansprüche erfüllten und ohne Zwang das rechte Verhalten der gerecht gesprochenen Heiden annähmen, einschließlich des Bezahlens der Tempelsteuer, gäbe es den gerechtfertigten Zorn der Synagogenautoritäten als legitime Vertreter von Gottes Ordnung in der Versammlung des Gottesvolkes.[8]

Vers 5:
Darum ist es notwendig, sich unterzuordnen, nicht allein um der Strafe, sondern auch um des Gewissens willen. (Luther 2017)
Darum ist es Zwang, sich unterzuordnen, nicht wegen des Zorns, sondern auch wegen der eigenen Urteilskraft. (BigS)

---

[7] Vgl. Jos 5,2 („Mache dir steinerne Messer und beschneide die Israeliten"), Gen 23,6 (Und Abraham nahm das Feuer und das Messer in seine Hand...), das Wort kann einen kleinen Dolch bezeichnen (Ri 3,16: „Ehud machte sich einen zweischneidigen Dolch").
[8] Vgl. Mark NANOS: The Mystery of Romans, 311.

Der Begriff des Gewissens bezeichnet den Sinn für das, was richtig ist. Paulus führt dies in den Kapiteln 14 und 15 aus.

Vers 6:
Deshalb zahlt ihr ja auch Steuer. Denn sie sind Gottes Diener (leiturgoi theou), auf diesen Dienst beständig bedacht. (Luther 2018) Deshalb leistet ihr ja auch Zwangsabgaben. Diese stehen nämlich im Dienst Gottes. Seid stets darauf bedacht und gebt allen, wozu ihr verpflichtet seid. (BigS)

Der letzte griechische Begriff bei Paulus ist *leiturgoi*, übersetzt mit „Diener" Gottes. Diese Leute dienen in der Gemeinde. Der Begriff *leiturgos* bezieht sich i.d.R. auf Priester, die eine kultische Handlung vollziehen. Dazu kann auch das Sammeln von Steuern für den Tempel in Jerusalem gehören. Paulus verwendet diesen Begriff, um Menschen zu beschreiben, die ständig mit Gottes Anliegen zu tun haben. Das kann sich kaum auf weltliche Funktionäre beziehen. Natürlich wurden in der Synagogengemeinde in Rom Steuern gemäß der Thora eingezogen. Paulus scheint an diese Aufgabe zu denken, wenn er das Sammeln von Steuern in der Gemeinde beschreibt. Wenn man berücksichtigt, dass Paulus dies mit einer Beziehung zu Gott in Verbindung bringt, ist es unmöglich anzunehmen, dass Paulus über weltliche, römische Steuern oder Regierungsbeamte spricht. Wieder beziehen sich die Anweisungen des Paulus auf die neu hinzukommende heidnische Gruppierung, die nicht vertraut ist mit den Bräuchen der Tempelsteuer entsprechend der Thora. Dass die heidnischen Gläubigen den Verpflichtungen der Thora nicht folgen, ist ein Zeichen dafür, dass sie nicht wirklich JHWH dienen.

Vers 7:
So gebt nun jedem, was ihr schuldig seid: Steuer, dem Steuer gebührt; Zoll, dem der Zoll gebührt; Furcht, dem die Furcht gebührt; Ehre, dem die Ehre gebührt. (Luther 2018) Seid stets darauf bedacht und gebt allen, wo zu ihr verpflichtet seid: Wem ihr Abgaben zahlen müsst, zahlt Abgaben. Wem ihr Zoll zahlen

müsst, zahlt Zoll. Wen ihr fürchten müsst, fürchtet. Wen ihr achten
müsst, achtet. (BigS)

Die ganzen Ausführungen beziehen sich auf die Verpflichtung der neu hinzugekommenen Messiasgläubigen, Steuern für den Tempel in Jerusalem und andere Abgaben für die Synagogengemeinde zu entrichten.

KONSEQUENZEN

Wenn wir der Interpretation von Mark Nanos folgen, dann lösen sich die Schwierigkeiten mit den Begriffen *diakonos* und *leiturgos,* die im Zusammenhang mit der römischen Obrigkeit gar keinen Sinn ergeben. Generationen von Exegeten haben sich darüber den Kopf zerbrochen. Versteht man die Aufgaben eines *diakonos* und *leiturgos* als Aufgaben innerhalb der Synagogengemeinschaft, fällt die religiöse Verklärung der Obrigkeit weg. Es geht einfach um die Gemeindeleitung, die eine bestimmte Macht hat und der Gemeinschaft dient und auch liturgische Aufgaben wie das Einziehen der Tempelsteuer vornimmt.

Würden wir das auf den heutigen Kontext übersetzen, so geht es um gewählte Kirchenälteste, die in der Gemeinde das Sagen haben und die im Gottesdienst die Kollekte einsammeln und zählen dürfen. Und es geht um die Aufforderung, seine Kirchensteuer gemäß der Vorgaben zu bezahlen.

Liest man Römer 13 im Zusammenhang des Lebens in der Synagogengemeinde, in der heidnische Konvertiten für Unruhe sorgen, dann bilden Römer 12 – 14 wieder einen Gesamtzusammenhang. Es geht in den Kapiteln um die Aufforderung, thoragemäß zu leben, das Böse mit Gutem zu überwinden, die Feinde zu lieben, die Liebe als die Erfüllung der Thora anzusehen und sich an die zehn Gebote zu halten. Im Rahmen dieser paränetischen Unterweisungen, die in der Aufforderung zur Nächstenliebe gipfeln (Röm 13,10), geht es auch um den Gehorsam gegenüber den Synagogenoberen und die Aufforderung, seine Abgaben für die Gemeinschaft zu leisten. Es war für die Juden in der Diaspora eine Pflicht, den Tempel in Jerusalem mit einer jährlichen Steuer zu unterstützen. Und vermutlich wurden auch Abgaben für das Leben in der Synagogengemeinde erhoben. Nanos zieht daraus wichtige Konsequenzen für den Aufbau des Römerbriefes. „Ich unterstelle, dass es keinen Grund gibt, einen Bruch in den paränetischen Unterweisungen zwischen Kapitel 12,1–15,13 anzunehmen, weil es in Römer 13,1-7 keine konzeptionelle Veränderung gibt. Im ganzen Abschnitt, eingeschlossen 13,1–7, geht es darum, den neuen Lebensstil der christlichen Heiden zu beschreiben, die auf die Offenbarung der Gnade Gottes ihnen gegenüber antworten und nun dazu verpflichtet sind, sich in der Synagogengemeinde, zu der sie nun gehören, anständig zu verhalten durch den Glauben an Jesus, den Messias."[9]

ES GEHT NICHT UM DEN STAAT UND DEN GEHORSAM GEGENÜBER DER WELTLICHEN OBRIGKEIT

Nanos argumentiert glaubhaft, dass Paulus nicht allgemeine Fragen der weltlichen Regierung und des Gehorsams gegenüber weltlichen Autoritäten verhandelt. Warum auch? Er schreibt an eine kleine Gemeinschaft von messiasgläubigen Heiden im Umfeld der Synagogengemeinde in Rom. Ihr Verhältnis zu der jüdischen Gemeinschaft ist das Hauptthema des Römerbriefes. Paulus hat kein Interesse an allgemeinen staatspolitischen Fragen. Der römische Staat ist an keiner Stelle seiner Briefe ein Thema. Warum sollte er dann völlig aus dem Zusammenhang gerissen auf die Frage des Verhältnisses zur weltlichen Obrigkeit zu sprechen kommen?

Mit dieser Interpretation lösen sich jahrhundertealte ethische Dilemmata. Wieviel Schaden wurde durch die falsche Auslegung von Römer 13 angerichtet? An wie vielen Orten wurden Christen mit diesen Worten ermahnt, ihrer jeweiligen Obrigkeit bedingungslos zu folgen? Wie viele ungerechte Macht- und Herrschaftsverhältnisse wurden dadurch religiös überhöht? Wie

---

[9] Mark NANOS: The Mystery of Romans, Romans, 295 (Übersetzung D.B.H).

vielen Kriegsdienstverweigerern wurde mit Römer 13 ihr Recht abgesprochen, ihrem Gewissen zu folgen?

HABEN ALSO GENERATIONEN VON EXEGETEN RÖMER 13 FALSCH VERSTANDEN?

Das ist nicht ausgeschlossen. Gerade in der Paulusexegese ist man lange Zeit falschen Interpretationen gefolgt, die mehr interessegeleitet waren, als dass sie den Juden Paulus in seinem Kontext gesehen haben. Erst die sogenannte neue Paulusperspektive[10] schlägt hier andere Wege ein.

Für Vertreter*innen einer Friedenstheologie war es schon immer ein großes Problem, dass auf die paulinische Bergpredigt in Römer 12,9–21 mit der Aufforderung zur Feindesliebe dann in Römer 13,1–7 ein Abschnitt folgte, der angeblich den Gehorsam gegenüber dem Staat einforderte und die Obrigkeit religiös verklärte. Es wird spannend sein zu sehen, wie die Interpretation von Mark Nanos in der deutschen Universitätslandschaft aufgenommen wird.

[10] Hier sind die Vertreter*innen der „New Perspektive on Paul" zu erwähnen. Als einer ihrer Vertreter gilt Krister STENDAHL (Der Jude Paulus und wir Heiden. 1978). Mark Nanos ist in engem Dialog mit Vertreter*innen der Paulusexegese im skandinavischen Kontext, die aus der Schule Stendahls stammen. Er hat im Jahre 2018 die Ehrendoktorwürde der Universität von Lund erhalten. Im deutschen Kontext scheint Mark Nanos weniger bekannt zu sein.

Kolossalstatue Kaiser Konstantins, Kapitolinischen Museen (Jean-Pol Grandmont)
https://commons.wikimedia.org/wiki/File:0_Constantinus_I_-_Palazzo_dei_Conservatori_(2).JPG

Was ist
Friedenstheologie?

Matthias-W. Engelke

Christliche Verkündigung bekennt: Jesus Christus ist unser Friede (Eph 2,14). Der Friede ist also kein Ziel, kein Ideal und kein Transzendental, sondern trägt ein Antlitz und ist personal. Da Christus in seiner Gemeinde präsent ist, ist der Friede in der Gemeinde möglich. Die Verkündigung von Tod und Auferstehung Christi beinhaltet die Botschaft und Bereitschaft als Gemeinde Jesu, ohne Ausschluss anderer Menschen zu leben und somit jeder Form tötender Gewalt abzusagen. Dies Leben ohne Ausschluss immer wieder neu einzuüben entspricht der Anfänglichkeit des Friedens durch Jesus: Seine Gegenwart kann zwischen den Menschen stets neu erfahren werden. Diese christlichen Einsichten reflektiert Friedenstheologie in ihrer Bedeutung für die christliche Gemeinde, Verkündigung, Seelsorge, ihre organisatorische Gestalt und Forschung.

Friedenstheologie wird an landeskirchlichen evangelischen Fakultäten in Deutschland nicht gelehrt. Das ist ein Manko. Friedensethik bezieht sich auf die Entscheidung des Einzelnen angesichts der Herausforderung von Not, Gewalt, Unterdrückung und mangelnder kultureller Vielfalt. Gegenwärtige christliche Friedensethik schließt die Anwendung tötender Gewalt als ultima ratio noch nicht aus.

Christliche Friedenstheologie unterscheidet sich darin von der Friedensethik: Sie bekennt die Gegenwart Jesu Christi in seiner Gemeinde, sie geht also nicht vom Einzelnen aus. Die Gegenwart Jesu bleibt nur dann erkennbar, wenn die tötende Gewalt ausgeschlossen wird. Friedenstheologie ist darum der denkerische Nachvollzug der Gemeinde, die in ihrem Handeln, Sprechen und Lassen als eine Gemeinde Jesu Christi erkennbar sein will. Friedenstheologie schließt friedensethisches Nachdenken als einen Teilbereich mit ein.

Friedenstheologie widersetzt sich der Kriegsreligion und setzt sich mit den Folgen des Konstantinismus auseinander.

Kriegsreligion liegt dort vor, wo militärisch tötende Gewalt mit kirchlichen und/oder religiösen Mitteln legitimiert wird und wo der Krieg selbst als transzendente Größe erscheint. Das ist dann der Fall, wenn der Krieg sich selbst das Ziel setzt, so wie es viele Soldaten erlebt haben, die weiterkämpften, weil der Tod eines Kameraden „nicht umsonst sein darf". Der Krieg um des Krieges willen steht dann an Gottes statt.

Konstantinismus ist die Verformung christlichen Glaubens, christlicher Verkündigung und der Gestalt von Gemeinde und Kirche durch die Beteiligung von Christen an obrigkeitlicher Herrschaftsausübung – etwa seit dem 16. Jahrhundert gleichzusetzen mit staatlicher Gewalt – und durch den Einfluss staatlicher Gewalt auf Kirchen. Dies ist im Bereich der evangelischen Kirchen in Deutschland bereits mit dem Landeskirchentum der Fall. Ist das Fehlen friedenstheologischer Lehrstühle in den Fakultäten eine Folge des Konstantinismus in Deutschland?

Friedenstheologie, die der Gewaltfreiheit Jesu verschrieben ist, hat es seit den Anfängen christlichen Glaubens gegeben.[1] Sie pflegte dennoch ein Schattendasein, selbst dann wenn diese Haltung von Persönlichkeiten vertreten wurde, die weit über ihre Zeit hinaus bekannt geworden sind wie Erasmus von Rotterdam oder Albert Schweitzer. Friedenstheologische Forschung ist darum auch dieser Wolke von Zeugen verpflichtet. Dazu gehören nicht zuletzt die Christinnen und Christen, die von Beginn der Reformation an auf Grund ihrer gewaltfreien Haltung von den Großkirchen verfolgt, verjagt und ermordet worden sind, wie die späteren Mennoniten und anderen Friedenskirchen.

---

[1] Vgl. den Überblick bei Kaspar MAYR: Der andere Weg. Nürnberg 1957.

DER ORT DES FRIEDENS

Der Friede bedarf eines Ortes. Wenn es keinen Ort für den Frieden gibt, ist der Friede ortlos, utopisch, eine „A-Topia". Da Christus der Friede ist, kann er, dort wo sich seine Gemeinde versammelt, gegenwärtig sein. Die christliche Gemeinde ist dann eine Versammlung stellvertretend für die Menschheit, die in ihrer Friedensfeier bereits vorwegnimmt, was mit der Vollendung der Welt sein wird. So wie jeder Mensch die Menschheit repräsentiert, verkörpert die christliche Versammlung die Hoffnung, dass alle Menschen in Liebe, Gerechtigkeit und Wahrheit miteinander verbunden sein werden. Für eine christliche Gemeinde bedeutet dies, sich selbstkritisch zu fragen, wie sie dies in ihrer Verkündigung, Seelsorge, Gestalt und Struktur kenntlich werden lässt. Dies kann zur Folge haben, sich mit Hindernissen des Friedens auseinanderzusetzen und sie in Liebe zu überwinden.

FRIEDENSTHEOLOGIE
IN DER AUSEINANDERSETZUNG

Ausgehend von der christlichen Botschaft der Menschwerdung Gottes in Jesus von Nazaret wird im Folgenden an einigen Beispielen aufgezeigt, was von einer Friedenstheologie gerade in konkreten Auseinandersetzungen erwartet werden kann.

Die Botschaft der Menschwerdung Gottes in Jesus von Nazaret beinhaltet ein *inverses* Element: Die polaren Muster „groß/klein", „stark/schwach", „Erster/Letzter", „im Recht/im Unrecht sein" verkehren sich: Der machtlose ans Kreuz genagelte Jesus von Nazaret erweist sich als stärker; sein von den Römern offen demonstriertes Verbrechersein verkehrt sich ins Recht-Haben; in der Gottesreichsverkündigung und Umkehrpredigt Jesu werden die Ersten die Letzten sein und umgekehrt; und Kinder geben den Ton an, wer ins Reich Gottes kommt. Dieser Inversion entspricht ein Perspektivwechsel. Ein Perspektivwechsel, der auch Gott in diesem stehen sieht. Aus diesem Blickwinkel redet Jesus.

Dies geschieht in jedem christlichen Gebet, das von Gott als „Vater" spricht, da hier die Bedeutung von Gott als dem Vater Jesu immer mitschwingt. Diesem inversen Element ist das Kriterium der *Umkehrprobe* geschuldet. Sie fragt: Bin ich selber auf dem falschen Weg oder nur der Gegner?

Diese christologisch-jesuanische Inversion setzt eine *Relationalität* voraus: Eine Ansprechbarkeit auf die Reich-Gottes Botschaft hin, die Bezüglichkeit Jesu auf Gott hin und von ihm her, sowie, indem Jesus nachgefolgt wird, eine enge Verbundenheit mit ihm und seiner Botschaft.

Dieser Relationalität entsprechen die Kriterien der *Dialogprobe* und *Gebetsprobe*: Bin ich zum Dialog ohne Vorbedingungen bereit und bete ich auch für den Feind?

Aus dieser Relationalität ergibt sich durch das Gefälle der Verkündigung Jesu mit seinem Leben, seinem Handeln und seinen Reden das Versöhnungshandeln, das grenzüberwindend Menschen zusammenführt, selbst dann, wenn sie aneinander schuldig geworden sind oder gar werden (letztes Abendmahl). Dem entspricht die *Versöhnungsprobe*: Bin ich bereit zur Versöhnung mit meinem jetzigen Gegner bzw. zu welchem einseitigen Handeln bin ich bereit, um die Versöhnungsbereitschaft des Gegners zu erwecken – möglicherweise? Aber mindestens die eigene unter Beweis zu stellen?

Dieses Gefälle zur Versöhnung wird davon getragen, dass in der christologischen Verkündigung die Transitivität – ,was für mich gilt, gilt für euch; was für euch gilt, gilt für andere' – mitgegeben ist: „Friede sei mit Euch! Wie mich der Vater gesandt hat, so sende ich euch" (Joh 20,21). Diese Transitivität wird interessanterweise gerade von Paulus (1 Kor 4,16; Phil 3,17) und in der Paulusschule so weitergegeben: „Denn ihr wisst, wie ihr uns nachfolgen sollt. Denn wir haben nicht unordentlich bei euch gelebt" (2 Thess 3,7 und 2 Thess 3,9). Die Transitivität geht über in die Weitergabe der Inhalte, der Botschaft, der Lebensführung, der Gemeinschaft Christi etc. Dieser Verbundenheit mit Christus entspricht die *Christusprobe*: Inwieweit bestimmt Christus mein Verhalten?

Die *Transitivitätsprobe* fragt: Ist das, was hier von einem selbst gesagt wird, auch für meinen Gegner möglich zu sagen und umgekehrt: Ist das, was wir von einem Gegner sagen, auch für einen selbst anwendbar?

Dies klingt deutlich an die *Goldene Regel* an, die von Jesus in der positiven Fassung formuliert wird: „Alles nun, was ihr wollt, das die Leute euch tun sollen, das tut ihr ihnen auch!" (Mt 7,12) Mit der positiven Fassung der Goldenen Regel konform geht das Kriterium der Weg-Ziel-Übereinstimmung einher, die eine Form der Zweck-Mittel-Probe ist: Stimmen die Mittel mit dem beabsichtigten und erklärten Ziel überein? Welche Mittel ergeben sich aus welchem Grunde aus welcher Zweck- bzw. Zielsetzung?

Die Goldene Regel enthält als Voraussetzung das Gleich-zu-Gleich der Beteiligten. Die Inversion in der Menschwerdung Gottes in Jesus Christus stellt dabei ein neues Gleich-zu-Gleich zwischen Gott und den Menschen her, indem es von Jesus heißt: „Denn wer Gottes Willen tut, der ist mein Bruder und meine Schwester und meine Mutter." (Mk 3,35)

Die Inversion, die in der Menschwerdung Gottes in Jesus von Nazaret erfolgt, zieht die Feindesliebe Gottes zu seinen Feinden nach sich: „Denn wenn wir mit Gott versöhnt worden sind durch den Tod seines Sohnes, als wir noch Feinde waren" (Röm 5,10), schreibt Paulus. Die Begründung für das Gebot der Feindesliebe ist universal (vgl. Mt 5,43-48). Damit besteht das Liebesgebot aus zwei Paaren: (a) In der Liebe zum Nächsten wie zu sich selbst und (b) in der Liebe zu Gott und zu seinem Feind. Da der Glaubende für sich die Feindesliebe Gottes in Anspruch genommen hat, entspricht dem die *Fehlbarkeitsprobe*: Gestehe ich meinem Gegenüber das zu, was ich für mich in Anspruch nehme, die eigene Fehlbarkeit, also dass auch sein Fehler entschuldbar ist?

Die Feindesliebe wird mit Jesus selbst verkörpert. Von daher ist die Verkündigung der Gegenwart von Gottes neuer Welt mehr als nur eine verbale Ansage, sondern ein Geschehen, das mit Jesu Person und seinem Reden und Handeln geschieht und von seinen Jüngerinnen und Jüngern weitergegeben werden kann. Daraus folgt die *Eschatologieprobe:* Inwieweit wird dem

Anbruch von Gottes neuer Welt Rechnung getragen, dem Trachten nach Gottes Gerechtigkeit?

Mit der Universalität der Feindesliebe geht die Verkündigung einher, die die Erfüllung und Vollendung der Welt mit der Wiederkunft Christi verbindet. Das ist zugleich eine Absage an jegliche Auffassung, die meint, jetzt schon alle Probleme lösen zu können oder den Schlüssel gefunden zu haben, um den endgültigen allumfassenden Frieden etc. schaffen zu wollen.

Dies ist das Kriterium des *Letztvorbehalts:* Bleibt die Vollendung der Welt Christus vorbehalten oder soll sie vorweggenommen werden? Gewalt geriert sich gerne als Lösung für nahezu alle Probleme und ist gerade darin höchst religiös. Die Hoffnung auf den kommenden Christus beschränkt die oft mit Gewalt einhergehenden Allmachtsphantasien radikal und führt zu einer grundlegenden Nüchternheit (vgl. 1 Thess 5,8).

Diese Offenheit wirkt sich aus auf die Frage, ob dem Grausamen und Zufälligen, Kontingenten, besonders eines Krieges ein Sinn unterschoben wird, etwa in der Weise, dass Opfer nötig seien oder dass es gelte, ein höheres Gut zu verteidigen etc.: Findet *Kontingenzvernichtung* statt?

Hieraus entnehme ich ein grundsätzliches Recht zum *Zweifeln.* Das unterstützt die *Vernunftprobe:* Können alle Zweifel an den vorgebrachten Vorwürfen gegenüber dem Gegner frei und uneingeschränkt vorgebracht werden? Werden die Vorwürfe von anderen als denen, die sie erheben, auch für Außenstehende nachvollziehbar geprüft?

Die Einlassung Gottes in diese Welt in dem Menschen Jesus von Nazaret widerstreitet jeglichem *Dualismus.* Das ist im Übrigen mit der Feindesliebe kongruent. Der Friede, der den Verstand zur Vernunft bringt – vgl. Phil 4,7 – ist ihr immer wieder mindestens einen Schritt voraus.

Die *Partnerschaftsprobe* – als Kriterium zur Beurteilung für das Verhältnis sowohl zwischen Mann und Frau als auch zwischen den Generationen und zwischen Amtsinhabern und Wahlvolk, Einheimischen und Fremden etc. – stellt sich dort, wo immer Unterschiede mit Ungerechtigkeit verbunden sind. Hier greift das

Gleich-zu-Gleich, das das Herrschaftsgefälle von Oben und Unten umdreht und es in das neue Gefälle des freiwilligen Dienstes kehrt, um ein neues Gleich-zu-Gleich herstellen zu können (*Transitivität und Inversion*).

Die Botschaft von der Auferstehung Jesu steht in Verbindung mit dem Bekenntnis seiner Gegenwart in seiner Gemeinde. *Zwischen* den Freundinnen und Freunden Jesu ist er gegenwärtig Das ergibt die *Zwischenprobe*: Wovon wird das Zusammensein von Christen mit anderen – auch mit dem Feind – bestimmt und ausgefüllt? Profit und Waffen haben die Angewohnheit, nichts anderes neben sich gelten zu lassen, sie sind in ihrer Tendenz monokulturell wenn nicht gar monotheistisch und in ihren Auswirkungen oft austauschbar bzw. gelegentlich ununterscheidbar.

Jesu Freundinnen und Freunde bekennen es als ihre Botschaft, nicht nur untereinander, sondern auch im Miteinander mit allen anderen, dieses spüren und erleben, hören und einsehen zu lassen, dass auch zwischen ihnen Jesus lebendig ist.

Die Legende von
der Rettung der Urgemeinde.

Nicht aufgenommen in Apg 8 und 9

Die Steinigung des Stephanus hatte die kleine
Gemeinde in Jerusalem schockiert. Das Entsetzen saß tief,
die entsetzlichen Bilder hatten sich eingebrannt.
Die Stimmung war düster, als die Gemeinde nach ein paar
Tagen wieder zusammenkam. Vor allem mit diesem Saulus
war ihnen ein heftiger Feind erwachsen. Er hatte sich die
Ausrottung aller Ketzer zur Aufgabe gemacht. Ketzer, das
waren nun sie. Wie sollte man reagieren? Auswandern?
Mit der ganzen Gemeinde, Frauen und Kindern? Aber wie
man hörte, beschaffte sich der Saulus schon Vollmachten,
um auch an anderen Orten die Verfolgung in die eigene
Hand nehmen zu können. Man sprach davon, dass er schon
bald nach Damaskus aufbrechen wollte, um den Schwestern
und Brüdern dort nachstellen zu können.
„Wir müssen uns wehren", sagte da ein junger Bruder aus Rom,
Justus Bellum, „sonst ist das große Werk Jesu bald vergessen".
Petrus schüttelte den Kopf, ‚wer zum Schwert greift, wird
durch das Schwert umkommen', murmelte er.
„Umkommen werden wir auf jeden Fall, wenn wir nichts
tun", entgegnete Justus heftig und fuhr fort: „Kann es ein
Zeichen der Liebe sein, Frauen und Kinder nicht zu
schützen? Als Jesus noch bei uns war, das waren andere
Zeiten, jetzt geht es um seine Gemeinde, wer kann denn
wollen, dass die ganze Gemeinde gekreuzigt wird?"
Die Diskussion war laut und hart. Vor allem die jüngeren
Brüder schlossen sich immer mehr der Meinung von Justus
Bellum an. Am Ende erhob sich Justus abrupt. „Ich werde
nach Damaskus reisen. Die Wüste vor Damaskus ist einsam
und bietet viele Möglichkeiten. Wer kommt mit?" Ein kleiner
Trupp junger Männer brach noch in der Nacht auf.

Einige Wochen später war es das große Thema auf den Märkten Jerusalems: Saulus und die Männer, die mit ihm reisten, waren verschwunden. Auf dem Weg nach Damaskus, spurlos verschwunden, wie vom Erdboden verschluckt – oder von den Pforten der Hölle, wie einige murmelten.
Die Urgemeinde konnte in der Tat allmählich wieder aufatmen, sie konnte sich wieder freier bewegen. Und das Wort Gottes breitete sich aus, die Zahl der Jünger Jesu wurde sehr groß, die Urgemeinde in Jerusalem wuchs und gedieh.

(THOMAS NAUERTH)

Von der Torheit des Evangeliums. Franziskus – eine gefährliche Erinnerung

Stefan Federbusch OFM

Wie ver-rückt muss man eigentlich sein, um zum Friedensstifter Gottes zu werden? Wieviel Torheit braucht es, um die Weisungen der Bergpredigt umzusetzen? Welcher Theologie bedarf es, um die frohe Botschaft von Gottes neuer Welt bereits in dieser Welt in pazifistischer Gesinnung zu leben? Eine Erinnerung an einen, der keine (theoretische) Friedenstheologie entwickelte, aber als Narr Gottes durch die Welt zog und wie kaum ein anderer ad personam Friedenstheologie leibhaftig verkörperte …

Der heilige Franziskus wurde bereits kurz nach seinem Tod als „zweiter Christus" bezeichnet. Ein mehr als ambivalenter Titel. Aus seiner eigenen Perspektive einerseits eine Bestätigung seiner Intention, nichts anderes zu tun als in den Fußspuren Jesu das Evangelium zu leben, andererseits ein „Auf-den-Sockel-Stellen" eines Mannes, der in großer Demut ein Minderbruder sein wollte, der allen Geschöpfen dient. Aus der Perspektive seines Biografen Thomas von Celano zum einen eine kirchenpolitisch motivierte Bezeichnung – hatte er doch den Auftrag, die Lebensbeschreibung anlässlich der Heiligsprechung seines Ordensvaters zu verfassen, zum anderen eine Form der Wertschätzung des Ordensgründers in der Phase, in der die Brüder zumindest seit den letzten Lebensjahren von Franziskus zutiefst zerstritten waren über den weiteren Weg der Gemeinschaft, insbesondere in der Frage, wie das Ideal der radikalen Armut in einem immer größer werdenden Orden von mittlerweile über 5.000 Brüdern zu leben sei.

EIN ZWEITER CHRISTUS

Franz von Assisi (1181-1226) – ein zweiter Christus!? Dies impli-
ziert, dass er dieselben Grundmuster wie Jesus Christus lebte;
dass er wie der Mann aus Nazaret handelte und den Menschen
in derselben Weise begegnete. Betrachtet man die Umsetzung, so
fällt auf, dass Franziskus ein wortwörtliches Verständnis des
Evangeliums bevorzugte, „sine glossa", also ohne spitzfindige
Auslegungen. Er versuchte, das Gehörte eins zu eins in seinen
gelebten Alltag zu übertragen. Dies lässt sich insbesondere im
Bereich des Friedens verifizieren. Angefangen von seinem biblischen Gruß „salus et pax" = Heil und Frieden, den er gern ge-
brauchte, über den Beginn jeder Predigt, die jeweils mit einem
Friedenswunsch begann, bis zum Aufgreifen der Worte Jesu:
„Und wenn sie ein Haus betreten, sollen sie zuerst sagen: ‚Friede
diesem Haus!'"[1]. In seinem Testament schreibt Franziskus, dass
es der Herr selbst war, der ihm den Gruß offenbarte: „Der Herr
gebe dir Frieden!"[2]

FRIEDEN
ALS GESCHENK

Franziskus hat verstanden: Wer den Frieden verkündet, muss
ihn zunächst selbst im Herzen tragen. In der Lebensbeschreibung seiner ersten Gefährten mahnt Franziskus: „Wenn ihr mit
dem Mund den Frieden verkündet, so versichert euch, ob ihr ihn
auch, ja noch mehr, in eurem Herzen habt."[3] Dieser wahre Friede
ist ein Geschenk Gottes, das als mystische Übereinstimmung mit
dem Urgrund des Daseins zur ZuFriedenheit mit mir selbst
führt. Entfeindungsliebe beginnt im eigenen Herzen mir selbst

---

[1] Nicht bullierte Regel (NbR) 14,1-3. Zitiert nach: FRANZISKUS-QUELLEN (FQ). Die
Schriften des heiligen Franziskus, Lebensbeschreibungen, Chroniken und Zeugnisse über ihn und seinen Orden. Kevelaer 2009, 81.
[2] Testament des Franziskus, 23 = FQ 61.
[3] Dreigefährtenlegende 58 = FQ 644.

gegenüber. Erst versöhnt mit mir selbst, kann ich vertrauensvoll bei anderen Frieden stiften und zur Versöhnung beitragen.

FRIEDEN

ALS COM - PASSION

Frieden hat für Franziskus grundsätzlich eine soziale Komponente. Es war die Begegnung mit einem Aussätzigen, die ihn zu einem sozialen Standortwechsel veranlasste. Weg aus dem aufkommenden neureichen Bürgertum im Ortszentrum Assisis hin zu den Ausgegrenzten vor den Toren der Stadt. Seinen Brüdern schrieb er ins Stammbuch, sprich in die Ordensregel: „Ich rate aber meinen Brüdern, warne und ermahne sie im Herrn Jesus Christus, dass sie, wenn sie durch die Welt ziehen, nicht streiten, noch sich in Wortgezänk einlassen, noch andere richten. Vielmehr sollen sie milde, friedfertig und bescheiden, sanftmütig und demütig sein und mit allen anständig reden, wie es sich gehört."[4] In seinen Ermahnungen greift er die Seligpreisungen auf und macht die Gewaltfreiheit zum Kennzeichen der Bruderschaft. Mit dem Apostel Paulus (vgl. Eph 3,6) werden Frieden, Demut und Geduld zu einer unauflöslichen Trilogie. Im Begriff der Geduld (= patientia) schwingt pati = leiden/passio = Leiden mit. In der Konflikt- und Leidensfähigkeit sieht Franziskus die Wahrheitsprobe für den Frieden. Das geduldige Ertragen und demütige Erleiden ist aber nicht rein passiv zu verstehen, sondern ist aktives Tun, das ein kreatives Potential entfaltet. Dies wird deutlich beispielsweise in der Begegnung mit dem Wolf von Gubbio. Hier stoßen die wölfische Art des Menschen („homo homini lupus" = der Mensch ist dem Menschen ein Wolf) und die göttliche Lebensform des Lammes aufeinander. Eine Haltung der Gewaltfreiheit eröffnet neue Perspektiven der Gerechtigkeit und des Friedens. Die passio, die Geduld, wird zur com - passion, zum Mitleiden, zur aktiven Solidarität mit den

---

[4] Bullierte Regel 3,10 = FQ 97.

Exkludierten, den von der Gesellschaft Ausgeschlossenen und an den Rand Gedrängten.

GEWALTFREIHEIT
ALS BESITZLOSIGKEIT

Ist die Haltung des Franziskus in der Nachfolge Jesu als völlig naiv und realitätsfremd zu bezeichnen? Biografisch betrachtet gewiss nicht. Franziskus hatte erlebt, was Krieg heißt, und ein Jahr in Kriegsgefangenschaft verbracht. Er hatte die physischen und psychischen Folgen am eigenen Leib zu spüren bekommen, wusste also bestens um die Zerstörungskraft gewalttätiger Auseinandersetzungen. Heute würden wir von posttraumatischer Belastungsstörung sprechen. Ebenso erlebte er in der eigenen Familie durch seinen Vater als neureichen Tuchhändler, welche negativen Dynamiken das Streben nach Reichtum mit sich bringt. Es kommt zum Ausdruck in seiner Rechtfertigung der Armut, wenn er dem Bischof von Assisi gegenüber feststellt: „Herr, wenn wir irgendwelche Besitztümer hätten, bräuchten wir Waffen zu unserem Schutz. Daraus entstehen Rechtsfragen und Streitereien, und in der Folge wird die Gottes- und Nächstenliebe gewöhnlich vielfach verhindert. Deshalb wollen wir in dieser Welt lieber nichts besitzen."[5] Angesichts der heutigen kriegerischen Auseinandersetzungen als Kampf um Ressourcen, als Kampf um Rohstoffe, also letztlich als Kampf aus ökonomischen Interessen, ist diese Argumentation mehr als plausibel. Franziskus sieht die Grundsünde des Menschen in der „appropriatio", in der Aneignung, und die Erlösung in der „expropriatio", in der Selbstenteignung und in der Solidarität mit den Armen. Angesichts heutiger Konsummuster und Wachstumsideologien und der damit verbundenen ökologischen Fragen eine hochpolitische Einstellung.

---

5 Dreigefährtenlegende 35 = FQ 631.

GEWALTFREIHEIT
IN DER KOMMUNIKATION

Eine Aktualisierung können wir auch für den Bereich der Sprache vornehmen. Bei all den Fake-News, Hassmails und sprachlichen Verwerfungen in den sozialen Netzwerken ist die Weisung von Franziskus „Und wenn wir sehen oder hören, wie man Böses sagt oder tut oder Gott lästert, dann wollen wir Gutes sagen und Gutes tun und Gott loben, ‚der gepriesen ist in Ewigkeit'"[6] ein pazifistisches Gegenmodell gegen jede Form von Gewalt in der Kommunikation.

GEWALTFREIHEIT
IN DER KIRCHE

Modellhaft nicht zuletzt für Kirche könnten die Strukturen sein, in denen die Gemeinschaft verfasst ist. Die franziskanische Gemeinschaft ist nicht hierarchisch gegliedert, sondern „demokratisch". Alle Mitglieder sind als „Minderbrüder" gleichrangig, alle Ämter sind „Dienstämter" und werden nur auf Zeit vergeben. Daher nennt Franziskus die Verantwortlichen „ministri" = Diener. Zentral sind für ihn die „fraternitas" = brüderliche Gemeinschaft (heute sagen wir in Bezug auf die gesamte franziskanische Familie „geschwisterlich") und die „minoritas" = das Mindersein. Kennzeichen der Bruderschaft sind die Brüderlichkeit, die Besitzlosigkeit und die Gewaltlosigkeit. Für Franziskus ist eine christliche Gemeinschaft nur als macht- und herrschaftsfreie Gemeinschaft von gleichberechtigten Schwestern und Brüdern vorstellbar.

---

[6] Nicht bullierte Regel 17,19 = FQ 84.

GEWALTFREIHEIT
IM UMGANG MIT ANDERSGLÄUBIGEN –
FRIEDEN ALS DIALOG

Und ein letztes sei noch erwähnt: der Umgang mit Andersgläubigen. Franziskus war der erste, der ein Missionsstatut in seine Ordensregel aufnahm. Es ist geprägt von der Erfahrung der Begegnung mit Sultan Melik al-Kamil. Im Jahr 1219 begab sich Franziskus mit einem Mitbruder nach Damiette in Ägypten und wagte es in einer Kampfpause zwischen den christlichen Kreuzfahrern und dem muslimischen Heer, bis zum Sultan vorzudringen und das Gespräch mit ihm zu suchen. Mag der Begriff „Interreligiöser Dialog" in der Rückprojektion auch zu hochgestochen klingen, so ist diese Begegnung doch als Anstoß zu einem anderen Umgang miteinander zu werten. Die positiven Kontrasterfahrungen, die Franziskus mit den Muslimen gemacht hat, scheinen in verschiedenen seiner Schriften auf. Als Lernerfahrungen gibt er sie seinen Brüdern mit auf den Weg:

„Die Brüder aber, die dann hinausziehen, können in zweifacher Weise unter ihnen [den Muslimen] geistlich wandeln. Eine Art besteht darin, dass sie weder zanken noch streiten, sondern um Gottes willen jeder menschlichen Kreatur untertan sind und bekennen, dass sie Christen sind. Die andere Art ist die, dass sie, wenn sie sehen, dass es dem Herrn gefällt, das Wort Gottes verkünden ..."[7]

Im Lateinischen wird das „unter ihnen" noch deutlicher: inter esse = dazwischen sein. Unter Andersgläubigen zu leben bedeutet, Interesse zu zeigen, sich füreinander zu interessieren, um miteinander auf die Gottsuche zu gehen und besser zu verstehen, was den anderen umtreibt. Eine Friedenstheologie muss aus franziskanischer Perspektive immer dialogisch angelegt sein im Respekt vor anderen religiösen und weltanschaulichen Auffassungen und Ausdrucksformen.

---

[7] Nicht bullierte Regel 16,5-7 = FQ 82.

FRIEDEN ALS UTOPIE?

Noch einmal gefragt: Ist die Haltung des Franziskus in der Nachfolge Jesu nicht als völlig naiv und realitätsfremd zu bewerten? Wer so denkt, steht in der Gefahr, die Heiligen deshalb auf den Sockel der Unerreichbarkeit zu stellen, um selbst in Passivität verharren zu können. Bleibt dem Frieden nur der utopische Nichtort, weil er nicht von dieser Welt ist? In seiner Radikalität ist das Lebensmodell von Franziskus zutiefst jesuanisch, zutiefst evangeliumsgemäß. Es birgt einen utopischen Überschuss, der sich topisch nicht einholen lässt. Es ist und bleibt Stachel im Fleisch. Eine gefährliche Erinnerung an einen, der vorgelebt hat, dass das jesuanische Projekt tatsächlich geht ... wenn ich denn gehe und mich traue, es in der von Jesus geforderten Radikalität zu leben. Damit dann sichtbar wird, was am Eingang der Carceri, der franziskanischen Einsiedelei oberhalb von Assisi, zur Begrüßung steht: „Ubi Deus, ibi pax" = Wo Gott ist, da ist Frieden!

Jesus Christus: Künder und Vollender der Befreiung

Hildegard Goss-Mayr[1]

Jesus kündet und verwirklicht die Befreiung des Menschen, des integralen Menschen – so wie der Vater ihn geschaffen hat in seiner geistig-leiblichen Existenz, in seiner Bezogenheit zur Gesellschaft. Er befreit die Schöpfung, den Kosmos. Er selbst ist der befreite Mensch, der durchgottete Mensch, der durch sein Leben, sein Tun, sein Wort der Menschheit den Weg der Befreiung öffnet und weist. In ihm erfüllen sich in einem konkreten geschichtlichen Menschen die Voraussagen des Propheten. Er lebt den Schalom und legt vor den Augen seines Volkes klar die Grundzüge des neuen Menschen, des neuen Volkes dar. Von nun an brauchen die Völker nicht länger im Dunkel zu tasten: Der Weg der Befreiung ist Realität, ist ein konkretes Angebot, eine Herausforderung. Er ist universal, er richtet sich an alle Nationen und ist begleitet vom Treueversprechen des Herrn für diejenigen, die diese Befreiung in sich und in der Welt zu verwirklichen trachten: „Fürchtet euch nicht, denn ich bin bei euch alle Tage bis ans Ende der Welt."

Ist es nicht ein besonderes Geschenk göttlicher Liebe und eine konkrete Hoffnung für uns, wenn heute inmitten einer Todeskrise, in der der einzelne und die Völker ausweglos in Selbstzerstörung, Ausbeutung, Diktatur und Misshandlung verstrickt sind, der Gedanke der universellen Befreiung des Menschen, der Gesellschaft, des Kosmos, von dem Paulus und die Urgemeinde erfüllt waren, wieder aufbricht – und nicht als abstrakte Idee, sondern als ein elementares, erlittenes, umkämpftes Anliegen der Kirche und der Völker beispielsweise in Lateinamerika?

---

[1] Textauszug aus: Hildegard GOSS-MAYR: Der Mensch vor dem Unrecht. Spiritualität und Praxis gewaltloser Befreiung. Wien 1976 [= Digitale Bibliothek Sonderband: Handbibliothek Christlicher Friedenstheologie].

Getrübt, verkürzt, entstellt durch vielfältige Einwirkungen der Geschichte, insbesondere durch die Einflüsse der griechischen Philosophie – der Stoa und des Dualismus der Manichäer, die die universelle Befreiung auf geistige Erlösung, auf die Erlösung der Seele begrenzten und damit das gesamt-kosmische Befreiungsverständnis verstümmelten – und der römischen Staats- und Rechtslehre, die die Lehre Jesu von der universellen Brüderlichkeit und der Feindesliebe verdrängte und das christliche Denken neuerlich in das Schema des Freund-Feind-Konzeptes zurückwarf, verhärtet durch die moderne Staatslehre, die das Gewissen des Menschen den Gesetzen der Machthaber vollends unterwirft (zum Beispiel: Wehrpflicht), konnte die Befreiungsbotschaft Jesu Jahrhunderte hindurch nur sehr begrenzt wirksam werden. Heute, da die Ent-Menschlichung, die Manipulation des Menschen zu einer todbringenden Zivilisationskrise geführt hat, bricht dieses Urkonzept der Befreiung wieder mit großer Klarheit auf. Viel weniger in den aufgeklärten, überintellektualisierten Industriestaaten als bei den armen, unterdrückten Völkern unserer Welt. Die Armen bringen den Reichen die frohe Botschaft Jesu von der Befreiung. Ob wir, belastet durch unsere reiche, überalterte Theologie, demütig genug sind, um auf das zu hören, was unsere Brüder uns durch ihr Leben und ihren Kampf als Weg der Befreiung aufzeigen?

Eine Theologie der Befreiung und des Friedensschaffens besteht erst ansatzweise. Es gibt Versuche, im Evangelium diese Botschaft neu zu entdecken und sie im Befreiungskampf (etwa der lateinamerikanischen Völker) zu verwirklichen. Sie ist noch weitgehend eine stumme, unformulierte Theologie. „Eine Theologie, die so aus der Praxis entsteht", stellt der argentinische Theologe J.S. Scannone fest, „schließt folglich einen doppelten Bruch auf der wissenschaftlich-theoretischen Ebene ein. Dazu führt einerseits die Tatsache, daß das theologische Denken durch den konkreten Einsatz des Theologen für die Veränderung der Welt vermittelt ist. Einen Bruch bewirkt andererseits der Umstand, daß die Theologen demütig auf das Volk Gottes horchen und in ihm das gemeinschaftliche Subjekt der befreienden Praxis und eines daraus entstehenden neuen Glaubensverständnisses sehen. Der Theologe hat dann eine prophetische Funktion, wenn er der theologisch-schöpferischen Kraft des lateinamerikanischen Volkes einen reflexen und kritischen Ausdruck gibt."

[…] Jesu Eintritt in die Welt ist sichtbarer Ausdruck des Anspruches Gottes auf Weltherrschaft: das heißt auf die Herrschaft der Gerechtigkeit, der Wahrheit und der Liebe, auf die Durchgottung der Welt, die Aufrichtung des Schalom. Ein Zeichen des Widerspruches gegen alles, was den Menschen erniedrigt und zerstört, tritt mit diesem Kinde in die Welt. Es ist gekommen, um sie radikal zu verändern, um jeden einzelnen zur Neugeburt aus der Wahrheit und der Liebe herauszufordern und mit den bekehrten Menschen die Gesellschaft und alle sozialen Beziehungen umzugestalten. „Ich bin nicht gekommen, Frieden zu bringen" (nicht das Verdecken und passive Hinnehmen des Unrechts), „sondern das Schwert" (die Kampfansage an Lüge, Haß, Ausbeutung, Krieg und Tod) (Mt 10,34).

[…] Diese revolutionär-evangelische, befreiende Glaubenshaltung, dieses zutiefst menschliche und zugleich kosmische Konzept ist von einem göttlichen Gesetz erfüllt, wird von einer göttlichen Dynamik getragen.

Wahrheit und Liebe als Weg und Methode der Befreiung können nur aus dem universellen Liebeskonzept Gottes erkannt und angenommen werden. Der Befreiungsweg des Gottesknechtes leitet sich direkt und konsequent aus dem Wesen und Wirken Gottes her, der die Welt aus der schöpferischen Dynamik seiner Liebe ständig schafft, in ihr wirkt, lebt und liebt. Er wünscht ihre Teilhabe an seiner göttlichen Fülle. Diese göttliche Liebe gilt in erster Linie dem Menschen. Jeden ohne Ausnahme erfüllt Gott mit seinem Hauch: mit einem denkenden, bildungsfähigen, schöpferischen Geist, berufen, Gott, sich selbst und die Welt zu erkennen, mit der Fähigkeit, bewusst zu lieben und aus dieser Kraft sich selbst, die Mitmenschen und die Welt in Gerechtigkeit zu gestalten, und mit der Freiheit – Grund seiner Würde – diesen schöpferischen Auftrag anzunehmen oder zurückzuweisen.

„Suchet der Stadt Bestes"

Der prophetische Auftrag der Kirche

Ullrich Hahn[1]

1. DIE STADT

Zur Zeit der babylonischen Gefangenschaft eines Teils der israelischen Bevölkerung war Babylon nicht nur der Name einer Stadt, sondern auch des damals großen und mächtigen Reiches Nebukadnezars. In seinem Brief an die verschleppten Israeliten legt ihnen der Prophet Jeremia ausdrücklich nicht die Suche nach dem „Besten des staatlichen Reiches", sondern dem der Stadt ans Herz.

Der Staat war damals wie heute geprägt von Gewaltverhältnissen. Der deutsche Soziologe Max Weber definierte ihn 1919 als „diejenige Gemeinschaft, welche das Monopol legitimer physischer Gewaltsamkeit für sich mit Erfolg beansprucht."[2] Konstitutiv für jeden Staat ist die Staatsgewalt nach innen (Polizei) und nach außen (Militär). Seine Grenzen sind in der Regel nicht Ergebnis natürlicher Entwicklung oder Ausdruck eines gelungenen Konsensus der links und rechts der Grenze lebenden Bevölkerung, sondern Folge von Kriegen und militärischer Macht.

Die Stadt dagegen ist der Ort des Zusammenlebens von Menschen und über den zumeist mit der Stadt verbundenen Markt auch ein Ort der friedlichen Begegnung mit Menschen von außerhalb. Die Ordnung innerhalb der Stadt muss nicht, aber sie kann geprägt sein von der gemeinsamen Verwaltung der Sachen und nicht von der Herrschaft über Menschen.

---

[1] Der Text war ursprünglich konzipiert als Vortrag bei der Internationalen Konferenz von Church and Peace 2013 in der Communität Christusbruderschaft Selbitz und ist auch zu finden in Ullrich HAHN: Vom Lassen der Gewalt. Norderstedt 2020, 95-99.

[2] Max WEBER: Politik als Beruf. Stuttgart 1992, 6.

Im Mittelalter galt der Spruch „Stadtluft macht frei", denn die Leibeigenschaft der meisten Menschen auf dem Land hatte dort ihre Grenze. Bis heute bezieht sich der Grundsatz der Selbstverwaltung auf Städte und Gemeinden. Bismarcks Bemerkung, mit der Bergpredigt könne man keinen Staat machen, gilt nicht für die Stadt. Für Jesus ist die „Stadt auf dem Berg" geradezu das Sinnbild einer gelungenen Sozialstruktur.

Zwar gibt es in unseren real existierenden Städten auch Unrecht, die Spaltung von Arm und Reich und die damit verbundene Herrschaft über Menschen. Aber im Gegensatz zum Staat ist die Stadt von ihrer Struktur her offen für ein gewaltfreies und gerechtes Zusammenleben ihrer Einwohner. Deshalb ist sie auch anschlussfähig für die Mitwirkung des Gottesvolkes bei der gemeinsamen Suche nach dem, was das Beste für die Stadt ist. Dies dürfte sein: die Bereitstellung der Grundbedingungen für das Leben der Menschen in ihr, die Herstellung von Gerechtigkeit auch für die geringsten der Mitbürger, eine einvernehmliche Ordnung für das friedliche Zusammenleben aller.

2. DIE KIRCHE

Die Aufforderung des Propheten richtete sich damals an das Volk Gottes im fremden Land, für uns heute an die Kirche in der Welt.

Kirche verstehe ich im ursprünglichen Sinn als ecclesia, die Versammlung von Christen. Ihre Größe ist keine Bedingung für die Gegenwart des Geistes. Jesus sprach von „zwei oder drei", die in seinem Namen versammelt sind, und Simone Weil fügt hinzu: „Er sprach nicht von 20 und 30, auch nicht von 200 und 300, sondern von zwei oder drei."[3] Zumindest die Anfänge können klein sein wie der Same, der zum Baum werden soll. Entscheidend ist, dass es der Versammlung darum geht, Gottes Willen zu tun im Hier und Jetzt. Es genügt nicht, das richtige Be-

---

[3] Simone WEIL: Vierter Abschiedsbrief an Pater Perrin. Zitiert nach: Angelica Krogmann: Simone Weil. Hamburg, 8. Aufl. 1995, 101.

kenntnis zu haben („Herr", „Herr", zu sagen). In seiner Endzeitrede zählt Jesus auch oder vielleicht sogar nur diejenigen zum
Gottesvolk, die Barmherzigkeit üben – unabhängig davon, ob sie
überhaupt etwas von Gott wissen wollen.

Wenn sich Kirche nun nicht nur als Versammlung von Menschen versteht, die zur Mitwirkung in der Welt aufgerufen sind,
sondern darüber hinaus auch ein prophetisches Amt wahrnehmen soll, dann bedarf sie zunächst der Voraussetzungen, die den
Propheten zu eigen waren. Dazu gehören:

a) Die Freiheit von jeder Art staatlicher Gewalt
Die Propheten des Alten Testaments traten auf als Kritiker gegenüber der staatlichen Macht. Die Propheten am Hof der Könige, die deren Macht legitimierten, werden in der Bibel als „falsche Propheten" bezeichnet.

b) Die Freiheit von wirtschaftlicher Macht
Soweit wir wissen, gehörten die Propheten nicht zur reichen
Oberschicht ihrer Gesellschaft. An den Privilegien der Reichen
und Mächtigen hatten sie keinen Anteil. In unserer Zeit geschieht Herrschaft über und Ausbeutung von Menschen zumeist
mehr in den Strukturen der Wirtschaft als durch den Staat. Wo
die Kirchen als Kapitalanleger von milliardenschweren Rücklagen am Finanzmarkt beteiligt sind, fehlt ihnen auch dadurch die
nötige Unbefangenheit für ein kritisches Gegenüber zur Welt.

3. Der prophetische Auftrag

Der Auftrag der Propheten war einerseits immer auf eine konkrete Situation bezogen. Andererseits lassen sich Gemeinsamkeiten der prophetischen Anliegen feststellen:

a) Die Wahrheit
Propheten sagen was Sache ist. Sie sprechen unangenehme
Wahrheiten aus, Sachverhalte, die vielen bekannt sind, die aber

doch kaum einer laut zu sagen wagt und die deshalb kollektiv
verdrängt werden. Der Prophet übernimmt die Rolle des Kindes,
das da ruft, „Der Kaiser ist ja nackt". Auf unsere Gegenwart bezogen könnte er daran erinnern, dass Zinsen kein himmlisches
Geschenk sind und großer Reichtum mehr auf fremder als auf
eigener Arbeit beruht. Er könnte die tödlichen Folgen struktureller Gewalt anklagen in den Hungergebieten dieser Welt und
auch im Mittelmeer („Wir lassen sie verhungern und ertrinken"),
während unter dem Vorwand der Verantwortung weltweit Waffen produziert und neue Kriege geführt werden.

b) Das Recht
Zusammen mit der Wahrheit über das verdeckte und verdrängte
Unrecht erinnert der Prophet an das Recht. Gerade am Beispiel
der alttestamentlichen Propheten wird deutlich, dass das Recht
seit alters her die Funktion hatte und hat, die Macht in ihre
Schranken zu weisen. In seiner reinen Form tritt das Recht ohn-
mächtig der Macht entgegen und bedient sich selbst keiner Gewalt. Vom gewaltlosen Gottesknecht heißt es: „In Treue trägt er
das Recht hinaus" (Jes 42,3).
Wo sich anders das Recht der Macht bzw. der Staatsgewalt bedient oder die Gewalt unter dem Mantel des Rechts auftritt, gewinnt am Ende der Stärkere und nicht – jedenfalls nicht unbedingt – das Recht.

c) Der Widerstand
Aus dem Widerspruch des Rechts gegen das vorhandene Unrecht folgt zugleich die Bereitschaft zum Widerstand, zumindest
in Form der Nichtzusammenarbeit mit dem Unrecht. Das bedeutet im Falle staatlichen Unrechts den Ungehorsam gegen ungerechte Gesetze und Anweisungen. Gott ist immer mehr zu gehorchen als den Menschen, und das gilt auch im Verhältnis zur
staatlichen oder kommunalen Obrigkeit.
Eine ganz andere Frage ist, ob sich ein Christ selbst an der Obrigkeit beteiligen soll. Dies scheint mir zumindest dort ausgeschlossen, wo die Obrigkeit als Teil der Staatsgewalt tätig wird,

sei es in einem Vollzugsorgan (Militär oder Polizei) oder in ihrer indirekten Ausführung, der Bürokratie. Christen haben keinen biblischen Auftrag zur Übernahme und Ausübung von Staatsgewalt.

Für die meist gut bezahlten Posten in den Parlamenten, der Verwaltung und Justiz finden sich genügend andere Bewerber. Christliche Herrscher waren in der Regel nicht besser als ihre unchristlichen Konkurrenten. Folter, Leibeigenschaft und andere Formen der Unterdrückung wurden zumeist unter aufgeklärten Königen überwunden, nicht unter den christlichen Herrschern.

d) Das Modell der Gemeinschaft

Zum prophetischen Auftrag gehörte und gehört schließlich, das angebrochene Reich Gottes im Modell einer im Verhältnis zur Gesellschaft alternativen Gemeinschaft sichtbar und erlebbar zu machen. Im geordneten Nebeneinander der Gesellschaft gilt das Recht des Vertrages – do ut des: Ich gebe nur, wenn und soweit du mir auch gibst. In der Gemeinschaft, dem gewachsenen Miteinander, gilt, dass jeder gibt, was er/sie kann, und erhält, was er/sie braucht, ohne dass eine Verrechnung stattfindet. Wir erleben diese Art von Gemeinschaft zwar heute meist nur noch im Binnenraum der Kleinfamilie. Sie ist aber auch das von Gott gewollte Ordnungselement der „Stadt auf dem Berg", die auf der Freiwilligkeit aller Glieder beruht (nicht auf vertraglichen oder sonstigen Verpflichtungen), deren Ordnung die Liebe ist (und nicht das Gesetz), deren gelebte prophetische Botschaft die des angebrochenen Gottesreiches ist (und nicht einer noch so demokratisch organisierten Gesellschaft).

Wann und wo diese Gemeinschaft erfolgreich gelingt, wissen wir nicht.

An uns liegt es, mit ihr zu beginnen.

Als der Prophet alt geworden.
Eine Legende nach 1 Sam 8

Als aber der Prophet alt geworden war
und seine Söhne nicht in seinen Wegen wandelten,
sondern suchten ihren Vorteil und nahmen Geschenke
und beugten das Recht,
da versammelten sich alle Ältesten Israels und kamen
nach Rama zum Propheten und sprachen zu ihm:
„Siehe, du bist alt geworden, und deine Söhne wandeln
nicht in deinen Wegen. So errichte nun einen Staat über uns,
wie ihn alle Völker haben."
Das missfiel dem Propheten, dass sie sagten:
„Gib uns einen Staat, wie ihn alle haben."
Und der Prophet betete zum HERRN und sagte alle Worte
des HERRN dem Volk, das von ihm einen Staat forderte,
und sprach zum Volk:
„Das wird das Recht des Staates sein, der über euch herrschen
wird: Eure Söhne wird er nehmen für seine Kriegswagen und
dass sie ihm seine Steuer heranschaffen, eure Töchter aber wird
er nehmen, dass sie die Care Arbeit hierzu leisten; eure besten
Äcker und Weinberge und Ölgärten wird er nehmen und seinen
Großen geben. Und die Steuer wird er seinen Kämmerern und
Großen geben und auch eure Knechte und Mägde und eure
besten Rinder und eure Esel wird er nehmen
und in seinen Dienst stellen.
Wenn ihr dann schreien werdet über den Verlust
eurer Söhne und eurer Töchter, gefallen und verbraucht
auf dem Feld der staatlichen Ehre,
wenn ihr dann schreien werdet über Entrechtung und
Unterdrückung, so wird euch der HERR nicht erhören,
denn erwählt habt ihr euch diesen Staat,
weg von der Königsherrschaft Gottes."

Aber das Volk weigerte sich, auf die Rede des Propheten
zu hören, und sie sprachen:
„Nein, sondern ein Staat soll über uns sein.
Willst Du, Prophet, etwa sagen, die anderen Völker
seien unvernünftig?
Sie brauchen einen Staat, damit rechtserhaltende
Gewalt herrscht im Lande!
Sie brauchen einen Staat, damit in unerlöster Welt
eine Ordnung sei!
Sie brauchen einen Staat, um das Menschenrecht
mit humanitären Interventionen zu sichern.
Versteh doch, dass auch wir so vernünftig
sein wollen wie alle Völker,
auf dass uns unser Staat richte und wir mit ihm
ausziehen und seine Kriege führen!"
Und als der Prophet alle diese Worte des Volkes gehört
hatte, sagte er sie vor den Ohren des HERRN.
Der HERR aber sprach zu dem Propheten:
„Gehorche der Stimme des Volks in allem, was sie zu dir sagen;
denn sie haben nicht dich, sondern mich verworfen,
dass ich nicht mehr König über sie sein soll.
So wie sie immer getan haben von dem Tage an,
da ich sie aus Ägypten führte, bis auf diesen Tag,
dass sie mich verlassen und andern Göttern gedient haben,
so tun sie nun auch dir.
So gehorche nun ihrer Stimme."

(THOMAS NAUERTH)

Selig sind, die barfuß gehen und ohne Waffen!

Gedanken zur Theologie des Pilgerwegs der Gerechtigkeit und des Friedens

Karen Hinrichs

BLACK LIVES MATTER

Im Juli 2016 ging ein Foto durch die Presse, das mich bis heute berührt. Es wurde aufgenommen bei Protesten in den USA gegen rassistische Polizeigewalt in Baton Rouge, Louisiana. Eine junge schwarze Frau im Sommerkleid steht zwei weißen Polizisten gegenüber, beide in schwerer Kampfmontur, hinter sich eine ganze Truppe ebenso martialisch wirkender Sicherheitskräfte. Die damals 28 jährige Ieshia Evans wollte für eine bessere Zukunft für ihren kleinen Sohn demonstrieren. Sie wurde sehr schnell festgenommen. Aber einem Fotografen gelang es, den Moment festzuhalten, wie sie aufrecht und ruhig direkt vor den Polizisten stand. Die wirken auf dem Bild panisch, trotz ihrer Waffen und ihrer monströsen Schutzkleidung. Sie sehen aus, als würden sie gleich umgeworfen von einer Kraft, die von der verwundbar wirkenden Frau ausgeht. Als sei, für einen kurzen Augenblick, die Kraft der Gewaltfreiheit sichtbar geworden, von der Martin Luther King sprach.

Mehrere deutsche Zeitungen kommentierten das Foto mit der Bemerkung, die junge Frau sei schon jetzt eine Ikone des Gewaltfreien Protestes und der Bewegung Black Lives matter.[1] Viele Vorfälle später und nach dem brutalen Tod von George Floyd im Mai 2020 gehen weltweit Menschen gegen Rassismus und Polizeigewalt auf die Straße.

---

[1] Vgl. www.spiegel.de/fotostrecke/ieshia-evans-die-frau-auf-dem-beruehmten-foto-fotostrecke-139370.html und https://de.wikipedia.org/wiki/Ieshia_Evans.

Welche Ideologie und
welche Theologie legitimieren
Rassismus und ökologische Zerstörung?

Die Theologieprofessorin Kelly Brown-Douglas, eine in den USA sehr bekannte Vertreterin Schwarzer Theologie, betonte jüngst, es sei nicht die wichtigste Frage, wer George Floyd getötet habe, sondern was ihn getötet habe. Ihre Antwort: Eine „sich christlich nennende Kultur der weißen Vorherrschaft"[2]. Der Theologe Dominik Gautier fasste im Juni 2020 in einem Artikel in Publik Forum den aktuellen nordamerikanischen Diskurs zusammen. Als ein Pfeiler für die Aufrechterhaltung der weißen Vorherrschaft und die rassistische Law-and-Order-Politik der gegenwärtigen US-amerikanischen Regierung werde eine vor allem im weißen evangelikalen Spektrum anzutreffende „Politische Theologie" gesehen, „… deren negatives Leitbild der als hypersexuell, gefährlich, kriminell und schuldig markierte Körper Schwarzer Menschen"[3] sei.

Die Akzeptanz weißer Vorherrschaft in vielen Kirchen drücke sich auch durch das Schweigen der Theologie zu rassistischer Gewalt aus und durch die fehlende Wahrnehmung und Aufarbeitung der eigenen Verstrickung in Sklaverei, Ausbeutung und Kolonialismus.

Gautier verweist darauf, dass Schwarze Theologie, die in Deutschland noch kaum rezipiert wurde, wichtige Impulse für die Gotteslehre und Christologie gibt. Er fordert eine selbstkritische Reflektion der Zusammenhänge der Ideologien, Theologien und Denktraditionen, die rassistische und andere Formen der Gewalt und die ökologische Zerstörung beschweigen oder sogar legitimieren.

---

[2] Zitiert nach: Dominik GAUTIER: Erbsünde Rassismus. In: Publik Forum (12/2020) 28ff.
[3] Ebd. 28.

No Justice, no peace!

Das steht auf den Schildern vieler, die sich an den Demonstrationen gegen Rassismus beteiligen. Dass Gerechtigkeit und Frieden zusammengehören, wird in den europäischen friedensethischen Diskursen gern betont. Doch dass sozial-ökonomische und ökologische Gerechtigkeit konkrete Voraussetzungen für Schalom, den Frieden Gottes sind, wird selten in theologischen Texten artikuliert. Das Sichtbarmachen und Überwinden struktureller Gewalt (etwa in Form von Armut, Rassismus, Sexismus, Homophobie und allen Formen gruppenbezogener Menschenfeindlichkeit) wird durchaus als politische oder pädagogische Aufgabe angesehen. Aber die theologisch-ideologischen Irrwege, die diese strukturelle Gewalt scheinbar legitimierten, wurden bisher wenig reflektiert. Eine Theologie des Friedens und der Gerechtigkeit ist in vielen Kontexten noch im Werden. Noch viel zu wenig befasst sich die aktuelle Theologie zudem mit der größten globalen Krise der Gegenwart: der Verletzung der planetarischen Grenzen und ihren Auswirkungen auf alle Lebewesen und das Klima.

Der Pilgerweg der Gerechtigkeit und des Friedens und die Suche nach Gott im Anthropozän

Eine Ausnahme ist der Aufruf des Ökumenischen Rates der Kirchen zu einem weltweiten Pilgerweg der Gerechtigkeit und des Friedens. Die begleitenden theologischen Texte stellen sich der Aufgabe, die Diskurse zum Gerechten Frieden, zur Klimakrise und zu einer Ethik der Nachhaltigkeit zusammen zu denken. Sie entwerfen einen trinitätstheologischen Ansatz, der ökumenisch einigend wirkt und der Antworten geben kann angesichts der globalen Krisen.[4]

---

[4] Vgl. ÖRK-Zentralausschuss (Hg.): Textbuch der 10. ÖRK-Vollversammlung in Busan. Genf 2013 und ÖRK-Zentralausschuss (Hg.): Eine Einladung zum Ökumenischen Pilgerweg der Gerechtigkeit und des Friedens. In: Ökumenische

Wie können wir im Anthropozän und angesichts der nie da-
gewesenen gegenwärtigen Bedrohung allen Lebens an Gott
glauben? Wie reden wir von Gott, wie von Jesus Christus und
von der Kraft des Geistes? Welche Hoffnungen für die Erde und
die Menschheit haben wir und welche Vorstellungen von Frieden und Gerechtigkeit teilen wir? Was tröstet, was stärkt uns als
Menschen, die sich im Namen Jesu als Gemeinschaften und Kirchen verbunden wissen? Was können christliche Theologie und
Spiritualität zu einer „Großen Transformation" beitragen?

Mit diesen Fragen im Gepäck höre ich neu auf die Seligpreisungen aus der Bergpredigt. Ich höre sie als Worte der Ermutigung für alle großen ökumenischen wie die kleinen spirituellen
Pilgerwege im Alltag. Ich ordne sie in anderer Reihenfolge den
drei geistlichen Dimensionen des Pilgerwegs der Gerechtigkeit
und des Friedens zu: Via Positiva – Via Negativa – Via Transformativa.

1. VIA POSITIVA – DIE GABEN DER SCHÖPFUNG
UND DAS LEBEN FEIERN

„Selig sind, die Gott suchen und nicht haben." So verstehe ich
die Seligpreisung der „geistlich Armen". Selig sind, die nicht
meinen, Gott, das Recht oder die Wahrheit zu besitzen, die nicht
meinen, sie wüssten, was Gottes Wille ist und was verdammt
werden darf.

Viel zu lange haben „westliche" Theologien der Legitimierung von Sklaverei und Ausbeutung, von Gewalt und Krieg im
Namen Gottes Vorschub geleistet. Sie haben ein autoritär-
paternalistisches Gottesbild konstruiert, das teilweise mehr dem
eines machtbesessenen und gewalttätigen Tyrannen glich als
dem eines liebenden Vaters. Von menschlichen Köpfen erdacht,
hatte diese Gottesvorstellung in manchen Abschnitten der heiligen Schriften einen Ausdruck gefunden. Aber in den biblischen

Rundschau (1/2015) 89-98, sowie www.oicumene.org./de/resources/documents/
central-commiteee/geneva-2014.

Texten gibt es auch ganz andere und sehr überraschende Metaphern für Gott und Gottes Reich, etwa in den Gleichnissen Jesu. Sie lassen ein anderes Gottesverständnis erkennen, und daran knüpfen Theologien an, die ein gewaltsames Gottesbild dekonstruieren und zu überwinden suchen.

Besonders der Feministischen Theologie und den unterschiedlichen Befreiungstheologien, zu denen im weiteren Sinn auch die Werke von Dorothee Sölle[5], Jürgen Moltmann[6] und Walter Wink[7] gezählt werden können, sind die neuen Versuche zu verdanken, von Gott, von Jesus Christus und vom Heiligen Geist zu sprechen.

Moltmann spricht vom Geist des Lebens als „Gott in der Schöpfung" und sagt: „Es gibt keine andere Vermittlung zwischen Christus und dem Reich Gottes als die gegenwärtige Erfahrung des Geistes, denn er ist der Geist Christi und die Lebenskraft der Neuschöpfung aller Dinge."[8]

Catherine Keller, eine der wichtigsten Vertreterinnen der Prozesstheologie, entfaltet in ihrem Buch „Über das Geheimnis – Gott erkennen im Werden der Welt" eine Theologie der Beziehungen und des Gesprächs, die immer auf dem Weg ist und sich zugleich als Suche nach relationalen Wahrheiten versteht. „Die Theologie ist niemals mehr als eine offene Interaktion zwischen vielen Stimmen, lebenden und bereits verstorbenen."[9]

So höre ich die Seligpreisung von den „geistlich Armen" neu als eine Ermutigung für alle, die sich verstehen als Gott und die Weisheit des Glaubens Suchende, als Pilgernde. Eine lebensdienliche, befreiende Theologie kann ja nicht im Hüten einer Liste

---

[5] Dorothee SÖLLE: Leiden. Stuttgart 1973.
[6] Jürgen MOLTMANN: Gott in der Schöpfung. Ökologische Schöpfungslehre. München 1985.
[7] Walter WINK: The Powers That Be. Theology for a new millennium. New York 1998 (= Verwandlung der Mächte. Eine Theologie der Gewaltfreiheit, Regensburg 2014).
[8] Jürgen MOLTMANN: Der Geist des Lebens. Eine ganzheitliche Pneumatologie. München, 1991, 82.
[9] Catherine KELLER: Über das Geheimnis. Gott erkennen im Werden der Welt. Eine Prozesstheologie. Freiburg, 2013, 253.

von Bekenntnisformeln oder dogmatischen Lehrmeinungen aus vergangenen Zeiten bestehen.

Darum:

Glücklich sind die Gott-Suchenden,
die sich von keinem gewalttätigen Gottesbild einschüchtern
lassen. Ihnen ist Gott näher!
Selig sind, die auf eine Liebe vertrauen können,
die allem Lebendigen gilt.
Freuen dürfen sich, die unterwegs sind und im Gespräch,
denn Gott ist selbst auf dem Weg und im Werden.

In der Einladung zum Pilgerweg der Gerechtigkeit und des Friedens formuliert es der ÖRK so:

„Die Bewegung der Liebe, die Teil des Wesens des dreieinigen Gottes ist, wird in der Verheißung von Gerechtigkeit und Frieden offenbar".[10]

Jesus stellt Kinder als Vorbilder hin, so klingt für mich in der Seligpreisung der Menschen mit „reinem Herzen" die Seligpreisung der Kinder an. Sie kommen ohne Vorurteile auf die Welt. Sie staunen über Dinge, die wir Erwachsenen kaum wahrnehmen.

Darum:

Glücklich sind, die sich als Kinder Gottes verstehen können,
als Teil einer Menschheitsfamilie, als Geschwister des Mannes
aus Nazaret.
Selig sind die Beziehungsfähigen, die solidarisch leben mit
den Generationen, die erst noch geboren werden.
Selig sind, die sich einlassen auf die Schönheit der Schöpfung
und ihre Vielfalt feiern.

---

[10] ÖRK-ZENTRALAUSSCHUSS (Hg.): Eine Einladung zum Ökumenischen Pilgerweg der Gerechtigkeit und des Friedens. In: Ökumenische Rundschau (1/2015) 89-98 (online unter: www.oikoumene.org/de/resources/documents/central-committee/ geneva-2014/an-invitation-to-the-pilgrimage-of-justice-and-peace).

Die Gaben der Schöpfung feiern, das ist als „via positiva" eine der drei Dimensionen des Pilgerwegs. Am Anfang steht das Staunen und Lob Gottes, die Freude über „die großartige Gabe des Lebens, die Schönheit der Schöpfung und die Einheit in versöhnter Vielfalt".[11]

Die Feier des Lebens und das Lob Gottes geht über die anthropozentrischen Engführungen hinaus und erkennt, dass alles Leben und Gott selbst ineinander verwoben und aufeinander bezogen sind. Schon Albert Schweizer erkannte: „Ich bin Leben, das leben will, inmitten von Leben, das leben will."[12]

2. VIA NEGATIVA – DIE WUNDEN SPÜREN UND DIE ORTE DES SCHMERZES AUFSUCHEN

„Selig die Trauernden, denn sie werden getröstet werden." Die jetzt lebenden Generationen trauern nicht allein um persönliche und kollektive Verluste und aus Kummer um das Leid, das Menschen einander antun. Sie trauern auch um die Schöpfung und die schon erfolgten Zerstörungen der Natur. Sie trauern wie die jungen Bewegungen „Extinction Rebellion" und „Fridays for Future" um die verpassten Chancen einer Umkehr in Sachen Klimakrise und Biodiversität.

Der bedrohlichen Situation im Anthropozän muss sich die christliche Theologie gemeinsam mit allen Religionen und Philosophien stellen. Wichtige Schritte sind das Zulassen von Schrecken, Scham und Trauer und das Ernstnehmen der Notwendigkeit, das Denken und die eigene Lebenspraxis zu ändern.

Zum ökumenischen Pilgerweg gehört eine entsprechende Spiritualität des Gebets und des gemeinsamen Gesprächs an den Orten des Schmerzes. Die Pilgernden sind – im spirituellen wie im körperlichen Sinn – miteinander unterwegs, um die Wunden der Erde wahrzunehmen und die Orte des Schmerzes aufzusu-

---

[11] Ebd.
[12] Albert SCHWEITZER: Die Ehrfurcht vor dem Leben. Grundtexte aus fünf Jahrzehnten. München 1991.

chen, zu Klage und Fürbitte und zum gemeinsamen Nachdenken über Wege der Heilung.

Denn, so formuliert es der mennonitische Theologe Fernando Enns: „Ein Pilgerweg der Gerechtigkeit und des Friedens kann keine „Traumreise" sein, kein „wellness-trip", der an den Schrecklichkeiten und klagenden Hilflosigkeiten vorbeiführt, wenn es denn ein Weg in die Nachfolge und Passion Jesu sein soll."[13]

Der Ökumenische Pilgerweg ist also ein Weg, der sich in allem Tun und Lassen an Jesus orientiert. Leid, Mühe und Erschöpfung bleiben nicht aus. Doch unterwegs sind Quellen der Kraft und des Trostes zu finden, für den einzelnen Menschen und für die Gemeinschaft:

Satt werden sollen die Gerechtigkeits-Hungrigen,
leicht die mit Leid Beladenen, getröstet die Trauernden,
glücklich die Gewaltlosen.

Drei Seligpreisungen kreisen um Gerechtigkeit: „Selig, die hungern und dürsten nach der Gerechtigkeit, denn sie werden satt werden. Selig, die um der Gerechtigkeit willen verfolgt werden, denn ihnen gehört das Himmelreich. Selig seid ihr, wenn ihr um meinetwillen beschimpft und verfolgt und auf alle mögliche Weise verleumdet werdet." (Mt 5, 6.10.11)

Das sind drei große Zusagen: Die leidenschaftliche, wie Hunger und Durst quälende Sehnsucht nach Recht und Gerechtigkeit hat ein Ziel und sie hat zu tun mit dem Reich Gottes, in dem alle satt werden. Jesus steckte die Jüngerinnen und Jünger mit einer Hoffnung auf eine Zukunft an, in der Gottes Wille geschieht: „Dein Reich komme, dein Wille geschehe, wie im Himmel so auf der Erde" lehrte er sie beten. Und: „… vergib uns unsere Schuld, wie auch wir vergeben unseren Schuldigern." (Mt 6,10f.)

---

[13] Fernando ENNS: Der Pilgerweg der Gerechtigkeit und des Friedens. In: Kirchenamt der EKD (Hg.): Auf dem Weg zu einer Kirche der Gerechtigkeit und des Friedens. Leipzig 2019, 81-92.

Via Negativa als Dimension des Pilgerwegs: Das ist ein Weg, auf dem die Pilgernden sich auch selbstkritisch der Schuld der christlichen Kirchen und ihrer theologischen Irrwege stellen. Darum sollen gerade die Schmerz-Orte des Gedenkens an menschliches Leid aufgesucht werden. Die Mahn- und Gedenkstätten von Krieg, Terror und menschenverachtender Gewaltherrschaft warnen vor einer ethischen wie politischen Gleichgültigkeit, die nicht allen Menschen das Recht auf Leben, auf konkrete Rechte und Gerechtigkeit zuerkennen will. Gerade in Deutschland gehört das Erinnern an das unermessliche Leid dazu, das Menschen jüdischen Glaubens und anderen Minderheiten angetan wurde. Welchen Anteil die deutsche christliche Theologie und Verkündigung des 19. und des frühen 20. Jahrhunderts an den antijudaistischen und antisemitischen Tendenzen in der Bevölkerung, am Entstehen der nationalsozialistischen Ideologie und am fehlenden Widerstand gegen Hass und Gewalt hatte, muss dringend weiter erforscht werden.

„Selig sind, die hungern und dürsten nach Gerechtigkeit."

Via Negativa – das ist ein Weg der Passion und der Compassion, der mitfühlenden Anteilnahme. Die im Namen Jesu Pilgernden lassen sich betreffen vom Leid, eigenem Leid und dem anderer. Wer sich verwundbar macht für das Leid, die Trauer und den Schmerz anderer Menschen und Lebewesen, wird Jesus, dem verwundbaren Gottessohn, ein Stück ähnlicher.

Wer leidenschaftlich für mehr Gerechtigkeit auf Erden eintritt, hat Teil an der „Missio Dei". Sie ist nichts anderes als Gottes Mission für Gerechtigkeit und Frieden, Gottes „Friedensbewegung".

3. VIA TRANSFORMATIVA – DER WEG DER VERWANDLUNG UND HEILUNG

Bei der Vollversammlung des ÖRK in Busan wurden – wie in einem Glaubensbekenntnis – theologische Grundeinsichten formuliert. Im dritten Artikel heißt es: „Gemeinsam glauben wir an den

Heiligen Geist, den Geber und Erhalter allen Lebens. Daher erkennen wir die heiligende Gegenwart Gottes in allem Leben und streben danach, Leben zu schützen und zerbrochenes Leben zu heilen.[…] wir bekunden, dass der Heilige Geist uns die Gewissheit gibt, dass der dreieinige Gott am Ende der Zeit die gesamte Schöpfung vollenden und vervollkommnen wird. Darin erkennen wir Gerechtigkeit und Frieden als Verheißung ebenso wie als Gabe […]"[14].

Von Gottes Geist als „Gottes verwundbarer Liebe" spricht die dänische Theologin Anna Marie Aagaard.[15] Wie könnten wir um diesen Geist des Lebens und der Liebe bitten, wenn wir nicht bereit wären, uns selbst verwandeln und verändern zu lassen? Die Bitte um Gottes heilende Gegenwart macht keinen Sinn, wenn wir nicht bereit sind umzukehren, um neue, solidarische Wege zu finden. Gottes Geist ist die Kraft, die in den Schwachen mächtig ist. Sie ist die Kraft der Güte, der Menschlichkeit und der Gewaltfreiheit.

„Selig sind, die keine Gewalt üben." In alten Übersetzungen heißt es: „Selig sind die Sanftmütigen". Da klingen Mut und Sanftheit zusammen. Ich denke wieder an Ieshia Evans und an den Mut der vielen Menschen, die gewaltfrei gegen Unrecht protestieren. Menschen, die sich wehrlos Panzern und Militär entgegenstellen, die ins Gefängnis gehen und ihr Leben riskieren, um auf ein schweres Unrecht aufmerksam zu machen:

Selig sind die Unbewaffneten!
Selig, die den Mut haben, auch den Feind als Menschen zu sehen.
Selig sind, die barfuß gehen. Die mit verletzlichen Füßen
gegen die Gewalt protestieren, die der Erde angetan wird,
über die sie laufen.

---

[14] ÖRK 10. Vollversammlung: Erklärung über den Weg des Gerechten Friedens. Busan 2013.
[15] Anna Marie AAGAARD: Gottes verwundbare Liebe – Heiliger Geist. München 1982.

Wer ohne Schutzpanzer und Waffen unterwegs ist, im bildlichen Sinn „barfuß geht", wird achtsamer, vorsichtiger, behutsamer. Gewaltfreiheit bleibt nicht allein eine geistig - geistliche Sache oder „Einstellung", sondern erdet sich und wird zur körperlichen „Lebenshaltung". Es gibt keine überzeugende Spiritualität und keine Haltung, ohne eine Erdung in der konkreten Lebenssituation und ohne veränderte Lebenspraxis.

Die Spiritualität des Ökumenischen Pilgerwegs der Gerechtigkeit und des Friedens verbindet darum den Weg zu sichtbaren Orten mit der Suche nach konkreten transformierenden Kräften, die dabei helfen, Gewalt und Ungerechtigkeit zu minimieren und möglichst zu überwinden.

„Selig sind, die Frieden stiften, denn sie werden Kinder Gottes genannt werden." „Selig sind die Barmherzigen, denn sie werden Barmherzigkeit finden."

Diese beiden Zusagen gehören im Kern zusammen. Hier geht es um transformative spirituelle Kräfte, um die Durchhaltekraft oder „Gütekraft", wie Martin Arnold[16] Gandhis „Satyagraha", die Kraft der Gewaltfreiheit, übersetzt.

Friedenstiften als versöhnendes Handeln kann eine Form der Barmherzigkeit sein. Und Barmherzigkeit und ihre kleinen Schwestern – Herzlichkeit, Empathie und Freundlichkeit – können viel zur Kunst und zum Handwerk des Friedenstiftens beitragen.

Barmherzigkeit ist ein Name Gottes wie Frieden und Liebe. Eine Theologie der Barmherzigkeit führt zu einer Ethik und Spiritualität der Gewaltfreiheit, die nicht radikal genug sein kann. Radikal kommt von radix, die Wurzel. Es gibt keinen Grund, „Radikal-Pazifistinnen und Pazifisten" als realitätsfern oder verantwortungslos zu verunglimpfen, was leider dennoch in manchen kirchlichen Publikationen getan wird. Von einem nichtchristlichen Standpunkt betrachtet, ist der Glaube an den gewaltfreien Jesus und einen verwundbaren Gott, dessen Kraft in den

---

[16] Martin ARNOLD: Gütekraft. Ein Wirkungsmodell aktiver Gewaltfreiheit nach Hildegard Goss-Mayr, Mohandas K. Gandhi und Bart de Ligt. Baden-Baden 2011.

Schwachen mächtig ist, sowieso wirklichkeitsfremd und bar jeder Plausibilität.

Via transformativa oder:
„Mach's wie Gott, werde Mensch!"

Unterwegs auf dem Pilgerweg werden die Pilgernden selbst verwandelt durch die Kraft des Geistes. Sie werden Jesus-ähnlicher, menschlicher, barmherziger, versöhnlicher und solidarischer mit allem Lebendigen und mit der verwundeten Erde. Sie erkennen die Gegenwart Gottes in allem Leben.

Eine Theologie auf dem Pilgerweg ist selbst unterwegs und im Werden. Sie lässt sich beschenken von jeder Begegnung, jedem Gespräch, jedem Zeichen von Gottes Gegenwart.

Die Pilgernden gehen unbewaffnet und barfuß. Sie machen sich verletzlich, weil sie sich dem Geist Gottes öffnen, dem Geist der Barmherzigkeit und der Solidarität. Mit tastenden, behutsamen Schritten folgen sie dem gewaltfreien Jesus und lassen sich verwandeln zu Zeuginnen und Zeugen der Liebe. Sie suchen nach dem Leben und widerstehen den Kräften der Zerstörung und des Todes. Sie leben mutig aus einer Haltung der radikalen Hoffnung und des Gebetes.

Sie beten mit den Worten aus Busan:

„Gott des Lebens, weise uns den Weg, damit wir zu lebendigen Werkzeugen deiner Gerechtigkeit und deines Friedens werden."[17]

---

[17] ÖRK-ZENTRALAUSSCHUSS: Eine Einladung zum Pilgerweg der Gerechtigkeit und des Friedens.

Die Hoffnung des Zacharias (Lk 1, 79)

Margot Käßmann[1]

Ein Mann singt. Ein ziemlich seltenes Phänomen heute abseits der Showbühnen! Der biblische Zacharias war lange Zeit verstummt, weil er der Botschaft nicht geglaubt hatte, er könne im hohen Alter noch Vater werden. Auch das heute ein eher seltenes Phänomen. Zacharias allerdings hatte sich keine jüngere Frau gesucht, sondern wünschte sich mit seiner Frau Elisabeth ein Kind, die inzwischen auch etwas betagter war. Jetzt aber ist sein Sohn geboren, er findet die Stimme wieder. Zacharias wird von Gottes Geist erfüllt, ist be-geistert und kann nicht anders, als die unbändige Hoffnung aus sich herauszulassen, die ihn bewegt. Er spürt, es brechen neue Zeiten an. Die junge Generation könnte alles verändern – Fridays For Future lässt grüßen! Zacharias begreift:

Gott lässt die Welt nicht allein. Sein neugeborener Sohn Johannes wird vorangehen, die Menschen vorbereiten, damit sie verstehen, was passiert. Und nach ihm kommt Jesus. Sein Leben wird wie ein Besuch Gottes in der Welt wirken. Diese Welt, die in Finsternis sitzt, im Schatten des Todes, kann erkennen, dass es Licht gibt, neue Wege, Wege des Friedens. Zacharias bittet darum, dass Gott die Füße der Menschen auf diesen neuen Weg ausrichtet. Dieses Lied des Zacharias ist eine Weissagung, Prophetie ist das: So wird es sein! Oder auch: So könnte es werden!

Der Glaube an Gott könnte unsere Schritte auf den Weg des Friedens lenken. Jesus, den Zacharias als Besuch Gottes in der Welt benennt, hat ja auch eine glasklare Spur hinterlassen: „Selig sind die Frieden stiften", „steck das Schwert an seinen Ort" – eine Spur, die zu einem Weg des Friedens werden kann, wenn

---

[1] Predigt in Büchel am 7. Juli 2019.

Christinnen und Christen ihr folgen. Und immer wieder in der Geschichte haben Menschen das getan. Zu denken ist an Friedrich Siegmund-Schultze, der mitten im Krieg zum Frieden mahnte. An Hedwig Dransfeld, die den Bau der Frauenfriedenskirche in Frankfurt initiierte. An Martin Luther King, der den Vietnamkrieg scharf verurteilte und jede Form der Gewalt ablehnte. 1948 erklärten die Kirchen der Welt in Amsterdam: „Krieg soll nach Gottes Willen nicht sein." Sie hatten gelernt aus dem Grauen der Kriege. Noch zu Beginn des Ersten Weltkrieges haben die Kirchen mit Kriegspredigten ihre jeweiligen Nationen befeuert. Und auch im Zweiten Weltkrieg haben sie nicht in ausreichendem Maße gegen die Gewaltherrschaft der Nationalsozialisten und ihre Kriegstreiberei protestiert.

Gewalt und Krieg können nicht mit Gottes Willen legitimiert werden, das haben die Kirchen nach Jahren der Legitimation von Gewalt endlich begriffen. Religion darf sich nicht missbrauchen lassen, um Öl in das Feuer ethnischer, religiöser, nationaler oder wirtschaftlicher Konflikte zu gießen. Es gibt keinen „gerechten" Krieg, nur gerechten Frieden.

Und zum Frieden zu rufen, ist Aufgabe der Kirchen. Das können wir weitergeben aus bitterer Erfahrung: Krieg kann nicht gerecht sein. Aber haben wir wirklich gelernt? Ingeborg Bachmann hat so treffend gesagt: „Die Geschichte lehrt dauernd, aber sie findet keine Schüler."

Und ja, das stimmt, leider. Vor einigen Jahren war ich in Hiroshima zum Gedenktag des Atombombenabwurfs am 6. August 1945. Wer die Geschichten der Menschen hört, die miterlebt haben, wie andere geradezu verglühten, wer die Angst vor Missbildungen begreift, weil die genetischen Veränderungen bis heute reichen, kann nicht verstehen, dass irgendein Mensch auf die Idee kommen könnte, noch einmal eine Atomwaffe einzusetzen! Aber US-Präsident Donald Trump fragt: „Wenn wir Atomwaffen haben, warum setzen wir sie nicht ein?"[2] Ralph Freund, stellvertretender Vorsitzender der Republicans Overseas, sagte in einem Interview: „Warum haben Sie ein Atomwaffenpotenzi-

---

[2] FAZ vom 03.08.2016.

al, wenn sie damit noch nicht mal drohen? Diesen Diktatoren müssen Sie damit zum Bewusstsein rufen, dass es noch andere Kräfte gibt. Ich halte das für richtig."[3] Und NATO-Generalsekretär Jens Stoltenberg erklärt: „Diese nukleare Teilhabe ist wichtig für die NATO. Und ich dränge so viele Bündnispartner wie möglich, Teil dieser nuklearen Teilhabe zu sein – das schließt Deutschland ein."[4]

Angesichts solcher Aussagen von Menschen, die Verantwortung tragen, muss uns gruseln nach den grauenvollen Zerstörungen in Hiroshima und Nagasaki. Da ist ganz klar Widerspruch angesagt! Mit der Kündigung des INF Vertrages durch die USA ist die Welt unsicherer geworden. Und schöne Bilder von Donald Trump und Kim Jong Un wirken da wahrhaftig nicht beruhigend ...

Friedensforscher zeigen, dass die Atommächte in die Modernisierung ihrer Atomwaffen investieren. Zur Zeit, so das Friedensforschungsinstitut SIPRI, gibt es etwa 13.865 Atomwaffen auf der Welt. Zwanzig davon lagern höchstwahrscheinlich hier in Büchel. Es ist nicht besonders transparent, dass wir noch nicht einmal das genau wissen, selbst die Existenz dieses Depots wird offiziell nicht bestätigt. Dabei hat jede Atombombe des hier höchstwahrscheinlich lagernden Typs B-61 die drei- bis vierfache Sprengkraft der Hiroshima-Atombombe.

Wenn wir heute hier gegen diese Waffen demonstrieren, ist das keine Demonstration gegen die Soldatinnen und Soldaten der Bundeswehr und ihre Angehörigen. Es ist eine Demonstration gegen die Politik, die ihnen zumutet, mit dieser immensen Gefahr zu leben, und sie nötigen könnte, diese Waffen einzusetzen. Denn das wäre absolut unverantwortlich. Niemand sollte gedrängt werden, eine solche entsetzliche Schuld auf sich zu laden. Friedrich Siegmund-Schultze hat 1946 formuliert:

---

[3] So Ralph FREUND im Gespräch mit Christiane Kaess, DLF.
[4] Christian KERL: Warum die Nato Atomwaffen in Deutschland lassen will. In: Hamburger Abendblatt 09.02.2019.

„Der Haß ist sicherlich eine der stärksten Mächte im Leben der Menschheit. […] Vielleicht, dass nicht in jedem Fall, in dem die Erde versengt oder der Tod gestreut wird, der Haß den Zerstörer treibt; aber unsichtbar steht der Dämon des Hasses hinter dem, der die Bombe plant oder wirft. Und die Menschheit läßt sich wie stets in die Verantwortungslosigkeit hineinschläfern, die die Tat ermöglicht, die den Täter schützt, ja bewundert."[5]

Ein hervorragender Ansatzpunkt für Friedensethik: sich nicht in eine Verantwortungslosigkeit „hineinschläfern" lassen!

Vom biblischen Friedensauftrag her gilt es, sich für die Überwindung von Hass und Krieg einzusetzen. Das ist nicht naiv, sondern hoffnungsvoll. Es knüpft an die biblischen Hoffnungsbilder an, die erzählen, wie Gewalt überwunden wird, wie die Spirale der Gewalt durchbrochen werden kann. Mit Fantasie für den Frieden, mit der Naivität, die andere Wange hinzuhalten, mit einer Gewaltlosigkeit, die Gewalttäter fassungslos macht, etwa wenn Jesus sagt: „Liebt eure Feinde, tut wohl denen, die euch hassen" (Lk 6,27).

Deshalb ist wichtig, dass dieser Protest hier gewaltfrei bleibt. Denn Gewalt setzt die Täter immer ins Unrecht. Als Christin sehe ich Frieden und Toleranz biblisch begründet. Und es ist mir wichtig, mit Menschen anderer Religionen zusammenzuarbeiten, die sich für die Überwindung von Krieg einsetzen. Auch das ist nicht naiv, sondern hoffnungsvoll. Es geht letzten Endes um ein Eintreten für Menschenwürde, ja Menschlichkeit und Zukunftsfähigkeit. Biblisch-theologisch gesprochen: Es geht um die Gottebenbildlichkeit jedes Menschen, um Nächstenliebe und Schöpfungsbewahrung. Da ist die Lerngeschichte je neu eine aktuelle Herausforderung. Oder reicht die Fantasie der Menschen nicht für den Frieden? Noch einmal Ingeborg Bachmann: „Hätten wir das Wort, hätten wir die Sprache, wir bräuchten die Waffen nicht."

---

[5] Friedrich SIEGMUND-SCHULTZE: Friedenskirche, Kaffeeklappe und die ökumenische Vision. Texte 1910-1969 (hg. v. Wolfgang Grünberg) München 1990, 193f.

Im Zeitalter von Massenvernichtungswaffen kann niemand mehr Krieg als ein Werkzeug Gottes sehen. Der Kriegstaumel von Sunniten und Schiiten im Irak, die jeweils zum angeblich „heiligen Krieg" aufrufen, erinnert erschreckend an den Dreißigjährigen Krieg in Europa wie an das „Gott mit uns" auf den Koppeln der Soldaten 1914. Wieder wird der Name Gottes missbraucht, um eigene Vorstellungen durchzusetzen. Die blutigen Schlachtfelder von Verdun liegen heute in den Ebenen des Zweistromlandes oder in Zentralafrika. Und immer leiden zuerst die Kinder und werden traumatisiert fürs Leben. Der Krieg zerstört nicht nur Städte und verwüstet Felder, er prägt die Kinder, Enkel und Urenkel der Täter und der Opfer. Und wir wissen heute, wie traumatisiert Soldaten durch die Kriege dieser Welt sind. In den USA haben sich nach neuesten Studien von 1999 bis 2010 jeden Tag 22 ehemalige Soldaten selbst getötet![6] Was bedeutet das für eine Nation?

Ganz klar ist doch heute, dass zivile Mittel immer Vorrang haben müssen vor militärischen. Wer aber sieht, wie pazifistische Positionen in Frage gestellt sind, ja lächerlich gemacht werden, wie militärische Einsätze mit humanitären Zielen begründet werden, wer sieht, dass Deutschland zu einer Rüstungsexportnation aufgestiegen ist, die auch in Krisengebiete liefert, dem wird bewusst: Es gilt, wach und wachsam und widerständig zu bleiben. Gerade die Rüstungsexporte machen doch den Widerspruch klar: Wir können nicht die Kriege dieser Welt beklagen, die Menschen, die aus diesen Kriegen zu uns flüchten, abweisen – und gleichzeitig verdient unsere Wirtschaft an genau diesen Kriegen!

Es geht um Bewusstseinsbildung in unserer Gesellschaft, aber auch international. Die Friedensbewegung ist klein geworden, obwohl doch die Probleme groß sind. Im vergangenen Jahr tobten 18 Kriege der höchsten Eskalationsstufe.[7] Syrien, Jemen, Sudan, Nigeria und Afghanistan sind Orte massivster Gewalt. Und

---

[6] Hubert WETZEL: Erschütternde Tweets. In: SZ vom 29.05.2019.
[7] Alle Zahlen nach: Heidelberger Institut für Internationale Konfliktforschung (HIIK): http://hiik.de.

auch in Europa ist der Krieg wieder in greifbare Nähe gerückt. Von Berlin nach Donbass sind es rund 2000 Kilometer, der Routenplaner gibt für die Distanz eine Fahrtzeit von 23 Stunden und 47 Minuten an! Dieser militärische Konflikt spielt sich gewissermaßen vor unserer Haustüre ab!

Dem „Kriegsglauben" können wir nur etwas entgegensetzen, wenn wir als Kriegsgegnerinnen und Kriegsgegner international zusammenarbeiten. Zivile Methoden der Konfliktbearbeitung brauchen mehr Gehör, Mediation kann gelernt werden. Dazu gehört auch, dass wir international das Recht auf Kriegsdienstverweigerung unterstützen.

Wie kann es sein, dass wir im Jahr 2019 noch immer nicht fähig sind, Konflikte friedlich zu lösen? Noch immer haben wir unsere Füße nicht auf den Weg des Friedens ausgerichtet. Warum nur wird das Heil weiter im Militär gesucht, wenn wir doch alle, alle wissen, dass mehr Rüstung nicht mehr Frieden bringt, sondern Krieg wahrscheinlicher macht? Wenn heute von mehr internationaler Verantwortung die Rede ist, kann es doch nicht um mehr militärische Verantwortung Deutschlands gehen, sondern allein um mehr Friedensverantwortung!

Meine Motivation, mich für den Frieden zu engagieren, ist der christliche Glaube. Aus der biblischen Überlieferung kann ich keine Legitimation von Gewalt herauslesen. Ich engagiere mich gern gemeinsam mit Menschen, die andere Motive haben. Es gibt nicht viele Vorbilder. Bertha von Suttner ist eines. Nach dem Ende des Ersten Weltkrieges schrieb Stefan Zweig: „Aber eben diese Frau, von der man meinte, sie habe nichts als ihre drei Worte („Die Waffen nieder!) der Welt zu sagen, […] wußte ja […] um die fast vernichtende Tragik des Pazifismus, daß er nie zeitgemäß erscheint, im Frieden überflüssig, im Kriege wahnwitzig, im Frieden kraftlos ist und in der Kriegszeit hilflos."[8]

Aber ist es wirklich Tragik? Meiner Überzeugung nach sind es die Gewaltlosen, die am Ende mit Würde erinnert werden, nicht die Kriegstreiber. Viel eher der namenlose junge Mann, der

---

[8] Stefan Zweig: Neue Freie Presse, 21.06.1918. Zitiert nach: Brigitte Hamann: Bertha von Suttner. Kämpferin für den Frieden. Wien 2013, 8.

sich vor 30 Jahren auf dem Tian'anmen Platz entgegenstellte, als Stalin. Viel eher Bertha von Suttner als Adolf Hitler. Pazifismus ist kein Kinderspiel, kein Unfug und kein Nichtstun. Martin Luther King sagte:

„Zuerst muß betont werden, daß gewaltloser Widerstand keine Methode für Feiglinge ist. Es wird Widerstand geleistet. […]. Der Ausdruck ‚passiver Widerstand' erweckt oft den falschen Eindruck, daß das eine Methode des Nichtstuns sei, bei der derjenige, der Widerstand leistet, ruhig und passiv das Böse hinnimmt. Aber nichts ist weiter von der Wahrheit entfernt. Denn der Anhänger des gewaltlosen Widerstands ist nur insofern passiv, als er seinen Gegner nicht physisch angreift; sein Geist und seine Gefühle aber sind immer aktiv. Sie versuchen ständig den Gegner zu überzeugen, daß er im Unrecht ist. Die Methode ist körperlich passiv, aber geistig stark aktiv. Es ist keine Widerstandslosigkeit gegenüber dem Bösen, sondern aktiver gewaltloser Widerstand gegen das Böse."[9]

Richte unsere Füße auf den Weg des Friedens – das erbittet, ja erhofft Zacharias vor rund 2000 Jahren. Und ja, das erhoffen wir auch heute. Im Friedenspark von Hiroshima gibt es eine Flamme, die erst erlöschen soll, wenn die letzte Atombombe vernichtet worden ist. Ich bleibe bei der Hoffnung, dass diese Flamme eines Tages erlischt!

Möge Gott unsere Füße auf den Weg des Friedens lenken.

Und möge diese Hoffnung des Zacharias lebendig bleiben unter uns.

Amen.

---

[9] Martin Luther KING: Freiheit – Aufbruch der Neger Nordamerikas. Busstreik in Montgomery. Kassel 1964 (Titel des amerikanischen Originals: Stride Toward Freedom. New York 1958), 78-82.

Aus dem „Handbüchlein des christlichen Streiters"

Es ist Brauch (sagt man), Gewalt mit Gewalt zu vertreiben.
Ich [aber] kehre mich nicht an das, was die kaiserlichen Gesetze
gestatten, ich verwundere mich nur, woher solche Äußerungen
bei den Christen Sitte geworden sind:
„Ich habe geschadet, aber weil ich gereizt worden bin.
Ich habe lieber Schlechtes tun wollen, als an mir geschehen lassen."
Mag sein, daß die menschlichen Gesetze nicht strafen, was sie
[auf diese Weise] geduldet haben. Doch was wird Christus, dein
Herrscher, machen, wenn du an seinem Gesetz gefrevelt hast,
das sich bei Matthäus findet: Ich aber sage euch:
Ihr sollt dem Übel nicht widerstehen […]

Du antwortest: „Das hat er nicht für mich gesagt.
Er hat es für die Apostel, für die Vollkommenen gesagt."

Hast du nicht gehört, daß ihr Söhne des Vaters seid?
Wenn du nicht begehrst, Kind [Sohn] Gottes zu sein,
so [allerdings] bezieht sich das Gesetz nicht auf dich.
(Obwohl der nicht einmal gut ist,
der nicht vollkommen sein will) ....
Höre Paulus, den großen Kenner und Deuter
des christlichen Gesetzes:
„Segnet die, die euch verfolgen; segnet und fluchet nicht.
Vergeltet niemandem Böses mit Bösem; wenn es möglich ist,
so habet, soviel es an euch liegt, Frieden mit allen Menschen."

[…] Was also wird geschehen, sagst [fragst] du,
wenn ich fremden Frevel durch meine Sanftmut fördere
und durch Erdulden alten Unrechts zu neuem einlade?

Wenn du Böses, ohne selbst Böses zu tun, verjagen oder
vertreiben kannst, so verbietet dir niemand, das zu tun.

Kannst du das aber nicht, so hüte dich zu sagen:
„Es ist besser zu tun als zu leiden."
Kannst Du es, so bessere ihn, indem du ihn mit Wohltaten
überschüttest oder durch Sanftmut überwindest. Wenn es
aber nicht anders sein kann, so ist es besser, einer geht
zugrunde als beide; [so] ist es besser, daß Du reich wirst
durch den Gewinn an Geduld,
als daß [ihr] beide durch gegenseitige
Wiedervergeltung des Bösen bös werdet.

So sei es also ein christlicher Grundsatz, mit allen in Liebe,
Sanftmut und Wohltat zu wetteifern […]
und Christus ist es wert, um dessetwillen es geschieht.

„Wenn du eine Amtsperson bist, so mache dich die Ehre
des Amtes nicht grausamer, sondern die Last besorgter. […]
Kein anderer als Christus ist der Herr der Bischöfe oder
der staatlichen Behörden. Beide vertreten seine Stelle.
Beide werden ihm Rechnung legen müssen […]
Nichts hindert dich, in der Führung die oberste Stelle
einzunehmen und in der Liebe keinen Rang zu unterscheiden
[…] Das Volk schuldet dir viel, doch du schuldest ihm alles. […]
Bedenke, daß du ein Vertreter des Staates bist und nur auf das
öffentliche Wohl bedacht sein sollst. […]
Die ganze Herrschaft ist es ja doch nicht wert,
daß du wissentlich vom rechten Weg abweichen willst.
Gib eher sie auf, bevor du Christus aufgibst."

Erasmus von Rotterdam
Handbüchlein des christlichen Streiters –
Enchiridion Militis Christiani (1501)
= Ausgewählte Schriften. Acht Bände. Lateinisch und Deutsch.
Herausgegeben von Werner Welzig. Erster Band.
Darmstadt: Wissenschaftliche Buchgesellschaft.

Anstößige Bergpredigt.
Michael Sattlers Zeugnis
der Feindesliebe

Wolfgang Krauß[1]

In einem Briefwechsel meinte der evangelische Christ, Physiker und Philosoph Carl Friedrich von Weizsäcker, er sei in den 50er Jahren nur deswegen nicht Quäker und Pazifist geworden, weil er sonst als Politikratgeber nicht mehr ernst genommen worden wäre. Der Grundwiderspruch des christlichen Abendlandes sei in seiner Biografie anschaulich: das Gebot Jesu zu Feindesliebe und Gewaltverzicht einerseits, gesellschaftliche Selbstbehauptung andererseits.[2] Reichskanzler Bismarck war sich einig mit dem hundert Jahre später regierenden Bundeskanzler Helmut Schmidt: Mit der Bergpredigt lässt sich nicht regieren. Seit dem Kirchenvater Augustinus gibt es diese Spaltung zwischen individueller und gesellschaftlicher Ethik, seit anderthalb Jahrtausenden verdrängen seine theologischen Prämissen die Bergpredigt aus der gesellschaftlichen Wirklichkeit.

EINE SELTSAM PARADOXE PROVOKATION

Am 21. Mai 1527 wird Michael Sattler außerhalb Rottenburgs nach schrecklichen Foltern auf dem Scheiterhaufen hingerichtet. Seine Mitbrüder werden enthauptet, seine Frau Margarete nach einigen Tagen im Neckar ertränkt. Eine seltsam paradoxe Provokation, die Michael Sattler seinen Richtern vorher zugemutet hatte:

---

[1] Überarbeitete Fassung eines Artikels in „respect" Nr. 2 (2008) 36ff. und „Jünger und Meister" (1/2009) 10ff.

[2] Persönlicher Briefwechsel des Autors mit Carl Friedrich von Weizsäcker, 1988.

Wenn der Türke kommt, soll man ihm keinen Widerstand leisten. Denn es steht geschrieben (Matthäus 5, 21) „Du sollst nicht töten." Wir sollen uns des Türken und anderer Verfolger nicht erwehren, sondern in strengem Gebet zu Gott anhalten, dass er wehre und Widerstand leiste. – Dass ich aber gesagt habe: Wenn Kriegen recht wäre, wollt ich lieber wider die angeblichen Christen ziehen, welche die frommen Christen verfolgen, fangen und töten, als wider den Türken, das hat folgenden Grund: Der Türke ist ein rechter Türke und weiß vom christlichen Glauben nichts; er ist ein Türke nach dem Fleische. Ihr dagegen wollt Christen sein, rühmt euch Christi, verfolgt aber die frommen Zeugen Christi und seid Türken nach dem Geist.[3]

Im Prozessbericht heißt es weiter: „Das ist ein starkes Stück, den größten Feind unseres heiligen Glaubens uns vorzuziehen." Die Richter lachten und steckten die Köpfe zusammen. Einer sagte: „Ja, du ehrloser verzweifelter Bösewicht ... sollte man etwa mit dir disputieren? Ja, der Henker wird mit dir disputieren!"

Das türkisch geprägte osmanische Reich stand damals auf dem Höhepunkt seiner Macht und griff nach Mitteleuropa. Die Türken wurden militärisch und religiös als Hauptgefahr für das „christliche" Abendland angesehen. Martin Luther und andere riefen zum militärischen Widerstand zur Rettung des Christentums auf. Ein ähnlich absolutes Feindbild war im kalten Krieg des 20. Jahrhunderts der Kommunismus oder heute der militante islamische Fundamentalismus.

Sattler macht einen durchaus ernst gemeinten Vorschlag an alle, an die ganze damalige Gesellschaft. Nicht militärisch soll den Osmanen widerstanden werden, keine Türkenkriegssteuer soll erhoben, keine Feindbildpredigt zur Steigerung des Wehrwillens gehalten werden. Widerstand sollte es schon geben, doch

---

[3] „Artikel und Handlung, die Michael Sattler zu Rottenburg am Neckar mit seinem Blut bezeugt hat" (Prozessbericht), zitiert nach: Heinold FAST (Hg.): Der linke Flügel der Reformation. Glaubenszeugnisse der Täufer, Spiritualisten, Schwärmer und Antitrinitarier. Bremen 1962, S. 74f.

einen Widerstand mit geistlichen Waffen. Inständiges Gebet soll Gegenwehr und Widerstand von Gott erbitten.

EIN WELTFREMDER VORSCHLAG?

Ja, denn er passte nicht in die damalige Welt. Bei Kaiser, Fürsten und etablierten Kirchen – ob altgläubig römisch-katholisch oder reformatorisch lutherisch und zwinglianisch – hatte er keine Chance. Ebenso wenig passt er in unsere heutige Welt, in der „unsere Freiheit am Hindukusch verteidigt wird"; in der die Bundesregierung sich auf die Erhöhung der Militärausgaben auf 2% des Bruttoinlandsproduktes verpflichten lässt, ohne dass dem nur halbwegs entsprechende Ausgaben für zivile und gewaltfreie Konfliktlösung gegenüberstehen würden. Trotz allen (oft nur) technischen Fortschritts hat sich die „Welt" wohl doch nicht verändert.

Leider wurde nicht ausprobiert, wie massenhafter Gewaltverzicht auf die türkischen Eroberer gewirkt hätte? Welche Wirkung hätte millionenfaches „strenges Gebet" auf Sultan Suleiman II., den Prächtigen, und seine muslimischen Krieger gehabt? „Christliche" Propagandapredigten und Flugschriften zeichneten sie als Monster und endzeitliche Feinde Gottes. Obwohl sie doch spiegelbildlich nur das taten, was „christliche" Krieger und Machthaber auch „auszeichnete": imperiale militärische, religiös verbrämte Machtpolitik. Mit dem Unterschied, dass in osmanisch eroberten Gebieten christliche Kirchen wenigstens weiter bestehen konnten, wenn auch mit eingeschränktem Rechtsstatus und nicht mehr als herrschende Instanz. In „christlich" eroberten Gebieten hingegen hatten Moscheen keine Chance.

Sattlers Vorschlag, sich gegen die Türken und „alle (!) Verfolger" nicht zu wehren, verweist darauf, dass er seine Richter in einer ähnlichen Kategorie sieht wie die Türken – als Verfolger. Er setzt noch einen drauf und zieht die Türken den „Christen" vor: „Der Türke ist ein rechter Türke und weiß vom christlichen Glauben nichts; er ist ein Türke nach dem Fleische. Ihr dagegen wollt Christen sein, rühmt euch Christi, verfolgt aber die frommen Zeugen Christi und seid Türken nach dem Geist."

Eine seltsam paradoxe Feindesliebe. Die Türken, meint Sattler, sind echte Muslime – Türken nach dem Fleisch. Als solche wissen sie nichts von Christus und seinem Geist der Liebe, selbst zum Feind. Seine Richter hingegen und das ganze hinter ihnen stehende „christliche" Abendland beanspruchen, Christen zu sein, handeln aber entgegen der Lehre Jesu, indem sie seine Zeugen verfolgen, sie sind also Türken nach dem Geist. Der Kaiser selbst hatte sich in den Rottenburger Prozess eingeschaltet und per Brief die Todesstrafe verlangt. Wäre er kein Pazifist, wäre Kriegführen ihm erlaubt, so Sattler, dann würde er lieber mit den Muslimen gegen diese sogenannten Christen kämpfen.

Sattlers Vorschlag lässt sich leicht aktualisieren. Den islamistischen Terroristen vom Schlag Al Kaida, Islamischer Staat, Boko Haram ist mit militärischen Mitteln kaum beizukommen. Nicht nur weil sie erfolgreich auf asymmetrische Kriegführung setzen, sondern auch weil sie ihren Kampf als Dschihad begreifen, als heiligen Krieg, und damit auch als geistliche Auseinandersetzung. Da wäre es im Sinne Sattlers wohl angebracht, auch geistlich zu antworten und mit geistlichen Waffen zu kämpfen.

WER WAR DIESER MICHAEL SATTLER?

Er war kein Einzelgänger. Noch im Prozess bat er darum, sich mit den anderen Angeklagten beraten zu dürfen. Er gehörte zu einer Bewegung von Brüdern und Schwestern, die die Bedeutung der Bergpredigt neu entdeckte: als Regel für die ganze Kirche und als Herausforderung für die ganze Gesellschaft.

Um 1490 in Staufen/Breisgau, damals habsburgisches Vorderösterreich, geboren, tritt er nach theologischem Studium im nahen Freiburg in das Benediktinerkloster St. Peter auf dem Schwarzwald ein und bringt es dort bis zum Prior. Er kommt mit reformatorischen Ideen in Berührung, verlässt das Kloster, als ein wenig reformgesinnter Abt die Führung übernimmt. Er heiratet. Anfang 1525 taucht er in Zürich in den Kreisen der radikalen Schüler des Reformators Zwingli auf. Bei einem Aufenthalt in Straßburg hat er 1526 Kontakt mit den dortigen Reformatoren Wolfgang Capito und Martin Butzer. Er wohnt sogar bei Capito, der später gegen Sattlers Hinrichtung protestiert und ihn einen „herrlichen Zeugen der Wahrheit" nennt, ohne sich jedoch mit seinem Pazifismus zu identifizieren. Sattler wird zu einem der einflussreichsten Führer der sogenannten Täuferbewegung. Er ist vermutlich Redakteur des Beschlussprotokolls einer Täuferversammlung in Schleitheim bei Schaffhausen, Schweiz. Am 24.2.1527 hatten dort süddeutsche und Schweizer Täufer einen Konsens in verschiedenen Fragen gesucht. Wenige Tage später ist Sattler zurück im ebenfalls vorderösterreichischen Horb am Neckar in der von ihm dort gegründeten Gemeinde. Dort wird er zusammen mit anderen Gemeindegliedern verhaftet. Nach zwei Monaten Haft wird ihnen neckarabwärts in Rottenburg der Prozess gemacht.

Nur zwei Jahre hatte Sattler für sein öffentliches Wirken als Täufer. Sein radikales Nachdenken über das Reich Gottes, seine konkreten Erfahrungen mit der Nachfolge Jesu und mit der Gemeinschaft des Leibes Christi begannen wohl schon bei den Benediktinern. Ein Vorwurf der lutherischen Gegner lautete, die Täufer wollten eine „neue Möncherei" einführen. Nicht mehr nur die Ordensleute in den Klöstern sollten die Regeln der Bergpredigt einhalten, sondern alle Christen und die Kirche als ganzes!

WER ODER WAS WAR DIE TÄUFERBEWEGUNG?

Liebhaber der Bergpredigt nannte sie ein katholischer Theologe, als er nach einem allgemeinverständlichen Begriff suchte.[4] Die Anfänge liegen im Kontext der Reformation Zwinglis in Zürich. Einige seiner Schüler trafen sich in einem Bibellesekreis. Zum

---

[4] Thomas NAUERTH: Einleitung. In: Hans Denck. Vom Gesetz und von der Liebe. Weisenheim am Berg 2007, 14.

Bruch mit Zwingli kam es, als der Reformator Tempo und Aus-
maß der Reformation in die Entscheidung des Stadtrates stellte.
Die radikalen Zürcher Bibelleser wollten die Bindung der Kirche
an die Obrigkeit beenden. Doch Luther, Zwingli und Calvin tas-
teten bei ihren Reformen die enge Allianz von Kirche und Staat
nicht an.

Es ging um die Frage, was Kirche eigentlich sei. Sollte sie, wie
das Mittelalter hindurch, mit der Gesamtgesellschaft weitgehend
identisch sein oder sich von ihr unterscheiden. Das war der Kontext, in dem es dann um Fragen der Taufe, der Gewaltanwendung in staatlichem Auftrag und insgesamt um das Verhältnis
von Kirche und Gesellschaft ging. Die Kindertaufe wurde infra-
ge gestellt und als Mittel erkannt, gesellschaftliche Uniformität
durch ungefragtes Christwerden herzustellen. Stattdessen wurde
die Taufe als Zeichen der Entscheidung zur Nachfolge Jesu verstanden. Kirche wurde als freiwillige Gemeinschaft der Nachfol-
gebereiten gesehen. Auch die allerorten geforderten Eide der
Loyalität zur Obrigkeit wurden mit Bezug auf die Bergpredigt
abgelehnt. In der Gemeinde selbst sollte es keine hierarchische,
sondern eine geschwisterliche Ordnung geben.

Es blieb nicht bei theologisch theoretischen Erkenntnissen.
Am 21.1.1525 kam es im Zürcher Bibellesekreis zu ersten Taufen.
Eine unerhörte Handlung, denn mit der Praxis einer neutesta-
mentlich begründeten Taufe wurde das damals mehr als 1000
Jahre alte Bündnis von Kirche und Staatsgewalt tatsächlich ge-
kündigt. Die so auf ihr Bekenntnis zu Christus und seiner Nachfolge Getauften waren als Säuglinge alle bereits „getauft", daher
die Bezeichnung „Wiedertäufer".

Die radikal am Evangelium orientierte Ekklesiologie und die
daraus abgeleitete Ethik fand ihre klassische und bis heute in
täuferischen Gemeinden wirksame Form in der wohl von Sattler
niedergeschriebenen „Brüderlichen Erklärung etlicher Kinder
Gottes, sieben Artikel betreffend" von Schleitheim 1527. Daraus
zwei Artikel als Beispiel.

ABSONDERUNG ODER KONTRASTGESELLSCHAFT

„Zum vierten sind wir vereinigt worden über die Absonderung."[5] Nicht die Versammelten selbst führten ihrem Selbstverständnis nach die Einigung herbei. In der Formulierung „wir
sind vereinigt worden", dem „göttlichen Passiv", kommt vielmehr die Überzeugung zum Ausdruck, das Wirken des Geistes
Gottes habe zur einmütigen Entscheidung geführt.[6] Der Begriff
Absonderung ist heute eher ungebräuchlich. Es geht um Trennung oder Unterscheidung. Kirche soll sich trennen „von dem
Bösen [...] und keine Gemeinschaft damit haben". Die Kirche
soll nicht länger identisch sein mit der Gesellschaft, wie es seit
Kaiser Konstantin anderthalb Jahrtausende Jahre Praxis war.
Kirche soll Leib Christi sein und sich unterscheiden von denen,
„die nicht in den Gehorsam des Glaubens getreten sind und sich
nicht mit Gott vereinigt haben, dass sie seinen Willen tun wollen". Am Ende des Artikels wird die Erwartung geäußert, dass
dann „auch zweifellos die unchristlichen, ja teuflischen Waffen
der Gewalt von uns fallen, als da sind Schwert, Harnisch und
dergleichen und jede Anwendung davon, sei es für Freunde oder
gegen die Feinde". Gewaltfreiheit wird als Folge des Anders-
seins der Kirche, als Ausdruck ihres Nonkonformismus verstanden.

Heute stehen alle Kirchen in einem zunehmend nachchristli-
chen Europa vor der Herausforderung, wie sie post-konstantinisch Kirche sein können. Der katholische Neutestamentler
Gerhard Lohfink fragte schon Anfang der 1980er Jahre: Wie hat
Jesus Gemeinde gewollt? Und er prägte dafür, dass Kirche sich
im Sinne Jesu unterscheiden solle, den Begriff „Kontrastgesellschaft".[7]

---

[5] „Brüderliche Vereinigung etlicher Kinder Gottes". Neu übersetzt von Wolfgang
KRAUß, online unter http://www.friedenstheologie.de/main.php?chap=c&topic=
texte&id=85.
[6] Die ältere Übertragung von Heinold FAST (Der Linke Flügel der Reformation.
Bremen 1962, 60-71) nivelliert dieses Selbstverständnis mit der Formulierung
„haben wir uns geeinigt".
[7] Gerhard LOHFINK: Wie hat Jesus Gemeinde gewollt? Freiburg 1982.

Die Vollkommenheit Christi

Im 6. Schleitheimer Artikel heißt es: „Das Schwert ist eine Gottesordnung außerhalb der Vollkommenheit Christi, welches den Bösen straft und tötet und den Guten schützt und schirmt. Im Gesetz wird das Schwert über die Bösen geordnet zur Strafe und zum Tod. Es zu gebrauchen, sind die weltlichen Obrigkeiten geordnet." Im Rahmen der staatlichen Ordnung wird dem Gewaltmonopol des Staates nach Römer 13,1-7 also zwar eine ordnende Funktion zur Eindämmung der Bösen und zum Schutz der Guten zugestanden. Diese Funktion soll jedoch nicht durch Christen ausgeübt werden. Denn in „der Vollkommenheit Christi […] wird der Bann gebraucht allein zur Mahnung und Ausschließung dessen, der gesündigt hat, ohne Töten des Fleisches, sondern allein durch die Mahnung und den Befehl, nicht mehr zu sündigen." Der „Bann", wird nach der „Regel Christi" in Mt 18,15-21, verstanden als gewaltfreie Ermahnung, vom Bösen zu lassen und Ermutigung zum Guten. Er wird ausdrücklich als Alternative zur staatlichen Gewaltordnung konzipiert.[8]

In Frage- und Antwort werden in diesem 6. Artikel einige Problemstellungen durchdekliniert: Etwa die noch heute in der Debatte über „humanitäre" Militäreinsätze aktuelle Frage, „ob auch ein Christ das Schwert gegen den Bösen zum Schutz und Schirm des Guten oder um der Liebe willen führen könne und solle". Es wird auf das Beispiel der Ehebrecherin nach Joh 8,3-11 verwiesen. Jesus habe sie gewaltfrei vor der Todesstrafe gerettet, allein „nach dem Gesetz der Barmherzigkeit und Vergebung und Mahnung, nicht mehr zu sündigen".

Auf die Frage, ob ein Christ „Obrigkeit sein soll, wenn er dazu gewählt wird", wird ebenfalls das Beispiel Christi angeführt, der geflohen sei, als er „zum König gemacht werden sollte". So

---

[8] Durch Missbrauch in hierarchisch organisierten Kirchen, aber auch in der täuferischen Tradition hat die sog. Gemeindezucht ein schlechtes Image. Als Gemeindedisziplin ist sie aber unverzichtbar für eine nachfolgeorientierte Kirche. In nordamerikanischen mennonitischen Debatten wird das durch das Wortspiel „disciping the brother/sister" ausgedrückt: Jünger oder Jüngerin (disciple) durch Disziplin (discipline) auf den Weg der Nachfolge zurückhelfen.

sollten wir in seiner Nachfolge auch tun. „Auch verbietet er selbst die Gewalt des Schwertes und sagt: Die weltlichen Fürsten herrschen, ihr aber nicht also." (Mt 20,25f.)

DIE AKTUALITÄT SATTLERS

Zum 50jährigen Bestehen des Deutschen Mennonitischen Friedenskomitees (DMFK) wurde 2006 erstmals der Michael-Sattler-Friedenspreis verliehen. Damals ging er an Christian Peacemaker Teams, eine Initiative, die durch gewaltfreie Präsenz in Konflikten zu deren Lösung beitragen will. Verliehen an seinem Hinrichtungstag in Rottenburg soll der Preis Personen oder Gruppen ermutigen, die sich im Sinne Sattlers einsetzen. Dazu gehört nicht nur eine an der Feindesliebe Jesu orientierte Gewaltfreiheit, sondern auch die Herausforderung jenseits politischer oder theologischer „Korrektheiten" post-konstantinisch Kirche zu sein. Dass dies auf der ökumenischen Tagesordnung steht, zeigt sich daran, dass das Interesse an Sattler auch außerhalb der täuferischen Kirchen zu wachsen scheint. Im ehemaligen Benediktinerkloster St. Peter, wo Sattler Prior war, lange Priesterseminar, inzwischen geistliches Zentrum des Erzbistums Freiburg, wird bei Führungen durch die Klostergebäude Sattler heute gewürdigt.

Aktuellster Anstoß Sattlers für heutige Christen hierzulande scheint mir seine Liebe und paradoxe Solidarität zu Muslimen, die seine Gesellschaft als Feinde ansah. Er konnte diesem Entwurf der Feindesliebe damals nicht real folgen. Zu groß waren geografische und nachrichtentechnische Hindernisse schon vor seiner Verhaftung und Hinrichtung.

Der fünfte Michael-Sattler-Friedenspreises ging 2016 an die Ekklesiyar Yan'uwa a Nigeria (EYN)[9] und ihre 2010 mit muslimischen Partnern gegründete „Christian and Muslim Peace Ini-

---

[9] „Ekklesiar Yan'uwa" heißt „Kirche der Geschwister" oder „Kirche der Kinder einer Mutter". Eine ursprünglich von der amerikanischen „Church of the Brethren", einer aus dem radikalen Pietismus stammenden Friedenskirche, gegründete nigerianische Kirche.

tiative" (CAMPI).[10] Die Gemeinden der EYN finden sich vor allem im Nordosten Nigerias, wo auch die islamistische Terrorgruppe Boko Haram ihre Stützpunkte hat. Trotz der Aggression von Boko Haram, der Vertreibung tausender Gemeindeglieder, der Ermordung vieler Pastoren und Mitarbeiter hält die EYN fest an der Friedensbotschaft des Evangeliums und verzichtet auf den Ruf nach Vergeltung. Sie unterrichtet ihre Glieder und besonders die junge Generation in der biblischen Lehre von Frieden und Versöhnung und knüpft Kontakte zu dialogbereiten Muslimen und Moscheen. Mit ihren Programmen für Frieden und Gerechtigkeit arbeitet sie gegen die ökonomischen und politischen Ursachen der Gewalt. In seiner Laudatio am 20.5.2016 in Rottenburg am Neckar fasste Jürgen Moltmann die Logik und Praxis des gewaltfreien geistlichen Kampfes von EYN so zusammen:

„Terrorismus entsteht in den Herzen und Köpfen von Menschen und muss darum in den Herzen und Köpfen der Menschen überwunden werden. Das ist die Sprache des Friedens, die Leben schafft, nicht der Gewalt. ,Terroristen verstehen nur die Sprache der Gewalt', wird uns von allen Seiten gesagt. Aber die „Sprache der Gewalt" hat die Zahl von einigen hundert Terroristen zu Bin Ladens Zeiten zu zehntausenden in ISIS-Boko-Haram heute emporschnellen lassen. – Es ist gut, wenn die Christlich-Muslimische Friedensinitiative (CAMPI) die jungen Männer davon abhält, sich dem Töten und Getötet werden hinzugeben, und sie für das Leben zurückgewinnt. Es ist gut, wenn Christen und Muslime sich um die missbrauchten Kindersoldaten kümmern, um sie vom Trauma des Tötens zu heilen. Es ist gut, wenn die Opfer von Unrecht und Gewalt in Workshop-Zentren der Kirche den Weg aus Schmerz und Trauer herausfinden. Den Menschen von Boko Haram zu vergeben, was sie anrichten, heißt, ihnen den Weg zum Leben zeigen, und das Böse, das sie in ihren Opfern an Hass und Vergeltungssucht erwecken, zu überwinden. Inso-

---

[10] http://www.michael-sattler-friedenspreis.de/sattlerpreis-2016/ 18.9.20, 18:10.

fern öffnet die Vergebung den Tätern die Chance zur Umkehr und macht die Opfer frei von der Fixierung auf die Täter. Wir wünschen nicht, dass die Menschen von Boko Haram vernichtet werden, sondern dass sie zu einem Leben in Frieden bekehrt werden. Wir lassen uns durch die Feindschaft nicht zu Feinden unserer Feinde machen, sondern sehen auf den Willen unseres Vaters im Himmel, dessen Kinder wir sind und bleiben wollen."[11]

Ich durfte die beiden Delegierten aus Nigeria auf einer Rundreise begleiten und dolmetschen, wenn sie in Kirchen und Moscheen sprachen. Das christlich-muslimische Friedenszeugnis der beiden beeindruckte mich. Was Ephraim Kadala, Pastor und Friedenskoordinator der EYN, und Hussaini Shuaibu, Fachhochschullehrer, Gewerkschafter, Mediator und muslimischer Mitarbeiter von CAMPI zu berichten hatten, schien mir wie eine Vergegenwärtigung der paradox formulierten Solidarität Michael Sattlers mit den Muslimen vor bald 500 Jahren.[12]

Es war nach dieser Begegnung, dass ich die bekannte Rede Dietrich Bonhoeffers in Fanö von 1934 wieder las. Kein Frieden auf dem Weg der Sicherheit, die Kirche soll den Frieden Gottes ausrufen über die rasende Welt, indem sie ihren Söhnen die Waffen aus der Hand nimmt. Aber eine Passage hatte ich bisher wohl überlesen und traute nun kaum meinen Augen:

„Kämpfe werden nicht mit Waffen gewonnen, sondern mit Gott. Sie werden auch dort noch gewonnen, wo der Weg ans Kreuz führt. Wer von uns darf denn sagen, daß er wüßte, was es für die Welt bedeuten könnte, wenn ein Volk – statt mit der Waffe in der Hand – betend und wehrlos und darum gerade bewaffnet mit der allein guten Wehr und Waffe den Angreifer empfinge?"[13]

---

[11] Online unter www.michael-sattler-friedenspreis.de/wp-content/uploads/2016/06/Laudatio-Moltmann-2016-FINAL.pdf 18.09.20, 18:11

[12] Vorträge der beiden auf der genannten Netzseite www.michael-sattler-friedens preis.de

[13] Online unter www.dietrich-bonhoeffer-verein.de/dietrich-bonhoeffer/bonhoef fers-friedensverstaendnis/ 18.09.20, 18:27.

407 Jahre nach Sattler finden sich bei Bonhoeffer ähnliche Gedanken. Auch er durfte nicht erleben, dass das ernst genommen
wurde. Doch es dauerte nur einige Jahre, dass Mohandas Gandhi
und Martin Luther King jr. in der Schule Henry D. Thoreaus und
Lew Tolstoys lernten, die Bergpredigt als politische Botschaft
ernst zunehmen und anzuwenden. Auch dabei spielte die Zuwendung zum Feind eine wesentliche Rolle.

Wir haben heute vielfältige und erprobte Mittel, auf Feinde
zuzugehen. Zudem müssen wir nicht weit reisen. Kaum eine
Gruppe wird so angefeindet wie Muslime hierzulande. Nehmen
wir Kontakt auf mit denen, die immer wieder unter Generalver-
dacht gestellt werden?[14] Es ist einfach, die Muslime in unseren
Städten und Dörfern zu erreichen. Anders als zu Zeiten Sattlers
sind die Türken schon da. Sie sind unsere Nachbarn. Paradoxe
Solidarität heißt nicht, dass wir Muslime werden, auch Sattler
wurde nicht Türke. Doch jede neu eröffnete Moschee ist eine
Möglichkeit, ins Gespräch zu kommen. Eine Moschee ist ein Ver-
sammlungsraum, meist auch mit Teestube als Treffpunkt. Im
Gespräch können wir gegenseitig Zeugnis geben über unseren
Glauben. Unsere Worte werden so glaubwürdig sein, wie unsere
Freundschaft und unsere menschliche Solidarität. Ich jedenfalls
habe gute Erfahrungen gemacht, wenn ich vom Beispiel der
Feindesliebe Jesu berichtete, wie Michael Sattler sie praktiziert.

---

[14] Die Gewaltfrage ist im Islam mehrheitlich wie im konstantinischen Christentum geklärt: defensive Gewalt ist erlaubt. Offensive Gewalt unter Umständen,
wenn sie zur „wohltätigen" Verbreitung der eigenen Weltanschauung und Ge-
sellschaftsordnung dient. Es ist alles eine Frage des gerechten oder gerechtfertigten Krieges.

Versöhnung und Friede

Martin Leiner[1]

Wer sich mit Versöhnung beschäftigt, stellt fest, dass er sich auf eine Entdeckungsreise begibt. Was durch die Rede von Versöhnung angesprochen wird und in Menschen Resonanz findet, erfasst immer weitere Bereiche und Themen des Lebens. Sind wir versöhnt mit den Menschen, mit denen wir leben? Handeln wir versöhnt in unseren politischen Optionen? Sind wir mit unserem eigenen Leben, seinen Grenzen und seiner Unerfülltheit versöhnt, können wir uns mit uns selbst versöhnen? Können wir uns unsere Fehler und Irrtümer verzeihen? Gibt es Versöhnung mit der Natur, mit Tieren, Pflanzen, mit der Erde und ihren Lebensräumen, die Menschen zunehmend verändern und zerstören? Gibt es im Fall von Gewalttaten und Kriegen Versöhnung mit Tätern, mit Verbrechern, mit Feinden, mit falschen Freunden? Und schließlich: Gibt es für uns und für die Welt Versöhnung mit Gott? Der amerikanische Theologe Curtiss Paul DeYoung schrieb in dem mit Allan Boesack gemeinsam verfassten Buch „Radical Reconciliation" den Satz, der auch als Motto über diesem Aufsatz stehen könnte: „Wir suchen danach, das Wort Versöhnung freizusetzen, damit es uns erschreckt und überwältigt mit seiner Macht."[2] Ohne ein Erschrecken gibt es keine Begegnung mit dem Heiligen. Die christliche Rede von Versöhnung und die christliche Rede vom Frieden sind nicht einfach in wiederholbaren Formeln gegeben, sondern sie müssen in jeder Zeit von jeder Christin und jedem Christen selbst entdeckt, entfaltet und gelebt werden. Ohne Er-

---

[1] Zuerst in: *Auf dem Weg zu einer Kirche der Gerechtigkeit und des Friedens*. Ein friedenstheologisches Lesebuch. Im Auftrag des Präsidiums der Synode der Evangelischen Kirche in Deutschland hrsg. durch das Kirchenamt der EKD, Leipzig 2019, 199-206.

[2] Allan Aubrey BOESAK / Curtiss Paul DEYOUNG: Radical Reconciliation. Beyond political Pietism and Christian Ouietism. Maryknoll 2012, 11: „We seek to set free the word reconciliation to shock and overcome us by its power!"

schütterung und tiefgreifende Veränderung unseres Lebens würden solche Entdeckungsreisen oberflächlich bleiben, allzu leicht als „billige Versöhnung" oder als „Versöhnungskitsch"[3] trivialisierbar.

1. WIE VERSTEHT DAS NEUE TESTAMENT VERSÖHNUNG?

Versöhnung ist nach dem NT nicht eine Botschaft des christlichen Glaubens neben anderen, sie ist Synonym für die frohe Botschaft, die durch Christus in die Welt gekommen ist, gerade dann, wenn von ihr in ihrer vollsten und umfänglichsten Gestalt gesprochen wird. Es kommt deshalb alles darauf an, dass die christliche Kirche die Botschaft von der Versöhnung glaubwürdig leben und verkünden kann.

Der Begriff kommt vor allem im *Corpus Paulinum,* den Briefen, die unter dem Namen des Apostels Paulus überliefert sind, vor. Zentrale Stelle ist 2 Kor 5,11- 21. Paulus blickt zurück auf einen Konflikt mit der Gemeinde in Korinth. Er ist sich unsicher über die Beziehung, die zwischen den Korinthern und ihm besteht. Er macht ein vorsichtiges Eingeständnis, nicht der Schuld, aber des befremdlichen Verhaltens: „Wenn wir von Sinnen waren, so war es für Gott, sind wir aber besonnen, so ist es für euch" (2 Kor 5,13). Paulus ist, wenn diese Deutung richtig ist, in seinem Eifer für Gott, zu weit gegangen. Nun sind Besonnenheit und das Bekenntnis zur Wahrheit nötig. Er fragt sich, wie die Gewissen der Korinther zu ihm stehen (2 Kor 5,11). Er sieht sich von der Liebe Christi

---

[3] Von „billiger Versöhnung" sprachen 1985 die südafrikanischen Theologen, die das Kairos-Dokument verfasst haben. Billige Versöhnung ist für sie Versöhnung ohne Beseitigungen der Ungerechtigkeiten; vgl. http://www.sahistory .org.za/ar chive/challenge-church-theological-comment-political-crisis-south-africa-kairos-d ocument-1985 (18.06.2019). – Das Wort „Versöhnungskitsch" wurde in einem Artikel in der taz im Jahr 1994 von dem deutschen Journalisten Klaus Bachmann für die deutsch-polnische Versöhnung geprägt und seither in Bezug auf die deutsch-polnischen Beziehungen immer wieder zitiert.

motiviert und spricht von dem neuen Blick, den die Christen auf die Welt werfen. Dieser Blick wird bezeichnet durch das Gegensatzpaar: nach dem Fleisch und nach dem Geist. Der neue Blick wird ermöglicht durch die von Gott gestiftete Versöhnung. Es ist ein versöhnlicher Blick. „Gott war in Christus und versöhnte die Welt mit sich selber und rechnete ihnen ihre Sünden nicht zu" (2 Kor 5,19). Hier ist an keine Trennung in Versöhnte und Nichtversöhnte, Erwählte und Verworfene oder Glaubende und Nichtglaubende gedacht. In großer Gelassenheit wird nicht weniger als die Allversöhnung ausgesprochen. Alle, die ganze Welt ist in Christus versöhnt! Allversöhnung ist bei Paulus anders als in der Geschichte der Kirche, in der dieser Begriff häretisiert wurde[4], keine Spekulation über endzeitliches Geschick, das Engel und sogar den Teufel einschließt, sondern einfache Aussage über die Wirklichkeit, wie sie im Geist wahrgenommen wird: Die ganze Welt ist versöhnt. Die Versöhnungsbotschaft geht deshalb weiter als die Rede von der Rechtfertigung. Während die Rechtfertigungsbotschaft immer wieder an den Glauben als deren Erlebnisweise gebunden wird (Röm 1,17 u. ö.), ist die Rede von der Versöhnung stets ohne diesen Bezug. Versöhnung hängt für Paulus nicht von uns ab, weder von unserer Annahme, noch von unserem Glauben und schon gar nicht von unseren Werken. So auch im Kolosserbrief: „Denn es hat Gott wohlgefallen, dass in ihm [sc. Jesus Christus] alle Fülle wohnen sollte und er durch ihn alles mit sich versöhnte, es sei auf Erden oder im Himmel, indem er Frieden machte durch sein Blut am Kreuz" (Kol 1,19 f.). Ganz ähnlich heißt es auch außerhalb der paulinischen Schriften im 1. Johannesbrief: „Er [sc . Christus] ist die Versöhnung für unsere Sünden, nicht allein aber für die unseren, sondern für die der ganzen Welt." (1 Joh 2,2).

Nicht immer hat die Kirche die universale Weite der biblischen Botschaft von der Versöhnung gesehen. Stattdessen gab und gibt es allzu viele Drohungen mit der Hölle und Auf-

---

[4] Vgl. hierzu Christine JANOWSKI: Allerlösung. Annäherungen an eine entdualisierte Eschatologie, 2 Bde., Neukirchen-Vluyn 2000.

kündigungen der Zusammengehörigkeit, die alle Geschöpfe verbindet. In der Tat sind wir nach paulinischer Sicht aber so miteinander und mit der Welt und ihren Geschöpfen verbunden, dass entweder keiner mit Gott versöhnt wäre oder alle mit Gott versöhnt sind. Nur deshalb kann die Existenz des einen Gerechten, Jesus Christus, die Versöhnung der Welt bedeuten. Unglaube, Ungehorsam, Verwerfung gehören nach Paulus zu einer Geschichte, die einen klaren Ausgang hat: „Gott hat alle eingeschlossen in den Ungehorsam, damit er sich aller erbarme" (Röm 11,32).

Die universale Versöhnungsbotschaft wirft eine Reihe von Fragen auf. Vor allem stellt sich die Frage, wie die relativ zahlreichen Aussagen der Bibel und auch des Apostels Paulus, die von einem dualistischen Gerichtsausgang ausgehen, zu verstehen sind. Weiter fragt sich: Warum ist, wenn alle versöhnt sind, die Botschaft von der Versöhnung noch eine zentrale Aufgabe des Christen. Direkt nach der Aussage über die Versöhnung der Welt steht in 2 Kor 5,20: „So sind wir nun Botschafter an Christi statt, denn Gott fordert durch uns auf: so bitten nun wir an Christi statt: Lasset Euch versöhnen mit Gott!" In ihrer zeitlichen Dimension beschreibt Christoph Schwöbel Versöhnung treffend als „ein Ereignis in der Vergangenheit, eine weitergehende Beziehung in der Gegenwart, von der behauptet wird, dass sie eschatologische Letztgültigkeit besitzt".[5] Im menschlichen Leben gibt es Analogien zur Versöhnung in dem Sinne von Ereignissen, die bleibende Beziehungen stiften und Letztgültigkeit besitzen. Es ist schwer, sich ein Ereignis vorzustellen, dem diese Qualitäten vollständig abgehen würden, aber besonders typisch und als Analogien zur Versöhnung besonders geeignet sind das Zeugen und Gebären eines Kindes. Diese Ereignisse stiften bleibende Beziehungen, von denen die Identität von Eltern und Kindern immer und

---

[5] Christoph SCHWÖBEL: Reconciliation. From Biblical Observations to Dogmatic Reconstruction. In: Colin E. Gunton (Hg.): The Theology of Reconciliation. London 2003, 19: „Reconciliation [...] refers to an event in the past and to an enduring relationship in the present, which is claimed to be eschatologically ultimate."

unwiderruflich betroffen ist. Gotteskindschaft des Volkes Israel, Jesu Christi, der Christen, aller Menschen, ist deshalb eine zentrale christliche Metapher. Desmond Tutu begann seine Predigten mit „Geliebte Kinder Gottes". Nun ist es mit Beziehungen zwischen Kindern und Eltern nicht selten so, dass an sie erinnert werden muss. Der verlorene Sohn erinnert sich an seinen Vater im Gleichnis, und nicht nur er. Christen sollen einander – und nach Paulus alle Menschen und die ganze Welt – daran erinnern, dass sie Kinder Gottes, dass sie mit Gott versöhnt sind. Zu dem Versöhntsein als von Gott her gesetztem Faktum tritt das „Sich-Versöhnen-Lassen" als Eintritt in einen Prozess und eine Erfahrung. Zeichenhaft wird diese Erfahrung durch das Abendmahl vermittelt und durch die Beichte und den Zuspruch der Vergebung erneuert. So wenig es etwas in meinem Leben ändert, wenn ich in einer Kind-Vater-Beziehung zu einem liebevollen, weisen und mächtigen Menschen stehe, diese Beziehung aber nicht lebe, so wenig ändert sich in unserem Leben und in der Welt, wenn wir unsere Beziehung zu Gott, dem Versöhner der Welt, nicht erleben und leben. Die ganze Welt erscheint uns dann unversöhnt und wird als unversöhnt erfahren, obwohl wir eigentlich wissen sollten, dass die auch bei Christen übliche Rede von der „unversöhnten Welt" unzutreffend ist. Stattdessen scheint es biblisch angemessener von einer noch nicht *erlösten* Welt zu sprechen. Die Welt ist deshalb noch nicht erlöst, weil die Sünde, Entfremdung, Leid, Tod und Böses in dieser Welt bedrückend vorhanden und mächtig sind. Erlösung meint biblisch die Wegnahme von Leid, Sünde, Tod und widergöttlichen Mächten. Verwerfung und Verdammnis betrifft kein Geschöpf Gottes, wohl aber diejenigen Identitäten, die wir erfahren und gelebt haben, die nicht mit Gottes Liebe und Versöhnung vereinbar sind, etwa die Identität des reichen Mannes, der den armen Lazarus in Hunger und Elend lässt. Diese Identität des unbarmherzigen Reichen hat keine Zukunft im Reich Gottes. Sie gehört in die Hölle. Im Hinblick auf Versöhnung bedeutet dies, dass versöhntes Leben das Aufhören mit manchen Identitäten mit einschließt und neue Identitäten entstehen. Auf dem Weg der Versöhnung gibt es immer ein „Nie wieder", ein „Nunca mas", eine Liste von Denkweisen, Werten, Narrativen und Identititätskonstruktionen, die keine Zukunft haben und beendet werden müssen. Galater 3,28 beschreibt ein solches Aufhören von trennenden Identitäten für den Christen in denkbar allgemeiner und radikaler Form: „Hier ist nicht Jude noch Grieche, hier ist nicht Sklave noch Freier, hier ist nicht Mann noch Frau; denn ihr seid allesamt einer in Christus Jesus." Nationalität, Religionszugehörigkeit, sozialer Status und Geschlecht treten als trennende Identitäten zurück; wären sie letztgültig und würden sie über der Einheit stehen, wäre Versöhnung unmöglich.

Eine nächste Frage ist: Wie verhält sich Versöhnung zu Frieden? Die Antwort muss nach dem Gesagten eine doppelte sein. Als von Gott gestiftetes Ereignis in der Vergangenheit ist Versöhnung Gottes Weg zum Frieden. Dieser Weg ist schon zu seinem Ziel gelangt. Durch die Versöhnung *hat* Gott Frieden gestiftet. Weil Christus unsere Versöhnung ist, ist Christus unser Friede (Eph 2,14). Ähnlich und doch auch anders ist es im Bereich der menschlichen Erfahrung. Versöhnung ist auch hier der Weg zum Frieden. Versöhnung wird dabei aber erlebt als ein Prozess, als Vorgang, während Friede eher unvollkommener Zustand und Resultat ist, welcher immer wieder fragmentarisch auftritt, wachsen kann, aber auch wieder als Erfahrung verloren geht. Versöhnung ist christlich verstanden der Weg zum Frieden. Versöhnung qualifiziert aber auch den Frieden, aus dem Christen leben und den sie zu erfahren suchen. Frieden im christlichen Sinne ist deshalb kritisch gegenüber bestimmten Friedensverständnissen. Frieden ist nicht die Sicherheit der einen unter Ausschluss oder auf Kosten der anderen, er ist nicht die Ruhe des Wohlstands der Sieger und Ausbeuter, er ist nicht der Friede, der mit Lügen erkauft ist und Schuld verleugnet. Christlicher Friede ist durch die Konfrontation mit den eigenen Fehlern, dem Unheil und dem Tod hindurchgegangen und ist die Herstellung guter Beziehungen von Freundschaft und Verständnis für alle Beteiligten. Er ist gemeinsamer Auszug aus der Lüge in ein Leben in Wahrheit, Respekt und Sorge für den anderen; und zwar – so wahr Versöhnung die Versöhnung der Welt ist – für jeden anderen. Wie verhält sich Versöhnung zu Gott und Versöhnung zwischen Menschen? Mitte der 1990er Jahre hat Geiko Müller-Fahrenholz sich unüberhörbar gegen die Aufspaltung der Versöhnung in der christlichen Tradition gewandt. Zu oft hat die christliche Predigt nur die Versöhnung mit Gott im Blick gehabt und zu wenig an den Nächsten gedacht, der geschädigt wurde.[6] Biblisch wird die Versöhnung zwischen Gott und Mensch und die Versöhnung unter Menschen eng zusammengesehen. Wenn Gott die Welt mit sich versöhnt hat, dann kann die Welt und mit ihr die Menschen in der Welt nicht in sich völlig unversöhnt sein, durch Gott sind die Menschen auch miteinander versöhnt. So schreibt der Epheserbrief mit Bezug auf Juden und Heiden als zwei Gruppen, die gemeinsam die Menschheit ausmachen: Christus „ist unser Friede, der aus beiden [sc. Juden und Heiden] *eines* gemacht hat und den Zaun abgebrochen hat, der dazwischen war, nämlich die Feindschaft. Durch das Opfer seines Leibes hat er abgetan das Gesetz mit seinen Geboten und Satzungen, damit er in sich selber aus den zweien *einen* neuen Menschen schaffe und Frieden mache und die beiden versöhne mit Gott in einem Leibe durch das Kreuz, indem er die Feindschaft tötete durch sich selbst" (Eph 2,14-16). Die Versöhnung in Christus betrifft nach dem Kolosserbrief nicht nur die christliche Gemeinde, sondern die ganze Welt, denn „in ihm ist alles geschaffen, was im Himmel und auf Erden ist" (Kol 1,16). Die umfassende, von Gott bereits gestiftete Versöhnung der Welt ist die Voraussetzung aller menschlichen Erfahrung von Versöhnung und allen Engagements für Versöhnung unter den Menschen. Dies schafft Gelassenheit und erlaubt es Christen, sich – ob sie es erfahren oder nicht – immer schon „im Kraftfeld der Versöhnung"

---

[6] Geiko MÜLLER-FAHRENHOLZ: Vergebung macht frei. Vorschläge für eine Theologie der Versöhnung. Lembeck 1996.

(Gerhard Sauter) zu erkennen. Zwischenmenschliche Versöhnung bildet dabei nicht nur Gottes Versöhnungshandeln ab (so mit Recht Ralf Wüstenberg), sondern es verkörpert dieses auch.[7] Die Versöhnung mit Mitmenschen ist biblisch gesehen, nicht die Voraussetzung für die von Gott bereits gesetzte Versöhnung der Welt, wohl aber ist sie nach der Jesustradition und nach jüdischem Denken (bJoma 6) Voraussetzung für unser Erleben und unsere Erfahrung von Versöhnung mit Gott (vgl. Mt 6,12.14-15 im Blick auf Vergeben; Mk 11,26 im Blick auf unversöhnte Konflikte mit anderen).

Eine der großen exegetischen Entdeckungen der vergangenen Jahrzehnte war, dass die christliche Rede von Friede und Versöhnung nicht nur mit kultischen Versöhnungspraktiken in der Hebräischen Bibel verbunden sind, sondern dass sie auch im Kontext des römischen Imperiums als alternative Versöhnungs- und Friedenskonzeption zu der der römischen Kaiserideologie gelesen werden muss.[8] Nicht der Kaiser, sondern Christus ist der Versöhner der Welt. Nicht die mit militärischer Gewalt und grausamer Unterdrückung, durch tausendfache Kreuzigungen aufgezwungene Unterwerfung unter die Übermacht Roms, sondern die Liebe Gottes und die im Modus der Bitte vorgetragene Versöhnungsbotschaft schaffen wahren Frieden in der Welt. Wenn diese Deutung zutreffend ist, dann ist christliche Versöhnung, auch wenn sie ohne jede explizite Rede von Politik durch die Feier des Abendmahls im Kreise politisch relativ uninteressierter Christen geschehen mag, immer schon politisch. Sie ist die Alternative zur Herstellung von Frieden durch Unterdrückung; sie ist Alternative zu den Imperien damals wie heute.

---

[7] Vgl. ähnlich, wenn auch auf den Begriff und nicht auf die Wirklichkeit der Versöhnung bezogen John DE GRUCHY: Reconciliation. Restoring Justice. Minneapolis 2002, 20: Versöhnung ist „a human and a social process that requires theological explanation, and a theological concept seeking human embodiment".

[8] Vgl. unter anderem Cilliers BREYTENBACH: Versöhnung. Eine Studie zur paulinischen Soteriologie. Neukirchen-Vluyn 1989.

2. VERSÖHNUNG, VERSÖHNUNGSFORSCHUNG UND DER FRIEDEN IN DER WELT HEUTE

Wenn die bisherigen Deutungen zutreffen, dann ist die christliche Rede vom Frieden wesentlich in der Versöhnungsbotschaft des Neuen Testaments begründet und von ihr her zu entwerfen. Christliches Engagement für den Frieden beruht auf einer Sicht der Welt „nach dem Geist", in der die grundlegende, von Gott gestiftete Einheit der Welt und der Menschheit Voraussetzung allen Nachdenkens und Handelns ist. Wenn die Versöhnung immer auch sozial und politisch ist, dann ist christliches Friedensengagement nicht eine Tätigkeit oder Wahl, die Christen treffen können oder nicht. Friedensengagement ist Vollzugsform des Christseins. Kirche ist Kirche der Versöhnung und des von der Versöhnung her verstandenen Friedens, oder sie ist nicht. Deshalb ergibt sich natürlich ein besonderes kirchliches und christliches Interesse an Friedens- und Versöhnungsprozessen, gleichgültig welche menschlichen Initiatoren sie haben. Versöhnungsprozesse in der ganzen Welt, ob von Christen oder Nichtchristen initiiert, rufen deshalb nach einem christlichen Verständnis, nach christlicher Mitarbeit, möglicherweise auch nach kritischen Rückfragen von Seiten des christlichen Glaubens, aber auch zum Lernen für eigene Versöhnungspraxis. Versöhnung betrifft dabei nicht nur die individuelle Versöhnung, sondern auch gesellschaftlich-politische Versöhnung. Die zahlreichen Versöhnungsprozesse seit Anfang des 20. Jahrhunderts über die gerade von Deutschland ausgegangenen Versöhnungsbemühungen nach dem Zweiten Weltkrieg und dem Holocaust bis hin zu aktuellen Versöhnungsprozessen in Südafrika, in Nordirland, in Kolumbien und in vielen Teilen der Welt haben zu einer von zahlreichen Disziplinen wie Recht, Geschichte, Kunst, Pädagogik, Psychologie, Philosophie, Politik, Soziologie oder auch Theologie in zunehmender Kooperation betriebenen Versöhnungsforschung geführt, deren Grundüberzeugungen im Folgenden kurz skizziert werden sollen.

Versöhnung ist die Wiederherstellung von normalen und wenn möglich guten Beziehungen nach schweren Vorkommnissen wie Kriegen, Völkermorden oder anderen schweren Menschenrechtsverletzungen. Man unterscheidet den innerstaatlichen Fall mit Bürgerkriegen, Diktaturen, der Unterdrückung von Gruppen (Minderheiten und manchmal auch Mehrheiten wie im Fall der Apartheid) von zwischenstaatlicher Versöhnung nach Kriegen, Militärinterventionen, gewaltsamer Besetzung oder kolonialer und postkolonialer Ausbeutung. Versöhnung ist ein über mehrere Generationen gehender Langzeitprozess. Sie ist auf die Vergangenheit gerichtet, insofern sie die Aufarbeitung der Vergangenheit durch Recht, die Arbeit von Historikern, Wahrheits- und Versöhnungskommissionen, Bitten um Verzeihung und falls möglich und von den Opfern gewollt Vergebung, Reparationen und die Trauer über das nicht wieder Gutzumachende, sowie eine versöhnliche Gedenkkultur mit der Überwindung von Stereotypen in Schulbüchern und in der Kultur beinhaltet. Versöhnung ist aber auch auf die Zukunft ausgerichtet durch den Aufbau einer gemeinsamen Sicherheitsstruktur, gewaltfreier Prozeduren für Konflikte, die Förderung von Jugendaustauschprogrammen, Handel und Kooperation oder auch durch den Entwurf eines gemeinsamen Lebens, in dem man sich nicht mehr als Feinde gegenübersteht, sondern sich wie Freunde behandelt. Versöhnung verlangt kreative Lösungen der Beteiligten, die von der Frage geleitet sein können: Wie kann man Versöhnung in all das bringen, was man tut.

Da christliche Friedensethik sich immer und mit Recht an fachwissenschaftlichem Sachwissen orientiert, fragt sich in dieser Situation, ob die Versöhnungsforschung in kirchlichen Äußerungen zum Frieden eine größere Rolle spielen kann.[9]

---

[9] Was Versöhnungsforschung als konkrete Resultate in vielen Konflikten bereits erarbeitet hat, darüber geben unter anderem die Forscherinnen und Forscher des Jena Center for Reconciliation Studies gerne Auskunft: www.jcrs.uni-jena.de.

Thomas von Imbroich
– eine friedenstheologische Stimme aus Köln

Eure Freundlichkeit, die da ist eine Frucht des Geistes, lasset offenbar werden gegen alle Menschen. Vergeltet niemand Böses mit Bösem, denn wir sind Gottes Kinder durch das Evangelium geboren. Unser Vater lässt seine Sonne scheinen über die Frommen und Gottlosen und hat seine Barmherzigkeit nie von ihnen gewandt, sondern hat [sie] allezeit väterlich (wie denn sein Name ist) bezeugt, indem er ihnen gegeben hat Regen vom Himmel und fruchtbare Zeit und ihre Herzen erfüllet mit Speis und Freude (1 Petr 3; Dtn 4; Röm 8; Eph 3).

Wiewohl der Mensch zuweilen wohl denken will, wie Johannes und Petrus dachten, als sie sprachen: Herr, wollen wir beten, dass Feuer vom Himmel komme und sie verzehre? Aber Christus (der gekommen ist, um die Seelen der Menschen zu suchen und nicht zu verderben), der sagt ihnen: Wisst ihr nicht, wes Geistes Kinder ihr seid? (Lk 9; Röm 8). Damit gab er zu verstehen, dass wir uns selber nicht rächen sollen, sondern von dem Meister aller Sanftmütigkeit und Demütigkeit lernen, der da spricht: Vater vergib ihnen die Sünde, denn sie wissen nicht, was sie tun (Lk 23).

Ja, was noch mehr ist, wir sollen gedenken, dass wir vor Zeiten auch unweise, ungehorsam und Gottes Feinde waren und der Ungerechtigkeit gedient haben (Eph 2). Deswegen sollen wir ein Mitleid haben, mit ihren verblendeten und kalten Herzen, gleich wie Christus tat gegen die Juden, da sie darauf aus waren, ihn zu verklagen. Da sah er sie an mit Zorn und war traurig um ihres verstocktem Herzens willen. Dann viel gute Werke (sagt er) habe ich unter euch bewiesen, um deren willen ihr mich steinigen wollt (Joh 10).

Dem Malchus, einer von denen, die ihn festnehmen sollten,
heilt er das Ohr wieder an, das von Petrus abgehauen war.
Die ihn töten wollten, für dieselben hat er das Leben erbeten,
ja, in seiner letzten Not ist er noch seiner Feinde
eingedenk gewesen (Mt 26; Lk 23).

Merkt hier, wie der Vater und der Sohn eins seien,
freundlich und langmütig; der [Gott, der]
auch in seinem grimmigen Zorn (sagt Habakuk)
seiner Barmherzigkeit eingedenk ist (Joh 17; Hab 3).

Ach, meine liebe Hausfrau, wie wenig sind da Menschen,
die den Sinn und Geist Christi haben! Der Herr wolle sich unser
erbarmen, dass wir recht mögen versetzt werden aus dem
unreinen und befleckten Adam, in den reinen unbefleckten
Adam, der vom Himmel ist, das unschuldige Lämmlein ohne
Makel und Gebrechen (Röm 8; Mt 17; Lk 17; 1 Kor 15; 1 Petr 1).

THOMAS VON IMBROICH (geboren 1533 bei Aachen, als Buchdrucker 1554
in Köln, bald führend in der rheinländischen Täuferbewegung, am
23.12.1557 verhaftet und am 05.3.1558 mit 25 Jahren in Köln enthauptet):
Der vierde Brieff / Aus dem Gefängnüß an seine Haußfrau geschrieben.
1656. In: Güldene Äpffel In Silbern Schalen Oder: Schöne und nützliche
Worte und Warheiten Zur Gottseligkeit: Enthalten In Sieben Haupt-
Theilen, die in diesem Buch zusam̄en gestellet sind. Ephrata. Im Jahr
des Heyls 1745, 149-174. Zitiert nach: Göttingen, Niedersächsische
Staats- und Universitätsbibliothek Göttingen [2016].
http://resolver.sub.uni-goettingen.de/purl?PPN869885456

Spiritualität und Weltverantwortung

Burkhard Luber

Das Thema ist so alt wie das Christentum. Schon im Leben Jesu selbst zeigt sich das Spannungsverhältnis: Da gibt es den Jesus, der die Menschen flieht, um endlich alleine beten zu können. Und da gibt es den Jesus, der sich zornig in die Business Welt des Tempels einmischt. Immer wieder fragen ChristInnen, wie sich ihr Glaube und ihre Nachfolge zur Welt verhalten sollen, zu Politik und Gesellschaft.

Für diese Zuordnung von christlicher Spiritualität und Handeln in der Welt gibt es, vereinfachend formuliert, zwei Varianten: Die erste Variante relativiert die Welt. Weil die Welt sowieso vergänglich ist und der Ewigkeit die absolute Priorität vor der Welt zukommt, ist es mehr oder weniger gleichgültig, was der Mensch mit der Welt anfängt. Ja, am besten, er zieht sich aus der Welt in die individuelle Frömmigkeit und spirituelle Innerlichkeit zurück. Solch eine Verinnerlichung kann dann ins Kloster (d.h. wörtlich: der abgeschlossene Raum) führen oder auch in gesellschaftliche Gleichgültigkeit.

Die zweite Variante geht umgekehrt vor: Hier wird dem Handeln in der Welt die christliche Sanktionierung generell schon vorab erteilt, unabhängig davon, welche tatsächlichen Motive dem Handeln zugrunde liegen. Weil das Handeln anscheinend christlich motiviert ist, muss es von vornherein positiv zu bewerten sein. Im schlimmsten Fall kann dann das Christentum für alles instrumentalisiert werden. Fatale Auswüchse dieser Variante sind z.B. die Kreuzzüge oder das Koppelschloss der Wehrmacht mit dem lapidaren Satz „Mit Gott".

Ich will eine dritte Variante vorstellen, die die Verengungen der beiden anderen Varianten überwindet. In dieser dritten Variante bemüht sich die Christin / der Christ darum, aus einer meditativen Betrachtung elementarer Bestandteile des Lebens Jesu diese Elemente bei ihrem/seinem Handeln in der Welt angemessen zu berücksichtigen. Damit ist eine prinzipielle Bejahung christlicher Weltverantwortung eingeschlossen und eine Absage an die Verinnerlichungs-Perspektive. Ebenso wird es aber auch darauf ankommen, dass das Prädikat „christlich" nicht wie bei der zweiten Variante für jedes beliebige Handeln in der Welt herhalten soll.

Im Folgenden werde ich drei Elemente einer solchen weltzugewandten Spiritualität beschreiben und anschließend etwas dazu sagen, wie man sich eine solche Sichtweise aneignen kann.

1. ELEMENT:
JESU LIEBE FÜR DIE MENSCHEN AN DER PERIPHERIE

Wenn wir nach dem Wichtigen, Übergreifenden in den Beschreibungen des Lebens Jesu suchen, fallen folgende Elemente auf:

- Jesus steht in kritischer Haltung gegenüber den Machthabern, den Reichen, den Meinungsmachern, gegenüber denen, „die das Sagen hatten",
- Jesus hat Distanz zu den offiziellen Lehrern und religiösen Autoritäten seiner Zeit,
- Jesus sucht den Kontakt mit Leuten an der Peripherie der Gesellschaft.

Er ist sich nicht zu schade, sich von einer Samaritanerin Wasser geben zu lassen und die Tochter der Frau aus Kanaan zu heilen. Er geht ins Haus des Zollverwalters und lässt sich von einer Prostituierten salben. Überhaupt wendet er sich gerade denen zu, die (z.B. als Aussätzige) längst nicht mehr „gesellschaftsfähig" sind. Die Leute, die ihre Hoffnung auf Jesus setzen, kommen also meist aus der Unterschicht, sie sind „Problemfälle" und keine gesellschaftlich Angepassten oder Arrivierten.

Um nicht missverstanden zu werden: Jesus räumt den ihn besonders interessierenden Zielgruppen keine explizite Höherwertigkeit ein, keine Garantie für ihre Seligkeit, auch keinen Freibrief für einen gesellschaftlichen Umsturz. Und auch in seiner Zuneigung für die Schwachen (die Kleinen, Frauen, Armen, Kranken) bleibt die Priorität seines Heilsgeschehens erhalten. Die Sündenvergebung ist das zentrale Ereignis, der Krankheitsheilung kann dabei eine wichtige Funktion für die Glaubwürdigkeit und die Darstellung der Vollmacht Jesu zukommen. Trotzdem halten wir fest, dass sich das Engagement Jesu keinesfalls unterschiedslos an alle Menschen wendet, sondern dass seine Vorliebe den Menschen „im Schatten" gilt.

2. ELEMENT:
KEINE DOGMATISCHEN NORMEN,
SONDERN VERANTWORTUNGSVOLLER PRAGMATISMUS

Eine schöne Passage in der Bibel sind die Antworten, die Johannes der Täufer den Leuten gibt, als sie durch seine Botschaft beeindruckt fragen: „Was sollen wir tun?" (Lk 3,10-14) Einfache Menschen stellen ihm diese Frage, aber auch im Judentum sehr umstrittene gesellschaftliche Gruppen wie Soldaten und Zolleintreiber. Der große Johannes, selber ein Mensch von eindrücklicher Radikalität, legt nun in seiner Antwort den Fragenden keine schweren Bürden auf und unterwirft sie keinen abgehobenen Zielen. Nein, er schlägt ihnen Dinge vor, die diesen Menschen unmittelbar einleuchten können, ja die sogar für sie erreichbar sind. In unserer Sprache formuliert lauten die Antworten von Johannes für alle Menschen: Teile und gib ab von deinem Reichtum. Zu den Soldaten: Benehmt euch anständig, foltert nicht, plündert nicht. Zu den Zöllnern: Beutet niemanden aus. Johannes vertritt hier eine Perspektive des Augenmaßes und legt keine unmenschlich hohe Messlatte irrealer Forderungen auf.

3. ELEMENT:
UMKEHR UND VERSÖHNUNG

Ein immer wiederkehrendes Thema in der Botschaft Jesu ist sein Plädoyer zum Innehalten auf falschen Wegen, der Ruf zum Ausscheren aus der Verblendung, die Einladung zum Neuanfang. Sei es der fürstlich empfangene Verlorene Sohn oder sei es die Ermahnung, sich noch vor dem Gottesdienst mit seinem Widersacher zu versöhnen. So ergänzen sich Jesu Bergpredigt und Paulus' Hymne auf die Liebe. Jesus verwirft den kleinlichen Richtgeist und steigert das Maß der notwendigen Vergebung gegenüber unseren Feinden ums immerhin Zehnfache! Und in schöner Zuspitzung freut sich Jesus sogar über den Sohn, der die Bitte seines Vaters zunächst arrogant zurückweist, sie aber später in guter Reue doch noch erfüllt. Auf solcher Umkehr liegt Jesu Segen. Nicht umsonst ruft er uns deshalb auch auf, wieder die vertrauensvolle Sichtweise der Kinder anzunehmen, statt des eng kalkulierenden Nützlichkeitsdenkens der Erwachsenenwelt, seines Schwarz-Weiß-Denkens und seiner Freund/Feind-Schemata.

WAS LÄSST SICH NUN
AUS DIESEN DREI ELEMENTEN DES LEBENS JESU
FÜR EIN ENTSPRECHENDES HANDELN IN DER WELT ABLEITEN?

Aus dem ersten Element: Engagement in der Peripherie
Wir können das zunächst sehr wörtlich nehmen. Das Interesse eines Christen sollte tatsächlich weniger den Hauptstädten und den Zentren von Macht, Geld und Information gelten. Er sollte sich vielmehr „an den Rand" begeben, in die Slums und aufs Land, wo sich keine Fernseh-Reporter hin verirren. Hier draußen schärft sich der Blick eher für die gesellschaftlichen Nöte, für das, was Ungerechtigkeit konkret bedeutet, aber auch, was Solidarität bewirken kann. Wie viele gut gemeinte Entwicklungsprogramme sind gescheitert, weil ihre Wirkungen nicht über den

kleinen Radius der Zentren hinauskamen. Außerdem: Da es auf der Erde fast nirgendwo lupenrein nach Ethnien ziehbare Grenzen gibt, kommt der Frage, wie multi-ethnische Gesellschaften tolerant leben und entsprechende verträgliche politische Konstruktionen errichten können, eine hohe Bedeutung zu.

Aus dem zweiten Element: Ethisch und pragmatisch zugleich
Guter Wille allein, fantasievolle Entwicklungsprogramme, mit viel Euro bestückte Hilfs-Maßnahmen nützen wenig im Engagement für Frieden und Gerechtigkeit in der Welt, wenn sie nicht auf entsprechende Handlungsperspektiven gestützt sind. Lassen wir uns dabei von Johannes dem Täufer inspirieren: Nicht die vollmundigen programmatischen Aussagen sind dabei entscheidend, sondern aus aufmerksamen Alltagserfahrungen gewonnene Einsichten: Bescheidenheit, die wir uns im Urteil bewahren und die uns vor dem Verurteilen behüten soll. Wer sich Augenmaß bewahrt, wird keine Situation überfrachten. Er wird im Jargon der Diplomatie nichts „draufsatteln", was einen mühsam gewonnenen Ausgleich wieder gefährden könnte. Er wird stattdessen nach dem suchen, was realistisch durchführbar ist, auch mit begrenzten Ressourcen.
Und da soziale Lebenssituationen oft Konfliktstrukturen aufweisen, wird man dort noch genauer hinspüren müssen, wo – aller schlimmer Vergangenheit und unüberwindbar scheinender Trennungen zum Trotz – dennoch *gemeinsame* Interessen vorhanden sind. Sie gilt es zunächst erst einmal zu finden. Dann können sie als vertrauensbildende Elemente dienen und später in ein Konfliktmanagement überführt werden. Die oft zitierte „Win-Win"-Situation, bei der es keine Verlierer gibt und der Vorteil der einen Seite nicht automatisch Nachteile für die andere Seite bedeutet – das sind Früchte eines pragmatisch-ethischen Ansatzes, der das Mögliche anvisiert und sich am Machbaren freut.

Aus dem dritten Element: Deeskalation und Entfeindung
Die meisten Kriege, die geführt werden, sind Beispiele dafür, welches Unheil gewollte Eskalation und sich selbst erfüllende Vorhersagen anrichten können. Zug um Zug erhöhen die Konfliktparteien ihre Forderungen, bis schließlich nur noch der Zwang angeblicher „Ultimaten" das Geschehen diktiert. Demgegenüber weisen alle Untersuchungen über Konflikte darauf hin, wie wichtig es ist, sich niemals den Blick für Alternativen und Deeskalationsmöglichkeiten verstellen zu lassen, gerade angesichts von Drohkulissen, engen Zeitfenstern und sogenannten „Sachzwängen", die fast immer suggeriert werden und nicht auf Tatsachen beruhen.

Aber wir müssen diese Erkenntnisse aus der Friedens- und Konfliktforschung nicht nur kennen, wir müssen ihnen auch folgen wollen. Konkret heißt dies, sich in Konflikten immer wieder in die Wahrnehmung der anderen Seite hineinzuversetzen und nie dem Irrglauben anheimzufallen, dass es keinen Ausweg mehr gäbe. Sich also keinesfalls unter Druck und Zugzwänge setzen zu lassen, die in den meisten Fällen nur angeblich zwingend daherkommen, bei differenzierter Analyse aber gar keinen determinierenden Charakter haben. Ja, man könnte es mit den Worten eines Konfliktforschers so formulieren: „Frieden heißt warten zu können!" Wer auf Schnelligkeit fixiert ist, dessen Handeln wird zwanghaft: Möglichst dem anderen zuvorkommen, ihn austricksen, Winkelzüge einsetzen, Fallen stellen. Im Zusammenhang internationaler Politik hat Egon Bahr dagegen den Satz geprägt: Das Ethos der Diplomatie muss sein, dass ein Staat kalkulierbar bleibt.

Worauf es ankommt, ist also nicht vorschnell Entscheidungen zu treffen, die die Bandbreite der Handlungsmöglichkeiten destruktiv verringern. Stattdessen: Innehalten; bereit sein, Pläne wieder zu revidieren; sich nicht dem sog. „Druck der Verhältnisse" beugen (der sowieso fast immer künstlich erzeugt wird und interessengeleitet ist). Eine solche Haltung macht auch skeptisch gegenüber allen Formen von Präventivangriffen. Und schließlich umfasst diese Haltung eine Absage an alle schlimmen Formen unangemessenen Wahrnehmens und Handelns wie:

- *Überwahrnehmung:* Ich sehe den Gegner viel schlimmer, als er in Wirklichkeit ist;
- *Über-Planung:* Ich stelle mich auf eine Vielzahl irgendwie möglicher, denkbarer Fälle ein, statt pragmatisch die wenigen wahrscheinlichen herauszufiltern;
- *Überreaktion:* Ich reagiere viel härter, als es der geringfügige Konflikt-Anlass wert ist.

WIE LÄSST SICH EINE SOLCHE HALTUNG ERLERNEN?

Zweierlei ist nötig: der aufmerksame spirituelle Blick auf das Leben Jesu und das Lernen, was man aus diesem Blick konkret für ein verantwortliches Handeln in der Welt ableiten kann. Methodisch scheint mir für den ersten Schritt ein meditativer Ansatz angemessen: Ein bildhaftes Aneignen relevanter Geschichten aus Jesu Leben. Zunächst in ihrem damaligen gesellschaftlichen Kontext, dann aber auch in einer Übertragung, die diese Geschichten in angemessener Form noch einmal in den Rahmenbedingungen *unserer* Gegenwart „nacherzählt", neu imaginiert. Wer das tut, wird bald feststellen, dass es bei all diesen Begebenheiten nicht um komplizierte Buchweisheiten geht, die nur mit hoher Intelligenz und viel mentaler Anstrengung verstanden werden könnten. Statt um denkerische Aneignung geht es eher um eine *Haltung*, ein sich Hineinfühlen in die Situation, ein Spüren für den Augenblick des Geschehens, um das Hören auf die Worte, die Jesus spricht, um das Hinschauen auf die Menschen, zu denen er spricht, und ein Wahrnehmen, wie sie reagieren. Je mehr wir bei diesem Aneignungsprozess mit unserem Herzen engagiert sind, desto intensiver werden die Geschichten zu uns sprechen und umso deutlicher wird es uns gelingen, die entsprechend wichtigen Elemente aus dem Erzählten herauszufinden.

Wer von den gefundenen Elementen im Leben Jesu ausgehend nach den Entsprechungen für unser Handeln in der Welt fragt (= der zweite Schritt), braucht keine Angst zu haben, erst ein anstrengendes politikwissenschaftliches Studium hinter sich bringen zu müssen. Es ist zwar bedauerlich, dass die Erkenntnisse der Friedens- und Konfliktforschung so wenig in die praktische Politik umgesetzt werden, aber niemand kann ernsthaft behaupten, dass solche Resultate nicht in bemerkenswerter Fülle vorliegen. Niemand kann sich also aus der Verantwortung stehlen mit dem Hinweis, die Probleme und Lösungsvorschläge seien zu wenig bekannt. Jeder kann sich heute angemessen informieren über Eskalationsgefahren, Illusionen von Drohpolitik, Nullsummen-Mentalität (= was dem Gegner schadet, nützt automatisch mir) und die schlimme Saat der Gewaltverherrlichung in den Medien. Warum also lassen sich BürgerInnen immer noch so oft von ihren PolitikerInnen für dumm verkaufen mit Sprüchen, wie: „Wir haben den Krieg ja eigentlich gar nicht gewollt"; „Es hat keine Alternative bestanden"; „Gegen Gewalt hilft nur Gegengewalt".

Es ist ein mutmachendes Ereignis, dass seit einigen Jahren in Deutschland immer mehr Ausbildungen in gewaltfreier Konfliktaustragung angeboten werden. Gute Voraussetzungen, dass diese Kenntnisse so in das Alltagshandeln übergehen.

Möglichkeiten, aus einem aufmerksamen Blick auf Jesus entsprechende Konsequenzen für das Handeln in der Welt zu ziehen, sind genügend vorhanden.

Wir müssen sie nur engagiert nutzen.

Gewaltlos handeln – Vom biblischen Traum des Friedens

Thomas Nauerth

Bereits ganz zu Beginn der Bibel, im sechsten Kapitel des Genesisbuchs, sieht Gott die Erde als verdorben an, weil sie voller Gewalt ist: „Ich sehe, das Ende aller Wesen aus Fleisch ist gekommen; denn durch sie ist die Erde voller Gewalttat" (Gen 6,13a). Es ist erstaunlich, dass diese Aussage nicht mehr Beachtung findet.[1] Denn hier ist von einem Gott die Rede, der Gewalttaten anscheinend nicht ertragen kann. Ist das eigentlich üblich für einen Gott? Obwohl sich diese Frage aufdrängt, wird sie doch höchstens von vorwitzigen Kindern gestellt. Den lebensweisen Erwachsenen, resigniert arrangiert mit einer „Erde voll von Gewalttaten", fällt gar nicht mehr auf, dass die übliche Gewöhnung an die Gewalt hier von Seiten Gottes massiv in Frage gestellt wird.

AM ANFANG WAR DER MORD

Es wird Zeit, der Kinderfrage einmal nachzugehen. Wie kann man klären, ob es für einen Gott üblich ist, Gewalttaten nicht ertragen zu können? Die einfachste Möglichkeit scheint zu sein, sich bei anderen Göttern umzuschauen, wie sie es mit der Gewalt halten. Da gibt es gerade im Alten Orient, im Entstehungskontext der Bibel, einiges zu beobachten. So hat man 1868 eine

---

[1] Vgl. aber das bischöfliche Hirtenwort „Gerechter Friede", wo es heißt: „nur die Bibel begründet den Rückfall der Schöpfung ins Chaos mit der geschöpflichen Gewalttätigkeit. Nur ihr geht dieser Zusammenhang auf" (SEKRETARIAT DER DEUTSCHEN BISCHÖFE (Hg.): Gerechter Friede. Bonn 2000, Nr. 18). Eigenartigerweise übersetzt Luther hier mit „Frevel", das hebräische Wort *hms* aber bezeichnet, wie gerade auch das Vorkommen des Wortes in Gen 49,5 zeigt, sehr deutlich den Frevel der „Gewalttat".

beeindruckende Stele gefunden, datiert ungefähr auf 840 v. Chr., auf der ein König aus Moab, einem Nachbarkönigreich von Israel, seine Taten in Stein meißeln ließ. Dabei kommt dieser König immer wieder auf die Unterstützung durch seinen Gott zu sprechen. Kemosch hieß dieser Gott in Moab. Und wir lesen da:

> [11]Und Kemosch sprach zu mir: Geh, nimm Nebo (im Kampf) gegen Israel. Da [15]zog ich bei Nacht los und kämpfte gegen es von Tagesanbruch bis Mittag. Und ich [16]nahm es ein und tötete alles: 7000 Männer, Klienten, Frauen, [Klien]tinnen [17]und Sklavinnen, denn ich hatte es dem Aschtar-Kemosch (durch Bann) geweiht.[2]

Dieser Gott Kemosch hat erkennbar keine Probleme damit, dass die Erde voller Gewalttat ist. Fast noch drastischer sind die Aussagen im gewaltverliebten babylonischen Schöpfungsepos „Enuma Elisch", wo die Schöpfung aus Kampf und Vernichtung entsteht: Aus dem „Körper der Tiamat formt Marduk die gesamte Welt. Er teilt den Leib der Getöteten in zwei Hälften. Aus der einen erschafft er den Himmel [...] aus der anderen Hälfte formt er die Erde."[3] Am Anfang war hier nicht das Wort, sondern der Mord. Zur Zeit des alten Israel war es also gerade nicht üblich, dass Gottheiten Gewalttaten nicht ertragen können. Wenn man von der Mescha-Stele oder von „Enuma Elisch" aus auf Genesis 6,13a blickt, ist der Eindruck zunächst stark, dass dieser Gott Israels ein ganz anderer Gott ist als die Götter der Nachbarvölker.

Wenn man ein wenig weiter blättert in der Bibel, kommen einem da allerdings erhebliche Zweifel. Im Buch Josua heißt es: „Der HERR sagte zu Josua: [...] morgen um diese Zeit gebe ich sie allesamt preis, erschlagen vor Israel. [...] Die Israeliten erschlugen alles, was in der Stadt lebte, mit scharfem Schwert und

---

[2] Thomas WAGNER: Art. Mescha/Mescha-Stele, www.bibelwissenschaft.de/de/stichwort/27025/ (2006).

[3] Vgl. den Text unter http://mesopotamien.de/einfuehrung/enuma.htm. – Zu Genesis 1 als Kontrasterzählung zu diesem blutrünstigen Mythos vgl. nur Walter WINK: Verwandlung der Mächte. Eine Theologie der Gewaltfreiheit. Regensburg 2014, 52f.

vollzogen an ihm den Bann. Nichts Lebendiges blieb übrig" (Jos 11,6.11).

Das klingt sehr eindeutig nach dem Gott Kemosch. In der Tat herrscht im Alten Testament kein Mangel an Textstellen, die eine verblüffende Parallelität mit der Theologie der Mescha-Stele aufweisen (vgl. nur 1 Sam 15). Der Befund ist an mancher Stelle sehr erschreckend. Die Frage, wie es mit der Bibel und ihren Gewaltdarstellungen steht, ist eine Frage, der sich jeder und jede stellen muss, nicht nur der oder die, die nach dem Thema Frieden in der Bibel fragt.

ERLÖSENDE GEWALT?

Nun sind Menschen in Bezug auf Sprache, Denkweise und Vorstellungsmuster immer in erster Linie Kinder ihrer jeweiligen Zeit und Kultur. Dies gilt auch für die biblischen Autoren. Das Volk Israel war ein Volk des alten Orients, eingebettet in die Kultur der damaligen Zeit, eingebettet auch in deren Verständnis von Macht, Königtum und Krieg. Ist es, kann es da verwunderlich sein, dass im Alten Testament vielfältig theologische Ausdrucksweisen übernommen wurden, wie wir sie auf der Mescha-stele vorfinden? Man kann es den biblischen Autoren kaum generell vorwerfen, dass sie Denkweisen ihres Kulturraums verhaftet blieben und mit diesen üblichen Denkweisen auch versuchten, ihre Gotteserfahrung zu deuten; man kann es bedauern, aber man kann es zutiefst verstehen.

Man kann dies den biblischen Autoren umso weniger vorwerfen, weil auch heutzutage unsere kulturelle wie politische Welt noch durch ein Grundmuster geprägt ist, welches sich bereits auf der Stele des moabitischen Königs und gerade auch im „Enuma Elisch" findet. Der amerikanische Theologe Walter Wink hat dieses Denkmuster den Mythos erlösender Gewalt genannt. Gemeint ist der selbstverständliche Glaube an tötende Gewalt als letztes und legitimes Mittel. Wink spricht von der eigentlichen Religion unserer Zeit, denn das, wonach wir in höchster Not greifen, wonach wir in der Not rufen, das sei unser Gott: „Frieden durch Krieg, Sicherheit durch Stärke, das sind die zentralen Überzeugungen, die dieser […] Religion entspringen".[4] Dieser Mythos ist es, der die Aussagen im „Enuma Elisch" prägt und der vom moabitischen König ganz ohne Nachdenken auf das Handeln seines Gottes Kemosch projiziert wird. Wenn biblische Autoren dieser Projektion folgen, liegt nicht nur gedankenlose Übertragung vor – *„Gott ist wie wir, denkt wie wir"* –, oder bewusste Übernahme von Ausdrucksweisen aus der Umwelt um der Überbietung willen – *„Unser Gott ist stärker als euer Gott"* –, sondern manchmal auch echte Überzeugung, vor allem der Mächtigen in Israel. Das ist alles menschlich zutiefst verständlich, so belastend solche Aussagen für uns heute auch sind.

Die Frage nach der Gewalt wird so zu einer der Schlüsselfragen der biblischen Offenbarung: Findet unsere Ordnung der Gewalt in Gott nur Bestätigung oder auch Widerspruch? Findet sich nur „Kemosch" im Alten Testament, auch wenn er JHWH heißt?

Das aufregende und spannende in der Bibel ist nun, dass wir tatsächlich auf Widerspruch stoßen. Immer wieder finden sich Aussagen und Erzählungen, die aus einer ganz anderen Gotteserfahrung erwachsen zu sein scheinen, ein ganz anderes Gottesbild entwerfen, das kulturell nicht einfach abzuleiten ist, – und das teilweise in scharfer Auseinandersetzung zu anderen biblischen Texten steht.

Um Gotteswillen – die Bibel als Streitgeschichte

Wer nach dem Thema Frieden in der Bibel sucht, stößt demnach zunächst also auf eine große Spannung, einen großen Streit: Wer ist JHWH, der Gott Israels, und wie steht er zum Mittel der tötenden Gewalt? Und was bedeutet diese Haltung Gottes zum Mittel der tötenden Gewalt für uns, für sein Volk? Wie sollen wir zur Gewalt stehen?

---

4 Walter WINK: Verwandlung der Mächte, 55.

Für Christen ist dieser Streit mit den in der Bergpredigt des Matthäus gesammelten Aussagen Jesu endgültig entschieden. Die Bergpredigt wird allerdings nur richtig verständlich, wenn man sie vor dem Hintergrund dieses grundlegenden fundamentalen Streites um das rechte Gottesverständnis liest, wenn man den langen Weg dieser Auseinandersetzung durch die gesamte Bibel hindurch verfolgt hat.

Schon Genesis 1, bekannt als erster Schöpfungsbericht, setzt einen dramatischen und für die ganze Bibel entscheidenden Gegenakzent zum babylonischen Weltschöpfungsepos „Enuma Elisch".[5] Der Kontrast der biblischen Erzählung in Gen 1 (aber auch Gen 2) zu „Enuma Elisch" ist evident: „Braus Gottes brütend über Urwirbels Antlitz", so übersetzte Martin Buber Gen 1,2. Die eingangs zitierte Aussage in Gen 6,13a steht in der Fluchtlinie dieser so paradiesisch friedlichen Schöpfung. In Gen 6,13a spricht nicht Kemosch. Dieser Gott ist anders. Er ist Schöpfer einer Welt, die verdorben werden kann durch Gewalttat.

Allerdings wird eine Gewalttat Gottes auch in der Genesis erzählt, eine Tat, die an den moabitischen Gott Kemosch durchaus erinnert. Es ist die immer so gerne für Kinder verharmloste und zum bunten Schiff mit Tieren verkitschte Erzählung von der Sintflut in Gen 6-8. Die Sintfluterzählung ist ein dramatischer, brutaler Mythos von einem Gott, der aus dem kulturellen Muster seiner Zeit ausbricht und dann doch wieder dem kulturellen Muster verfällt, ein Gott, der die Gewalt hasst und doch nur mit Gewalt auf Gewalt zu reagieren weiß. Ein kindlicher Exeget brachte auf den Punkt, was Erwachsene oft nicht sehen können: „Da hat der liebe Gott einmal einen Wutanfall gehabt."[6] In der Tat, aus Wut und Verzweiflung über menschliche Gewalttat verfällt Gott noch einmal dem Mythos erlösender Gewalt.

---

[5] Vgl. dazu die eindringliche Analyse bei Walter WINK: Verwandlung der Mächte, 52f.

[6] Vgl. Anton A. BUCHER: „Da hat der liebe Gott einen Wutanfall gehabt" – Gewalttexte in der Bibel. Zwischen Faszination und Trauma. In: Anton A. Bucher u.a. (Hg.): „Im Himmelreich ist keiner sauer". Kinder als Exegeten (Jahrbuch für Kindertheologie 2) Stuttgart 2003, 64-74.

Aber dieser Gott der Sintfluterzählung erkennt seinen Fehler: „Ich will die Erde wegen des Menschen nicht noch einmal verfluchen; denn das Trachten des Menschen ist böse von Jugend an. Ich will künftig nicht mehr alles Lebendige vernichten, wie ich es getan habe" (Gen 8,21). In der Sintflutgeschichte wird Gott als Lernender dargestellt, der etwas verstanden hat von der Unmöglichkeit, mit Gewalt gegen Gewalt vorzugehen.

LERNGESCHICHTEN GEGEN DIE GEWALT

Der Selbstverpflichtung Gottes in Gen 8,21 folgen konkrete Maßnahmen, die auf einen anderen Umgang mit der menschlichen Gewalttat abzielen. So kommt es zur neuen Schöpfungsordnung (Gen 9), mit der „Gott von den Menschen" fordert, die Gewalt „durch rechtliche Sanktionen zu verhindern"[7]. Vor allem aber ist die Berufung des Abraham in Gen 12 vor diesem Hintergrund zu sehen: Gott will in „der gewaltdurchwirkten allgemeinen Menschheitsgeschichte [...] durch ‚Erwählung' einzelner und von Gruppen der ganzen Menschheit einen neuen Weg eröffnen."[8]

Dass diese Interpretation, die im Hirtenwort „Gerechter Friede" breit entfaltet wird, das Richtige trifft, zeigt sich sehr eindrücklich am Verhalten dieses erwählten Abraham zum Beispiel in Gen 13. Hier wird ein geradezu klassisches Konfliktszenario entfaltet: Zu wenig Land und Wasser für zu viel Vieh. Abraham hat eigentlich alle Argumente auf seiner Seite, zumindest alle theologischen Argumente, denn in 12,7 bekam er von Gott selbst dieses Land zugewiesen für seine Nachkommen: „Deinen Nachkommen will ich dieses Land geben". Nun aber, als der Konflikt zwischen seinen Hirten und den Hirten von Lot ausbricht, hat Abraham nicht diese Verheißung im Blick, er denkt an anderes: „Lass doch nicht Zank, Streit sein zwischen mir und dir" (13,8).

---

[7] SEKRETARIAT DER DEUTSCHEN BISCHÖFE (Hg.): Gerechter Friede. Bonn 2000, Nr. 21.
[8] Ebd. Nr. 23.

Abraham denkt an Frieden und an Ausgleich. Er erscheint hier als sehr großzügiger Mensch. „*Land gegen Frieden*", so könnte man aktualisierend das Prinzip nennen, mit dem Abraham den Konflikt löst, ein Prinzip, das bekanntermaßen bis heute in ebenjenem Land des Abraham heiß umstritten ist. Abraham, der Landverschenker, ist auf dem richtigen Weg, denn nach dieser Tat empfängt er noch einmal Gottes Verheißung. Gott belohnt den auf Ausgleich und Frieden bedachten Abraham. Später im Genesisbuch, bei den Auseinandersetzungen zwischen Jakob und Esau, wird in Gen 36,7 auf Gen 13 noch einmal angespielt. Gen 13 ist für die Welt der Genesis eine Modellgeschichte, so soll man handeln, wie der Urahn so die Nachfahren. Schon im Genesisbuch handeln Isaak (Gen 26)[9] und Jakob (vgl. die grundlegende Erzählung von der Kraft der Versöhnung in Gen 32-33) in deutlicher Abraham-Nachfolge; auch Josef, der seinen Brüdern vergeben kann und auf Rache verzichtet (Gen 50), steht in dieser Linie.[10]

Abraham selbst nimmt seinen Auftrag, ‚der ganzen Menschheit einen neuen Weg zu eröffnen', auch Gott gegenüber ernst. In Gen 18,16-33 fällt er Gott ins Wort bzw. ins Handeln: „Fern sei es von dir, so etwas zu tun: den Gerechten zusammen mit dem Frevler töten. Dann ginge es ja dem Gerechten wie dem Frevler. Das sei fern von dir. Sollte der Richter der ganzen Erde nicht Recht üben? (Gen 18,25). Gott lenkt ein, gibt Abraham Recht. So wie später, viel später, ein gewisser David, späterer König von Israel, damals noch ein von Erpressung lebender Rebell, einlenken wird, als ihm eine Frau, Abigail/Abigajil, ins Wort und ins Handeln fällt: „sollst du nicht darüber stolpern und dein Gewissen soll meinem Herrn nicht vorwerfen können, dass du ohne Grund Blut vergossen hast" (1 Sam 25,31). Was David von dieser Frau gelernt hat in Sachen gewaltloses, friedliches Handeln,

---

[9] Vgl. zu dieser Erzählung Thomas NAUERTH: Nicht kämpfen! Predigt zum Gottesbild in Gen 26,14-22. In: Katechetische Blätter 119 (1994) 623-626.

[10] Vgl. Elisabeth ZIBULLA: Zurück zur Genesis. Rabbiner Jeremy Milgrom über Judentum und Gewaltfreiheit. In: Pax-Zeit 4/2003, 10: „Man müsse sich wieder an der Genesis orientieren: Abraham und seine Angehörigen haben sich gewaltlos arrangiert, als der Platz für alle zu eng wurde."

kann man dann in 1 Sam 24 und 1 Sam 26 nachlesen.[11] Überhaupt ist im Alten Testament viel von den Frauen zu lernen, von den Hebammen zum Beispiel, die in Ex 1 das Volk Israel retten, ganz ohne Gewalt, nur mit listiger Tücke, eine Listigkeit, die Gott offenkundig sehr gefällt (vgl. Ex 1,20-21); auch der kleine Mose wäre nie zu einem großen Propheten geworden, wenn nicht seine Schwester, die Tochter des Pharao und seine Mutter in verschwiegen listiger Eintracht miteinander kooperiert hätten (Ex 2,1-10). David hat später zu lernen von Rizpa (2 Sam 21), und Joab, sein Heereschef, lernt von der Frau von Abel-Bet-Maacha (2 Sam 20).[12]

Auch von den Propheten soll Israel lernen, und der Leser, die Leserin der Bibel auch. In 2 Kön 6 findet sich mitten in blutigen Kriegserzählungen eine wohl direkt vom Himmel dort hineingefallene Friedensutopie, in der die himmlischen Heerscharen nicht zum Gegenkrieg benötigt werden, sondern nur zur Tröstung des ängstlichen Dieners des Propheten; in dem der Prophet mit einer Listigkeit, die an die Hebammen aus Ägypten erinnert, eine feindliche Armee mitten in die Hände des Königs von Israel führt und in der dieser König den Propheten höflich fragt, was mit den gefangenen Feinden zu tun sei: „Soll ich sie totschlagen, mein Vater?" Der Prophet Elischa aber lehnt ab und schlägt ein gemeinsames Mahl vor. Mit Erfolg: „Seitdem kamen keine aramäischen Streifscharen mehr in das Land Israel" (2 Kön 6,23).[13]

Am Anfang des großen Jesajabuches steht mit Jes 2,1-5 die Vision von der kommenden Wandlung der Schwerter zu Pflug-

---

[11] Vgl. zu diesem erzählerischen Triptychon 1 Sam 24–26 die Beobachtungen bei Thomas NAUERTH: „Ausgeliefert hat Gott heute deinen Feind" (1 Samuel 26,8). Beobachtungen zum Gottes- und Davidsbild in der Hebräischen Bibel. In: Klara BUTTING / Gerard MINAARD / Thomas NAUERTH / Christian REISER (Hg.): Träume einer gewaltfreien Welt. Bibel - Koran - praktische Schritte. Wittingen 2001, 86-92.

[12] Vgl. zu diesen verblüffenden weiblichen Perspektiven Thomas NAUERTH: Die Hoffnung aber ist weiblich. Beobachtungen zum Thema „Gewalt überwinden" in den Samuelbüchern. In: Christenlehre – Religionsunterricht – Praxis 54 (2001) 8-11.

[13] Vgl. ausführlicher Thomas NAUERTH: Die Geschichten werden sich noch wundern – Christliche Anthropologie aus friedenstheologischer Perspektive. In: forum religion (4/2005) 39-41.

scharen, wenn alle Völker so auf den Gott Israels hören, wie der König von Israel in der Elischageschichte auf den Propheten gehört hat; auch beim Propheten Micha findet sich diese Vision, in der es heißt, „ein jeder sitzt unter seinem Weinstock und unter seinem Feigenbaum und niemand schreckt ihn auf". Besser lässt sich der Gehalt von Wort und Sache des Friedens wohl nicht fassen. Der Prophet Micha beendet diese Vision dann mit dem trotzigen Bekenntnissatz: „Auch wenn alle Völker ihren Weg gehen, ein jedes im Namen seines Gottes, so gehen wir schon jetzt im Namen des HERRN, unseres Gottes, für immer und ewig" (Mi 4,5).

Der Weg zur Bergpredigt ist von hier aus nicht mehr sehr weit.[14]

DEIN REICH KOMME

In der Bergpredigt werden in den Seligpreisungen nicht nur die Konsequenzen aus den vielen Lerngeschichten gewaltfreien Handelns des Alten Testaments gezogen, sondern Jesus lehrt auch zu beten: „Dein Reich komme". Wie dieses Reich sein wird, lässt sich bereits bei Jesaja lernen: „Der Wolf findet Schutz beim Lamm, der Panther liegt beim Böcklein. Kalb und Löwe weiden zusammen, ein kleiner Junge leitet sie. [...] Der Säugling spielt vor dem Schlupfloch der Natter und zur Höhle der Schlange streckt das Kind seine Hand aus. Man tut nichts Böses und begeht kein Verbrechen auf meinem ganzen heiligen Berg; denn das Land ist erfüllt von der Erkenntnis des HERRN" (Jes 11, 6-9).

Bis dahin, bis zum endgültigen Kommen dieses Gottesreiches, aber gilt, was einer der frühesten und besten Ausleger der

---

[14] Zur Interpretation der Bergpredigt vgl. insbesondere den Beitrag von Georg STEINS in diesem Buch und ansonsten die „Materialien zu Gewaltverzicht und Feindesliebe in der Bergpredigt" unter https://www.bibelunddidaktik.uni-osnabrueck.de/materialien-zu-gewaltverzicht-und-feindesliebe-in-der-bergpredigt.

Bergpredigt (so das Urteil des Erasmus) in folgender Weise beschrieben hat:

„Die Liebe sei ohne Heuchelei.
Verabscheut das Böse, haltet fest am Guten!
Seid einander in brüderlicher Liebe zugetan,
übertrefft euch in gegenseitiger Achtung! […]
Segnet eure Verfolger; segnet sie, verflucht sie nicht! […]
Vergeltet niemandem Böses mit Bösem!
Seid allen Menschen gegenüber auf Gutes bedacht!
Soweit es euch möglich ist, haltet mit allen Menschen Frieden!
Übt nicht selbst Vergeltung, Geliebte, sondern lasst Raum
für das Zorngericht Gottes; denn es steht geschrieben:
Mein ist die Vergeltung, ich werde vergelten, spricht der Herr.
Vielmehr:
Wenn dein Feind Hunger hat, gib ihm zu essen,
wenn er Durst hat, gib ihm zu trinken;
tust du das, dann sammelst du glühende Kohlen auf sein Haupt.
Lass dich nicht vom Bösen besiegen, sondern
besiege das Böse durch das Gute!

(Röm 12,9-21*)

Für uns nimmt diese
Prophezeiung Fleisch an

Die Christen, die zweifeln und versucht sind, jedweder Form
von Gewalt nachzugeben, lade ich ein, sich an diese
Verkündigung aus dem Buch Jesaja zu erinnern:
„Dann werden sie ihre Schwerter zu
Pflugscharen umschmieden" (Jes 2,4).
Für uns nimmt diese Prophezeiung Fleisch an in Jesus Christus,
der dem von der Gewalt versuchten Jünger entschieden sagte:
„Steck dein Schwert in die Scheide; denn alle, die zum Schwert
greifen, werden durch das Schwert umkommen" (Mt 26,52).
Das war ein Echo jener alten Warnung:
„Für das Leben des Menschen fordere ich Rechenschaft von
jedem, der es seinem Bruder nimmt. Wer Blut eines
Menschen vergießt, um dieses Menschen willen
wird auch sein Blut vergossen" (Gen 9,5-6).
Diese Reaktion Jesu, die seinem Herzen entsprang,
überwindet die Distanz der Jahrhunderte
und reicht bis ins Heute als beständige Mahnung.

Papst FRANZISKUS, Enzyklika „Fratelli Tutti.
Über die Geschwisterlichkeit und
die soziale Freundschaft" (2020), Nr. 270

Zur Theologie des Friedens und der Frage nach Gewaltfreiheit

Eine aktuelle Erinnerung an Helmut Gollwitzer

Gottfried Orth

In den 1970er und 1980er Jahren war es Helmut Gollwitzer, der in klarsichtiger politischer Analyse und hellsichtiger theologisch-ethischer Argumentation die Friedensfrage mit der Gewaltfrage verknüpft hat.[1]

Die politische Klarheit lag darin begründet, dass er nicht in abstrakter Weise – eine Gefahr, die ich in der gegenwärtigen kirchlichen und theologischen Friedensdiskussion sehe – eine Debatte um einen gerechten Frieden anstoßen wollte, sondern vielmehr die Diskussion folgender Fragen als entscheidend ansah: Können Staaten als Vertreter kapitalistischer Interessen überhaupt das „Menschenrecht auf Frieden" auch nur ansatzweise verwirklichen? Und wenn nicht, was bedeutet dies für Friedensarbeit? Und: Wie verhält sich revolutionäre Gewalt zu ‚soldatischem, polizeilichem oder Untertanen-Gehorsam gegenüber einer lediglich ihren Klasseninteressen dienenden Obrigkeit'?

Die theologisch-ethische Hellsichtigkeit lag darin, dass Gollwitzer im Zusammenhang dieser politischen Analyse sowie seines biblisch- und systematisch-theologischen Denkens es für notwendig ansah, die bisherige Fixierung der theologischen Ethik auf die legitima potestas – also auf die Gewalt von oben – aufzu-

---

[1] Helmut GOLLWITZER: Zum Problem der Gewalt in der christlichen Ethik. In: Ders.: … dass Gerechtigkeit und Friede sich küssen. Aufsätze zur politischen Ethik. Bd. 1 (hg. v. Andreas Pangritz) München 1988, 100-124; DERS.: Friede als Menschenrecht. In: a.a.O., 226-243. Vgl. dazu auch Andreas PANGRITZ: Der ganz andere Gott will eine ganz andere Gesellschaft. Stuttgart 2018, 95.

geben. Damit verbunden konnte er auch die generelle Verurteilung der Gewalt von unten – also der revolutionären Gewalt – weder theologisch noch politisch akzeptieren.[2]

Erst in diesem doppelten politisch-theologischen Zusammenhang machte für Gollwitzer die Frage nach der Gewaltfreiheit christlicher wie anderer Gruppen und Bewegungen Sinn. Er konkretisierte die Fragen des Friedens und der Gewaltfreiheit im Kontext des bürgerlichen Staates innerhalb kapitalistischer Ökonomie. In diesem Diskussionsrahmen gewann dann für ihn die altkirchliche theologisch-ethische Frage nach Kriterien eines gerechten Krieges neue Bedeutung – und zwar nicht hinsichtlich der Gerechtigkeit von Kriegen, diese Frage war für Gollwitzer mit dem Atomzeitalter erledigt[3], sondern hinsichtlich ‚gerechter Revolutionen‘.

Hinter diese komplexe Reflexionsebene und ihre politische Klar- wie ihre theologische Hellsichtigkeit sollte m. E. die gegenwärtige Debatte um Gewalt und Gewaltfreiheit gerade hinsichtlich der übernationalen Einsätze der Bundeswehr und ihre mit den Notstandsgesetzen gegebenen innerstaatlichen Handlungsmöglichkeiten nicht zurückfallen. So skizziere ich zunächst Gollwitzers Denken zu den Themen „Gewalt", „Gewaltfreiheit" und „Menschenrecht auf Frieden" und formuliere abschließend fünf Kriterien für eine Theologie des Friedens heute.

---

[2] Helmut GOLLWITZER: Zum Problem der Gewalt in der christlichen Ethik, 123. Damit bedenkt Gollwitzer die Friedens- und Gewaltfrage im gleichen Zusammenhang wie Dietrich Bonhoeffer, vgl. dazu zusammenfassend Detlef BALD: „Wie wird Friede? In: Verantwortung. Zeitschrift des dbv. Sonderheft: Bonhoeffers Erbe. 2019, 13-17 und DERS.: „…die Bergpredigt ernst nehmen". In: a.a.O., 18-24. Dazu auch: Schalom BEN-CHORIN: Grenzen der Gewaltfreiheit. In: A. Baudis u.a. (Hg.): Richte unsere Füße auf den Weg des Friedens. Helmut Gollwitzer zum 70. Geburtstag. München 1979, 319-328. Was für Bonhoeffer die Beteiligung am Attentat auf Adolf Hitler war, das war – wenn auch in anderen Dimensionen – für Gollwitzer die Beteiligung an der Spendensammlung der taz „Waffen für El Salvador"; vgl. dazu Helmut GOLLWITZER: Waffen für El Salvador. In: Ders.: … dass Gerechtigkeit und Friede sich küssen. Aufsätze zur politischen Ethik. Bd. 2. München 1988, 334-339.

[3] Vgl. Helmut GOLLWITZER: Die Christen und die Atomwaffen. In: Ders.: … dass Gerechtigkeit und Friede sich küssen. Aufsätze zur politischen Ethik. Bd. 2, 48-63.

Aus der grundlegenden Gotteserfahrung christlichen Glaubens, die durch Gottes Gewaltverzicht bestimmt ist, folgt für Christinnen und Christen, dass „Beteiligung an Gewaltanwendung für Jünger Jesu zunächst das schlechthin Ausgeschlossene, weil Verabscheuungswürdige" ist.[4] Gewaltfreiheit soll die Überwindung der Gewaltanwendung voranbringen.

Mit der konstantinischen Wende wurde aus der ‚Kirche als einer systemtranszendenten Gruppe eine systemstabilisierende Institution': „Die Beteiligung an der staatlichen Gewalt wird jetzt zur christlichen Pflicht."[5] Und genau an diesem Punkt der Entwicklung wird es zur entscheidenden Frage, ob christliche Ethik den Staat abstrakt dem „abstrakten Menschen"[6] gegenüberstellt oder ihn konkret zu verstehen sucht als die Institution, die einerseits Rechtsfrieden für alle aufrechterhalten soll und zum andern dem Erhalt des bestehenden Privilegiensystems dient.

> „Das herrschende Recht ist das Recht der Herrschenden, die mit ihm ihre Privilegien sichern und das Recht gegen eine radikale Änderung zugunsten der Unterprivilegierten einsetzen. […] Die Lehre von der christlichen Pflicht zur Teilnahme am staatlichen Gewaltmonopol und zu dessen Respektierung wurde damit zur einseitigen theologischen Legitimierung der Klassengesellschaft; denn die legitima potestas, die hier theologisch bejaht wurde, war und ist bis heute Klassenpotestas."[7]

Die Reich-Gottes-Verkündigung Jesu ernst genommen hat freilich zur Folge, dass

---

[4] Helmut GOLLWITZER: Zum Problem der Gewalt in der christlichen Ethik, 104.

[5] Helmut GOLLWITZER: Zum Problem der Gewalt in der christlichen Ethik, 110.

[6] Karl MARX: Das Kapital. Bd. 1 (MEW Bd. 23) Berlin/DDR 1972, 93. Hier spricht Marx vom „Kultus des abstrakten Menschen", den das Christentum und insbesondere der Protestantismus pflege. Vgl. dazu auch Daniel BERRIGAN: „Die große Sünde ist die Abstraktion." Zitiert in: Fulbert STEFFENSKY: Fragmente der Hoffnung. Stuttgart 2019, 73.

[7] Helmut GOLLWITZER: Zum Problem der Gewalt in der christlichen Ethik, 113 f.

„die bisherige Fixierung der theologischen Ethik auf die legitima potestas – also auf die Gewalt von oben – und die generelle Verurteilung der Gewalt von unten – also der revolutionären Gewalt – aufgegeben werden muss. […] Wenn es um den Sturz unerträglicher Staatsgewalt geht, dann wird dem alle Gewalt vom Zentrum seines Glaubens verabscheuenden Christen die Beteiligung an revolutionärer Gewalt, die der pervertierten Staatsgewalt entgegentritt, näher liegen als der soldatische oder polizeiliche oder Untertanen-Gehorsam gegen eine nur ihrem Klasseninteresse dienende Obrigkeit."[8]

Gollwitzers theologisch-politische Positionsbestimmung im Blick auf Befreiungsbewegungen und eine revolutio iusta ist damit klar formuliert. Sie reicht bis zu Gollwitzers wohlüberlegter Spende für „Waffen für El Salvador."[9]. Diesem Ja entspricht Gollwitzers ebenso klares Nein zur Beteiligung von Christen an modernen zwischenstaatlichen Kriegen, die ‚alle ungerechte, vor Gott in keiner Weise zu verantwortende Kriege sind, was von den Kirchen längst eingestanden ist', „aber sie sind unfähig, daraus die Konsequenzen zu ziehen, weil sie selbst eingebunden sind in die bestehende Gesellschaft, weil sie diese Gesellschaft nicht mehr in Frage stellen, sondern nur noch bestätigen."[10]

Ich setze ein zweites Mal bei dem Gedanken ein, dass es eine Aufgabe des Staates ist, Rechtsfrieden herzustellen. Gollwitzer formuliert: „So ist Frieden die erste Absicht jeder Rechtsregelung, historisch wie sachlich."[11] Freilich ist die Rechtsregelung in Klassengesellschaften nicht an den Bedürfnissen aller orientiert, sondern – wie erwähnt – an denen der herrschenden Schichten, die sich „primär die Erhaltung ihrer Privilegien an Macht, Güteranteil, Lebensentfaltung usw." sichern und erst sekundär „zur Erzielung und Erhaltung von Massenloyalität als Herrschaftssicherung" daran interessiert sind, den Rechtsfrieden allen zu ge-

---

[8] Helmut GOLLWITZER: Zum Problem der Gewalt in der christlichen Ethik, 123.
[9] Vgl. Helmut GOLLWITZER: Waffen für El Salvador.
[10] Helmut GOLLWITZER: Zum Problem der Gewalt in der christlichen Ethik, 115.
[11] Helmut GOLLWITZER: Frieden als Menschenrecht, 229.

währen und zuzusichern.[12] Bedroht sieht Gollwitzer die innerstaatliche Friedenszusage einmal von innen, wenn die Massenloyalität zerbricht, und zum andern von außen durch andere Staaten. So sucht sich der Staat durch Gewalt nach außen wie nach innen zu schützen. Gollwitzer formuliert 1983 und dies gilt m. E. uneingeschränkt und erst recht 2019:

> „Die Folge für den einzelnen zeigt sich dann immer beängstigender: das Angewiesensein auf den Rechtsfrieden durch das Kollektiv und darum meine Verpflichtung zum Schutz meines Kollektivs wird zum Zwang, dem Kollektiv das wiederzugeben, was ich von ihm erhalte, nämlich Schutz, als Teil für das Ganze mich zu opfern. Aus dem Schutz, den das Kollektiv mir gibt, legitimiert das Kollektiv den Anspruch an mich. Es bedroht also der Schutz das, was er schützt; mein Recht auf Leben. […] In der ganzen Geschichte züchten die Bürger mit den Schützern ihrer Rechte zugleich die Totengräber ihrer Rechte. Das ist das historische Dilemma von Staat, Militär und Frieden. Die Beherrschten müssten also jetzt dieses Verhältnis vom Schutz ihrer Rechte durch Androhung und Anwendung von Gewalt und Aufs-Spiel-Setzen ihrer Rechte oder Opferung ihrer Rechte kritisch reflektieren. Darum geht es heute"[13]

Diese kritische Reflexion aber wird durch zwei Entwicklungen erschwert: zum einen dadurch, dass politische Partizipation bei Themen wie Rüstungspolitik, Rüstungsproduktion, erst recht bei Entscheidungen über Krieg und Frieden ersetzt ist durch Bürokratie und externe Beratungseliten. „Die Kriegsmittel sind totalitär und machen den Staat totalitär."[14] Zum andern wird die nationalstaatliche Souveränität in Frage gestellt oder aufgehoben; dies lässt sich beispielsweise gegenwärtig nicht lediglich auf nationalstaatlicher Ebene beobachten, sondern auch auf der Ebene

---

[12] Helmut GOLLWITZER: Frieden als Menschenrecht, 231f.
[13] Helmut GOLLWITZER: Frieden als Menschenrecht, 235 und 237.
[14] Helmut GOLLWITZER: a.a.O. 240.

der Europäischen Union gegenüber den USA. Trotz anderweitiger bzw. gegensätzlicher politischer Interessen hat sich die Europäische Union aus ökonomischen und finanzpolitischen Gründen der US-amerikanischen Kriegsvorbereitungspolitik gegenüber dem Iran zu unterwerfen.

Friedenspolitik wie zivilgesellschaftliche oder kirchliche Arbeit für den Frieden, politische und gesellschaftliche Arbeit für eine Einsetzung des Menschenrechtes auf Frieden bedeutet deshalb nichts Geringeres als ein „Wieder-politikfähig-Werden" nicht lediglich einzelner Staaten oder der Europäischen Union, sondern auch der nationalstaatlich organisierten Gesellschaften hinsichtlich einer „Subjektpartizipation aller Beteiligten dieser Gesellschaft(en). Erst damit wird das Menschenrecht auf Frieden, um das es den Menschen von jeher in so verschiedener Weise, heuchlerisch und aufrichtig, ging, realisierungsmöglich."[15] So hatte es einen guten Grund, dass Gollwitzer in seiner Rede bei der Friedensdemonstration für Abrüstung und Entspannung in Europa am 10. Oktober 1981 in Bonn sagte:

„Jetzt kommt eine neue, eine echte Weise von Demokratie: Wir kümmern uns selbst um unsere Sicherheit, wir informieren uns selbst, wir urteilen selbst, und wir mischen uns ein. […] Demokratie heißt nicht: Vertrauen zur Obrigkeit, sondern: misstrauische Kontrolle der Politiker durch die Bürger, heute erst recht."[16]

Dies gilt heute 2019 in besonderer Weise, wenn wir beispielsweise wissen, dass die Regierung der Großen Koalition in den Koalitionsverhandlungen beschlossen hat, Rüstungsexporte an Staaten, die am Jemen-Krieg beteiligt sind, einzuschränken, und dann erfahren, dass dieser Beschluss das Papier nicht wert ist, auf dem er geschrieben wurde. Eben diese Koalition hat zwi-

---

[15] Helmut GOLLWITZER: a.a.O. 243.
[16] Helmut GOLLWITZER: Traut euch die Augen aufzumachen! In: Ders.: … dass Gerechtigkeit und Friede sich küssen. Aufsätze zur politischen Ethik. Band 2, 331-333. 331.

schen dem 1. Januar und dem 5. Juni 2019 allein 13 Exporte für 801,8 Millionen Euro nach Ägypten und 43 Exporte für 206,1 Millionen Euro an die Vereinigten Arabischen Emirate genehmigt.[17]

Was folgt aus diesen aktuellen Erinnerungen für eine heute zu entwickelnde Friedenstheologie? Ich nenne fünf Kriterien für eine Friedenstheologie, die Abschied nimmt vom „abstrakten Menschen" und vom „abstrakten Staat".

Wenn es um friedenstheologische Überlegungen geht:

1. geht es um den Staat: Mit der Frage nach dem Staat und der Kirchen Verhältnis zu diesem greift Gollwitzer, ohne darauf Bezug zu nehmen, einen Diskussionsstrang der älteren Friedenstheologie[18] auf, wenn dort das Verhältnis der Christ*innen zum Staat als zentrale Frage in der theologischen Friedensdebatte diskutiert wurde;
2. geht es um den jeweils konkret vorfindlichen Staat, wie ich es oben in aller Kürze angedeutet habe. Abstrakte Diskussionen um Kirche und Staat sind nicht lediglich fruchtlos, sondern sie verschleiern die tatsächlichen ökonomischen, gesellschaftlichen und internationalen Problemlagen;
3. geht es um die Fragen von Gewalt und Gewaltfreiheit. Eine aktuelle politische und gesellschaftliche Kontextualisierung erscheint mir gerade für emotional hochbesetzte theologische Themen von zentraler Bedeutung;

---

[17] Dies geht aus einer Antwort des Wirtschaftsministeriums auf eine Anfrage des Grünen-Abgeordneten Omid Nouripour hervor, die der Deutschen Presse-Agentur (16. Juni 2019) vorliegt. Hinzukommt, dass eben diese Regierung sogar zwei Rüstungsgeschäfte mit Saudi-Arabien genehmigt hat, obwohl für das Land seit November 2018 eigentlich ein kompletter Exportstopp gilt.

[18] Vgl. beispielsweise Jean LASSERRE: Der Krieg und das Evangelium: München 1956, 92 ff. (II. Teil. Die Unterordnung des Christen unter den Staat) und George MAC GREGOR: Friede auf Erden? Biblische Grundlegung der Arbeit am Frieden. München 1955, Kap VII: Christus und der Kaiser (beide Arbeiten sind zugänglich auch in: Thomas NAUERTH, Hg.: Handbibliothek Christlicher Friedenstheologie. Berlin 2004, 4390 ff).

4. geht es ebenso um die Kontextualisierungen biblischer Aussagen insbesondere zu den Themen „Gewalt", „Gewaltfreiheit", „Frieden" und „Staat" resp. „Obrigkeit"[19];

5. geht es um die Verschränkungen aktueller und biblischer Kontextualisierungen, woraus sich erst konkrete theologische und politische Aussagen und deren ethische Konsequenzen formulieren lassen.

Ich bin der festen Überzeugung, dass erst innerhalb solch ebenso kontextueller und deshalb konkreter theologischer Arbeit deutlich werden kann, dass ,der ganz andere Gott eine ganz andere Gesellschaft will'[20] – und wie diese Gesellschaft Gestalt gewinnen kann.

---

[19] Vgl. dazu die exegetischen Überlegungen von Mark Nanos zu Röm 13: Mark NANOS: The Mystery of Romans. The Jewish Context of Paul's Letter. Minneapolis 1996 und Michael WOLTER: Der Brief an die Römer (EKK NF V 12) Göttingen 2018.

[20] Vgl. Helmut GOLLWITZER: Veränderung im Diesseits. In: Ders.: Ich frage nach dem Sinn des Lebens. München 1974, 62. Vgl. auch Ders.: Bemerkungen zur materialistischen Bibellektüre. In: Ders.: Umkehr und Revolution. Aufsätze zu christlichem Glauben und Marxismus. Band 1 (Hg. v. Chr. Keller) München 1988, 244-265. 263 und Andreas PANGRITZ: Der ganz andere Gott will eine ganz andere Gesellschaft. Stuttgart 2018.

Friedenstheologie ist wie ein Baum

Rainer Schmid

Friedenstheologie ist wie ein Baum. Die Wurzeln sind Jesus Christus. Friedenstheologie orientiert sich an Jesus Christus. Zurück zu den Wurzeln! Zurück zur Quelle! Re-formieren heißt zurück-formen. Ecclesia semper reformanda – auch heute! Die Kirchen, auch die so genannten Volkskirchen, sollten sich in ihrer Lehre nicht an Mitgliederzahlen und Steuereinnahmen orientieren, sondern an Jesus Christus.

Bei Theologen, die militärische Mittel rechtfertigen, fällt mir auf, dass ihre Argumentationsbäume an der falschen Stelle wurzeln. Zum Beispiel argumentiert Militärdekan Hartwig von Schubert in seinem Buch „Pflugscharen und Schwerter"[1] mit Sokrates, Kant und der angeblichen Vernunft. Dagegen steht bei ihm Jesus Christus wie ein Statist in der dritten Reihe.

Es gibt Bibelstellen, bei denen die Theolog*innen sich im Großen und Ganzen einig sind, dass sie ein echtes Jesus-Wort oder zumindest einen echten Jesus-Gedanken enthalten. Ich schätze die Zahl dieser Stellen auf ungefähr dreißig. Meine Beobachtung ist, dass es an diesen Bibelstellen auffällig oft um das Reich Gottes geht. In den Gleichnissen, Seligpreisungen und im Vaterunser spielt das Reich Gottes eine wichtige Rolle.

Wie gehören die verschiedenen Puzzleteile der Verkündigung Jesu zusammen? Seine Themen waren: Heilen, Helfen, Teilen, Nächstenliebe, Feindesliebe, Außenseiter einladen, Sünden vergeben, das Fest feiern, Gott als nahe verkünden, Gott als guten Hirten und Gott als guten Vater verkündigen. Aus diesen Puzzleteilen kann man mühelos das Bild vom anbrechenden

---

[1] Hartwig von SCHUBERT: Pflugscharen und Schwerter. Plädoyer für eine realistische Friedensethik. Leipzig 2018. Von Schubert wird von der Bundeswehr bezahlt. Er arbeitet an der Führungsakademie der Bundeswehr in Hamburg.

Gottesreich zusammensetzen. Wenn man aber versucht, aus denselben Puzzleteilen andere Bilder zusammenzusetzen, bleiben Teile übrig. Oder man muss Puzzleteile mit Gewalt ins Bild drücken.

Jesus Christus wollte nicht als stellvertretendes Sühnopfer sterben. Bereits im Alten Testament steht: Gott will Liebe, nicht Opfer! Auch ging es Jesus von Nazaret nicht darum, sich selbst ins Zentrum seiner Verkündigung zu stellen. Sondern sein Anliegen war, das nahe Gottesreich anzusagen und zu leben.

Wenn Jesus vom „Reich Gottes" spricht, meint er kein Land im Jenseits oder in der fernen Zukunft, keinen Ort im Herzen und auch kein transzendentes Bewusstsein. Denn Jesus Christus denkt hebräisch, das heißt diesseitig. Das Reich Gottes umfasst die ganze Welt: Himmel und Erde, Mensch und Tier, Leib und Seele. Die ganze Welt ist dabei sich zu verwandeln, in kleinen oder größeren Schritten. Es gibt aber auch Rückschritte.

Wo immer Menschen miteinander teilen und einander helfen, beginnt das Reich Gottes. Es ist wie eine neue Zeit, die mitten in der alten Zeit beginnt. Es ist wie eine neue Welt, die mitten in der alten Welt beginnt. Das Reich Gottes ist wie ein anderer Machtbereich, in dem andere Regeln gelten. Noch herrschen an vielen Orten dieser Welt die Waffen, das Geld und die Gleichgültigkeit. Das ist die Dunkelheit. Aber Jesus Christus ist wie das Licht, das in der Dunkelheit aufgeht. In seiner Gegenwart teilen Menschen miteinander, helfen einander und verzichten auf Waffengewalt.

Noch einmal das Bild vom Baum. Der Stamm des Baumes, das sind jene Menschen, die durch die Jahrhunderte hindurch Jesus Christus nachgefolgt sind. Sie waren ihrer Zeit voraus. Diese Menschen wurden oft ausgegrenzt und verjagt, verhöhnt und verhört, gequält und getötet. Michael Sattler wurde geviertelt, seine Frau Margareta ertränkt. Otto Umfrid nannte man Friedenshetzer. So ist es bis heute. Wer die Glaubensbekenntnisse der Militärfreunde in Frage stellt, zum Beispiel das „Bekenntnis zu Bundeswehr und NATO", stößt oftmals auf Ablehnung, auch in der Kirche.

Die Äste des Baumes berühren die Äste der Nachbarbäume, das sind die anderen Religionen und Wissenschaften. Gedanken – zum Beispiel über den Nutzen gewaltfreier Aktionsformen – können leicht von einem Baum zum anderen springen. Unter den Zweigen und in der Baumkrone ist Platz für die unterschiedlichsten Menschen, Tiere und Gedanken.

Bei Jesaja umfasst das zukünftige Friedensreich auch die Tiere. Wolf und Lamm werden beieinander wohnen. Die Löwen werden Vegetarier, so Jesaja 65. Friedenstheologen treten oft auch für die Rechte der Tiere ein. Schlachtfelder und Schlachthöfe, beides gehört überwunden.

Friedenstheologie denkt global. Wir denken auch an Klimaschutz, Migration, Genderfragen, fairen Handel und vieles andere. Aber nicht jede Organisation muss alle Themen bearbeiten. Wir sollten die Arbeit teilen. Wir sollten in der Friedenstheologie zwar andere Themen mitdenken, aber uns hauptsächlich auf die eine Frage konzentrieren: Dürfen wir angesichts dessen, was Jesus Christus gesagt und getan hat, Waffen benutzen oder nicht.

Mir ist aufgefallen: Christen trauen Christus oft zu wenig zu – vor allem zu wenig Vernunft! Man denkt, seine Anleitung zu gewaltfreiem Handeln sei unvernünftig. Aber die Geschichte zeigt, wie vernünftig gewaltfreie Methoden sind. Die Revolution in der DDR wurde im Jahr 1989 mit gewaltfreien Mitteln durchgeführt. Ebenfalls die Revolution auf den Philippinen im Jahre 1986 und die Revolution in Liberia 2003.[2] Die meisten Konflikte weltweit werden mit gewaltfreien Mitteln bearbeitet.

Nicht nur diese Erfahrungen, sondern auch die Kosten-Nutzen-Rechnung spricht für zivile Methoden. Denn militärische Mittel kosten viel, die Kosten des Wiederaufbaus, die Umweltkosten, die Kosten für Waffen und Soldaten, und vor allem die „humanitären Kosten" sind hoch. Sie stehen in keinem Verhältnis zum erzielten Nutzen. Zivile Methoden sind außerdem nachhaltiger. Es ist leichter, nach einer gewaltfreien Revolution eine

---

[2] Weitere Beispiele in „Gewaltfreiheit wirkt! 55 Erfolge für die Gewaltfreiheit aus den vergangenen hundert Jahren" (hg. von Church and Peace, Pax Christi und dem Deutschen Mennonitischen Friedenskomitee) 2016.

zivile Regierung zu etablieren als nach einer bewaffneten Revolution. Daraus folgt: Mit der Bergpredigt lässt sich Politik machen, und zwar bessere Politik. Pazifisten sind die besseren Realisten und Verantwortungsethiker. Nicht umsonst steht in der Bibel: Christus ist der Logos, also die Vernunft.

Friedenstheologie ergreift Partei für „die da unten". Jesus wurde in einem Stall geboren und er starb am Kreuz. Er wurde ein Opfer der römischen Weltmachtpolitik. Maria singt: „Der HERR stürzt die Mächtigen vom Thron und erhöht die Niedrigen. Die Hungernden beschenkt er mit seinen Gaben und lässt die Reichen leer ausgehen." (Lk 1,52f)

Friedenstheologie rechtfertigt weder die Gewalt von oben noch die Gewalt von unten. Die Wut der Unterdrückten ist verständlich. Aber Jesus war kein Zelot. In Wappen werden oft Raubtiere dargestellt: Adler, Bär und Löwe. Aber Jesus Christus war nicht wie ein Raubtier, sondern wie ein Lamm. Am Ende gewinnt das Lamm, nicht die Raubtiere. (Offb 21)

Friedenstheologie unterscheidet die Geister. Die etwa 200 Militärgeistlichen sind Bundesbeamte, bekommen ihr Geld von der Bundeswehr, haben ihre Büros in Kasernen, benutzen Fahrzeuge der Bundeswehr und tragen im Auslandseinsatz militärische Kleidung. Bei der Militärseelsorge herrscht aufgrund dieser starken militärischen Einbindung größtenteils der Geist des Militärs. Der Geist unseres Friedefürsten (Jes 9) widerspricht aber dem Geist des Militärs. Kreuze passen nicht auf Panzer und Kriegsflugzeuge. Bundeswehrkonzerte passen nicht in das „Haus des Herrn". Derzeit gibt es etwa 100 Militärkonzerte in evangelischen und katholischen Kirchen pro Jahr.

Friedenstheologie fordert deshalb auch unbequeme Dinge, wie die Abschaffung von Bundeswehr und NATO, die Konversion von Kasernen und Rüstungsfirmen, ein Ende der Militärkonzerte in Kirchen, und dass die Kirchen die Soldatenseelsorge wieder – wie es in den östlichen Landeskirchen zur Zeit der DDR üblich war – in die eigene Hand nehmen sollten.

Friedenstheologie ist einfach. Eine Kollegin warf mir an den Kopf, ich würde eine „Babytheologie" vertreten. Ich verstehe das als Kompliment, denn in Mk 10,15 steht: „Wer das Reich Gottes nicht empfängt wie ein Kind, der wird nicht hineinkommen." Militärtheologen behaupten gerne, die sicherheitspolitische Situation sei heute komplizierter als jemals zuvor. Der Gegner führe asymmetrische und hybride Kriege. Deshalb gäbe es heute keine einfachen Lösungen mehr. Schwarz-Weiß-Denken sei nicht mehr angebracht, sondern man müsse ein breites Spektrum von zivilen, polizeilichen und militärischen Antworten bereithalten. Aber ich sage: Auch zur Zeit Jesu waren die Verhältnisse kompliziert. Seine Antwort war trotzdem einfach. Er hat Waffengewalt abgelehnt.

Im Bereich der evangelischen Landeskirchen kann man es nicht oft genug sagen: Friedenstheologie hat – ähnlich wie Diakonie – nichts mit Werkgerechtigkeit zu tun, nichts mit Zeigefinger-Moral. Sondern mit der Nachfolge Jesu und dem Leben in seinem Geist.

Friedenstheologie sollte an den Universitäten viel stärker wahrgenommen werden. Bisher gibt es in Deutschland nur einen einzigen Lehrstuhl für Friedenstheologie, der ist in Hamburg und mit einem mennonitischen Theologen besetzt. Ich meine, an jeder theologischen Fakultät sollte ein Lehrstuhl Friedenstheologie eingerichtet werden!

Glücklich sind die Frau, der Mann, die
nicht nach den Machenschaften der Mächtigen gehen,
nicht auf dem Weg der Gottlosen stehen
noch zwischen Gewissenlosen sitzen.
Sondern ihre Lust haben an der Weisung JHWHs,
über diese Weisung murmeln Tag und Nacht.
Wie Bäume werden sie sein …

(Psalm 1,1-3,
zitiert nach der „Bibel in gerechter Sprache")

Das Ethos der Bergpredigt gelesen als ein Beitrag zur „Unterbrechung von Gewalt"

Michael Schober

VORBEMERKUNG

Mit dem biblischen Ethos der Bergpredigt liegt ein Text vor, der auch 2000 Jahre nach seiner Entstehung eine Herausforderung für uns darstellt. Seine bleibende Aktualität wirft zu Recht Fragen auf, warum es an seiner Verwirklichung hapert. Zu einfach wäre der Schluss, dass sein Anspruch zu hoch, zu idealistisch und deshalb eben nicht realistisch sei. Vielmehr handelt es sich um eine einfache, tiefe Weisheit, die nicht immer leicht zu verwirklichen ist, die uns aber Orientierung bietet und Impulse geben kann, gewaltfreie Alternativen zu denken, zu suchen und zu leben. Wer die Bibel liest – und das sollten Christ*innen tun, weiß davon.

Vor diesem Hintergrund möchte ich anhand biblischer Weisheit aus unserer Zeit heraus alternative Handlungsmaximen entwickeln, die selbstverständlich weder einen Anspruch auf Originalität im eigentlichen Sinne noch auf Vollständigkeit erheben. Ich verstehe sie als Impulse, die Orientierung geben können. Ich formuliere hierbei auf der individuellen wie auf der gesellschaftlichen Ebene, auch wenn mir bewusst ist, dass es dabei natürlich Überschneidungen gibt.

1. INDIVIDUELLE EBENE

1.1 „ZIEH ZUERST DEN BALKEN AUS DEINEM EIGENEN AUGE, DANN KANNST DU ZUSEHEN, DEN SPLITTER AUS DEM AUGE DEINES BRUDERS*DEINER SCHWESTER HERAUSZUZIEHEN!"[1] (MT 7,5) ODER: VON DER WICHTIGKEIT, DIE EIGENEN GEWALTPOTENZIALE IM BLICK ZU HABEN

Als allerersten Schritt ist es zentral, die eigenen Gewaltpotenziale im Blick zu behalten und mit vorschnellen Verurteilungen vorsichtig zu sein. Zunehmende Lebenserfahrung macht deutlich, dass es im Leben immer Situationen geben kann, in denen die Gefahr besteht, völlig anders zu handeln, als es einem die eigenen Maximen erlauben. Das können Extremsituationen wie Hunger, Lebensgefahr und Panik sein. Spätestens seit sozialpsychologischen Versuchen wie den berühmten Milgram-Experimenten[2] wurde deutlich, wie leicht man Menschen dazu bringen kann, furchtbare Dinge zu tun. Es gibt keine Garantie, die es einem*einer selbst erlaubt, sicher zu sein, nie zum Täter*zur Täterin zu werden.

Ein vielleicht stärker alltagsbezogenes Beispiel ist ein Experiment, in dem in einer Gruppe verabredet wird, dass sich eine Person in einen Kreis begibt, den die anderen bilden. Die einzige Vorgabe ist, dass der Kreis sich nicht öffnen darf, also die Person im Kreis nicht heraus darf. Wie mir ein Teilnehmer berichtete, den ich als reifen, in seiner Persönlichkeit gefestigten Mann charakterisieren würde, hat er selbst als derjenige im Kreis nach nicht allzu langer Zeit begonnen, um sich zu schlagen, so dass das Experiment dann abgebrochen wurde – eine Extremerfahrung, in der er sich selbst sicherlich anders erfahren hat, als ihm bis dato bewusst war.

---

[1] Bei den biblischen Bezügen folge ich im Grundsatz der neuen Einheitsübersetzung von 2016, nehme mir aber die Freiheit, die genannten Stellen im Sinne einer inklusiven Sprache weiterzuformulieren.

[2] Vgl. Stanley MILGRAM: Das Milgram-Experiment. Zur Gehorsamsbereitschaft gegenüber Autorität. Hamburg [12]2001.

Dies sich selbst zu vergegenwärtigen, womit ich nicht eine über-
triebene Weise von Selbstkritik meine, hilft dabei, in Form einer
nicht vorschnell verurteilenden Haltung einen ersten Schritt in
Richtung Friedfertigkeit zu tun, indem man sich um „den Balken
im eigenen Auge" kümmert und dann, bleibt man im Bild, (wieder) klar sieht.

1.2 „SIEHE, ICH SENDE EUCH WIE SCHAFE UNTER DIE WÖLFE" (MT 10,16) ODER: DIE TUGEND DER FRIEDFERTIGKEIT ENTWICKELN

Die Tugend der Friedfertigkeit hat viele Facetten, die hier nicht
in allen Nuancierungen gezeigt, sondern höchstens angedeutet
werden können. Ich persönlich sehe nach der Auseinandersetzung mit den eigenen Gewaltpotenzialen die bewusste Entscheidung, den Einsatz für Frieden im eigenen Umfeld wie gesellschaftlich zu einer eigenen Maxime zu machen, als zentralen
nächsten Schritt an. Daraus erwächst die Verpflichtung, im Sinne
einer aktiven Gewaltfreiheit in verschiedenen Konfliktsitua-
tionen nach entsprechenden Lösungen zu suchen. Diese Entscheidung bedeutet auch, eher Gewalt auf sich zu nehmen, als
sie selbst auszuüben. Der oft als politisch naiv kritisierte Pazifismus entwickelt seine Stärke, indem er die Würde jedes Menschen unbedingt ernst nimmt.

Für mich persönlich schließe ich nicht aus, dass in wenigen
Extremsituationen Gewalt legitim sein kann, um noch Schlimme-
res zu verhindern. Doch bleibt sie auch dann ein Verstoß gegen
die Menschenwürde, der nur allzu leicht auf einen abschüssigen
Pfad führen kann.

Nicht zu unterschätzen ist auch der eigene Umgang mit Af-
fekten wie Angst, Neid, Eifersucht, Geltungssucht, Wut und
Hass, die in etwas älterer Terminologie auch zu den „Tod"- bzw.
Hauptsünden gezählt wurden. Es ist menschlich, solche Gefühle
zu empfinden, und auch nicht gut, sie einfach zu leugnen, aber
es ist allemal gut, sich nicht von ihnen bestimmen zu lassen. Ich
denke, dass wir hier von der stoischen Tradition wie auch von

der buddhistischen Lehre, die zu einer „Haltung der Nicht-An-haftung"[3] aufruft, lernen können.

1.3 „LIEBT EURE FEINDE UND BETET FÜR DIE, DIE EUCH VERFOLGEN" (MT 5,43) ODER: VON DER FÄHIGKEIT ZU EINER DIFFERENZIERUNG, DIE DIE DICHOTOMIE VON FREUND UND FEIND ÜBERWINDET UND FEINDBILDER DURCHBRICHT

Die Täterforschung bzgl. des Nationalsozialismus hat aufgezeigt, wie verheerend es ist, wenn die Dichotomie zwischen Freund und Feind bzw. In-and-Out-Groups sich verfestigt bis dahin, dass andere nicht mehr als Menschen wahrgenommen werden, was in letzter Konsequenz bis zur Vernichtung der Anderen und zum Völkermord führen kann. Der hohe Anspruch der Feindes-liebe hat meines Erachtens seine Weisheit darin, eine solche Ab-wertung bzw. Dehumanisierung zu vermeiden. Auch die Feinde bleiben (Mit-)Menschen. Es geht nicht um ein Gefühl der Liebe, das im Augenblick der Konflikteskalation kaum empfunden werden kann, sondern darum, die Verbundenheit, die wir als Menschen auf diesem Planeten miteinander haben, nicht zu ver-gessen. Nur dann kann ich die anderen auch als Verhandlungs-partner*innen sehen und wieder aus dem Konflikt herauskom-men, um nur ein Beispiel zu nennen, warum dieser Gedanke nicht nur ein Ideal ist, sondern ganz real zur Geltung kommen kann.

1.4 „RICHTET NICHT, DAMIT IHR NICHT GERICHTET WERDET!" (MT 7,1) ODER: EINE FRIEDENSTHEOLOGIE, DIE VERABSOLUTIERUNGEN VERMEIDET

Es ist eine hohe Kunst, einerseits der eigenen Überzeugung unter Umständen auch „gegen den Strom schwimmend" treu zu blei-ben und dennoch dem*der anderen die Möglichkeit zu lassen, in einer wesentlichen Frage zu einem anderen Schluss zu kommen.

---

3 Barbara LUKOSCHEK: Ethik der Befreiung. Engagierter Buddhismus und Befrei-ungstheologie im Dialog. Paderborn/München 2013, 88.

Sehr beeindruckend finde ich an dieser Stelle das Beispiel eines österreichischen Kriegsdienstverweigerers im Zweiten Weltkrieg, der den gut gemeinten Rat eines ihm wohl gesonnenen Juristen (des selbst im Rettungswiderstand aktiven Heinz Droßel), er solle doch so tun als ob (er im Krieg mitmache), für sich persönlich glasklar zurückweist und diese Option ausschließt; gleichzeitig aber legt er dar, dass er diese für sich getroffene Entscheidung von keinem anderen erwarte: „Nein, das ist eine grundsätzliche Sache. Ich mache niemandem anderen einen Vorwurf, aber ich kann nicht anders handeln"[4]. Damit geht er bewusst in den Tod durch Hinrichtung, eine Form schlichter menschlicher Größe – ohne Pauken und Trompeten. Der Tübinger Pastoraltheologe Ottmar Fuchs spricht in einem solchen Fall von „unfanatischer Radikalität"[5], wobei er Dietrich Bonhoeffer vor Augen hat, bei dem sich eine ähnliche Haltung finden lässt. Bonhoeffer lässt selbst im Falle des Tyrannenmords die Frage des eigenen Schuldigwerdens nicht unberührt.[6]

Es ist wichtig, ein solches Moment der Zweifelsoffenheit gerade bei einer entschiedenen Haltung mitzudenken. Es ist ein Schutz vor falscher Selbstgewissheit, Überheblichkeit und Fanatismus, alles drei Haltungen, die zu neuen Feindbildern führen können.

1.5 „WENN DICH EINE*R AUF DIE RECHTE WANGE SCHLÄGT, DANN HALT IHM*IHR AUCH DIE ANDERE HIN" (MT 5,39) ODER: VON DER BISWEILEN BESCHWERLICHEN SUCHE NACH ALTERNATIVEN ZUR GEWALT

Dieser zentrale Satz wurde allzu oft benutzt, um eine pazifistische Haltung lächerlich zu machen. Denn welcher vernünftige Mensch möchte schon geschlagen werden und dazu auch noch

---

[4] Heinz DROßEL: Zeit der Füchse. Lebenserinnerungen aus dunkler Zeit. Waldkirch ²2001, 133.

[5] Ottmar FUCHS: Was sie kostet, das ist sie wert: die Menschenwürde. Universalisierung und Radikalisierung der Menschenwürde im Horizont jüdisch-christlicher Gottesbeziehung. In: Menschenwürde. Jahrbuch für Biblische Theologie 15 (2000) 265-292. 273.

[6] Vgl. Christiane TIETZ: Dietrich Bonhoeffer. Theologe im Widerstand. München 2013, 96.

sein O. K. geben. Allerdings zeugt eine solche Karikatur eher davon, dass der*die Kritisierende die Tiefe des Satzes entweder nicht erfasst hat oder bewusst in Misskredit bringen möchte. Der Satz hat nämlich meines Erachtens drei wesentliche Stoßrichtungen, die oft übersehen werden:

1. Indem ich dem*der Gewalttäter*in die Erlaubnis gebe, mich auch auf die andere Wange schlagen zu können, nehme ich dem Gewalthandeln jede Form des Mythos, des Sieges, des Heldentums. Gewalt wird entlarvt als das, was sie ist: ein brutales Handeln gegenüber einem*einer Wehrlosen.

2. Die andere Wange hinzuhalten, ist deswegen nicht der Wunsch, misshandelt zu werden, sondern ein letzter Appell an die Menschlichkeit des*der anderen, in seinem*ihrem Gewalthandeln innezuhalten, das jetzt bar jeder heroischen Illusion dasteht, sondern nur noch als ein Handeln erscheint, das nicht nur die Würde des*der Anderen, sondern auch die eigene Würde verletzt.

3. Der Verzicht auf die erwartbare Reaktion, nämlich (womöglich in Notwehr) zurückzuschlagen, ist der Versuch, aus der Gewaltspirale auszusteigen, die „Gewalt zu unterbrechen"[7]. Es ist gewissermaßen ein Versuch, durch einen kreativen, unerwarteten Impuls einen Ausweg aus der Freund-Feind-Konstellation zu finden. Versöhnung kann so eher als ein Sieg ein Schritt zu einem nachhaltigen, gerechten Frieden sein, weil ein Sieg nur auf die Macht des*der Stärkeren setzt, die Beziehung aber nicht verändert.

Die Wichtigkeit des Bemühens um Versöhnung wird schon in Mt 5,24 betont: „Wenn du deine Opfergabe zum Altar bringst und dir dabei einfällt, dass dein Bruder*deine Schwester etwas gegen dich hat, so lass deine Gabe liegen und versöhne dich zuerst mit deinem Bruder*deiner Schwester, dann komm und opfere deine Gabe". Eine schöne alevitische Tradition ist es, dass vor

---

[7] Vgl. meine Dissertation: Michael SCHOBER: Zeugnisse der Unterbrechung von Gewalt im Krieg – Grundlegung einer theologischen Ethik des nicht suspendierten Zweifels. Hildesheim 2019 (2012). Das Buch ist auch online zugänglich unter: https://nbn-resolving.org/urn:nbn:de:gbv:hil2-opus4-9902.

der zentralen Cem-Versammlung und der dann folgenden Zeremonie das Einvernehmen aller untereinander und mit dem*der
Leitenden der Versammlung hergestellt werden muss. Solange
ein Mitglied der Versammlung ein Hindernis für das Einvernehmen sieht, kann die Zeremonie nicht stattfinden.

2. GESELLSCHAFTLICHE EBENE

2.1 „GOTT SCHUF DIE MENSCHEN ALS MANN UND FRAU GOTT EBENBILDLICH" (GEN 1,27) ODER: FRIEDENSTHEOLOGIE FOLGT EINEM THEOLOGISCHEN ETHOS DER MENSCHENWÜRDE UND HANDELT AUS EHRFURCHT VOR JEDEM (MENSCHEN) LEBEN

Wenn jeder Mensch als Ebenbild Gottes (in der Bibel) oder als
Stellvertreter (im Koran) gewürdigt wird, dann zählt jedes Menschenleben. So heißt es im Koran in Sure 5,32: „Wenn jemand einen Menschen tötet, der keinen anderen getötet und auch sonst
kein Unheil auf Erden gestiftet hat, so ist's, als töte er die Menschen allesamt. Wenn aber jemand *einem* Menschen das Leben
bewahrt, so ist's, als würde er das Leben *aller* Menschen bewahren."[8]

Damit greift der Koran eine jüdische Weisheit aus dem Talmud auf, die noch dadurch gestützt wird, dass es im Judentum
zur Rettung eines Menschenlebens immer erlaubt ist, fast sämtli-
che Gebote auszusetzen (pikuach nefesh[9]).

Damit ergibt sich eine Grundhaltung der Ehrfurcht vor dem
Leben, die sich auch auf die gesamte Schöpfung erweitern lässt
und dem Einsatz von Gewalt eine grundlegende Skepsis entge-
genbringt. Der Zweck mag noch so gut klingen, einen Menschen
zu töten, ist nichts, was einfach so getan werden kann.

---

[8] *Der Koran.* Neu übertragen von Hartmut BOBZIN. München ²2015.
[9] Vgl. Andreas NACHAMA / Walter HOMOLKA / Hartmut BOMHOFF: Basiswissen
Judentum. Freiburg/Basel/Wien 2015, 170.

2.2 „*SELIG, DIE FRIEDEN STIFTEN*" (MT 5,9) ODER: FRIEDENSTHEOLOGIE HÄLT DIE ERINNERUNG WACH AN DIE BIOGRAFIEN FRIEDFERTIGER

Auch wenn sich in den letzten Jahrzehnten viel getan hat, sind unsere Städte noch voll von Denkmälern der Macht, unsere Geschichtsbücher noch immer konzentriert „auf die großen Taten großer Männer". Umso wichtiger ist es, alternativ die Biografien derjenigen zu würdigen, die über den Kontext ihrer Zeit hinausgedacht haben, die den Mut zum Frieden hatten, auch um den Preis, nicht verstanden zu werden: Frühe Pazifistinnen wie Bertha von Suttner, die noch vor dem Ersten Weltkrieg die Idee eines friedlichen geeinten Europa gedacht hat, in unserer Zeit die Theologin Dorothee Sölle oder die Folksängerin Joan Baez, Franz Jägerstätter und Max Josef Metzger, die für ihre Überzeugung in den Tod gegangen sind, Heinrich Böll, der den Krieg am eigenen Leib erfahren hat und kompromisslos seine Absurdität aufgezeigt hat.

2.3 „*WAS IHR FÜR EINE*N MEINER GERINGSTEN BRÜDER*SCHWESTERN GETAN HABT, DAS HABT IHR MIR GETAN*" (MT 25,40) ODER: FRIEDENSTHEOLOGIE ZEIGT SICH IN SOLIDARITÄT MIT DEN OPFERN VON GEWALT AUCH DURCH ERINNERUNG

Wenn wir diesen einfachen biblischen Satz, der zum Leitsatz der kirchlichen Option für die Armen geworden ist, ernst nehmen, so finden wir nicht nur einen Impuls für den dringlichen Einsatz für Gerechtigkeit, sondern auch eine Motivation, im Bemühen um Gerechtigkeit nicht nachzulassen. Denn was wir im Kleinen erreicht haben, haben wir Gott getan, und es erhält dadurch einen intrinsischen Wert, es wird dadurch geheiligt.

2.3.1 „*GERECHTIGKEIT UND FRIEDE KÜSSEN SICH*" (PS 85,11) ODER: SOLIDARITÄT MEINT SO DAS EINTRETEN FÜR DIE OPTION EINES GERECHTEN FRIEDENS

Frieden meint schon in der biblischen Perspektive einen Zustand umfassenden Friedens, in dem es nicht vorstellbar ist, dass Menschen unterdrückt, versklavt und gefoltert werden. Weltweit gesehen kann ein System, das Menschen ausbeutet und verhungern lässt, nicht als friedlich angesehen werden. Die Abwesenheit militärischer Gewalt ist nicht wenig. Aber für einen „echten" Frieden müssen auch gewalthaltige Strukturen, also „strukturelle Gewalt"[10] überwunden werden.

2.3.2 „IHNEN GEBE ICH IN MEINEM HAUS / UND IN MEINEN MAUERN DENKMAL UND NAMEN" (JES 56,5) ODER: „ANAMNETISCHE SOLIDARITÄT"[11] DURCH ERINNERUNGSGELEITETES LERNEN

Ganz bewusst zitiere ich hier jene Stelle aus der Hebräischen Bibel, die der Shoah-Gedenkstätte Yad Vashem (übersetzt: „Denkmal und Namen") ihren Namen gegeben hat. Ich halte sehr viel von der dortigen Erinnerungskultur, die den Opfern wie auch den wenigen „Gerechten", die versucht haben, Menschenleben zu retten, ihren Namen erhält. Das Vergessen kann sonst zu einer zweiten Schuld werden. Dass wir uns an die Opfer (von Gewalt) erinnern, kann zwar nichts „wiedergutmachen", aber es ist der einzige Dienst, den wir ihnen noch erweisen können und den wir deshalb selbstverständlich tun sollten. Gleichzeitig gilt es – bei aller berechtigten Skepsis –, doch auch aus und an der Geschichte zu lernen, sensibel zu werden für Ausgrenzungsmechanismen, die zu Vernichtungslogiken werden können.

2.3.3 „DANN WERDEN SIE IHRE SCHWERTER ZU PFLUGSCHAREN UMSCHMIEDEN / UND IHRE LANZEN ZU WINZERMESSERN / SIE ERHEBEN NICHT MEHR DAS SCHWERT, NATION GEGEN NATION, / UND SIE ERLERNEN NICHT MEHR DEN KRIEG" (MI 4,3): SOLIDARITÄT HÄLT DIE HOFFNUNG AUF GRUNDLEGENDE VERSÖHNUNG AUFRECHT

---

[10] Johan GALTUNG: Strukturelle Gewalt. Beiträge zur Friedens- und Konfliktforschung. Hamburg 1975.
[11] Vgl. Christoph HÜBENTHAL: Solidarität – Historische Erkundung und systematische Entfaltung. In: Dietmar Mieth / Katharina Eckstein (Hg): Solidarität und Gerechtigkeit: Die Gesellschaft von morgen gestalten. Stuttgart 2009, 62-89. 87.

Auch wenn es wichtig ist, die Erfolge im Kleinen nicht gering zu schätzen, bleibt es wesentlich, die Hoffnung auf eine grundlegende Versöhnung nicht aufzugeben und gewissermaßen als Perspektive im Blick zu behalten, die uns daran erinnert, dass noch mehr möglich ist. Krieg bleibt eine „Geißel der Menschheit", von der wir uns befreien müssen.

2.4 „KALB UND LÖWE WEIDEN ZUSAMMEN / EIN KLEINER JUNGE LEITET SIE" (JES 11,6) – EHRFURCHT VOR DEM LEBEN UMFASST DIE GANZE SCHÖPFUNG

Wie oben schon angedeutet, führt die Ehrfurcht vor jedem Menschenleben auch zu einer Ehrfurcht vor der gesamten Schöpfung, in die wir gestellt sind. Ein umfassender Frieden kann sich zum Beispiel nicht auf Raubbau an der Natur oder die Gefährdung unser Lebensgrundlagen durch den Klimawandel stützen.

2.5 „DENKT NICHT, ICH SEI GEKOMMEN, UM DAS GESETZ UND DIE PROPHETEN AUFZUHEBEN" (MT 5,17) ODER: FRIEDENSTHEOLOGIE ZEIGT SICH IN BLEIBENDER VERBUNDENHEIT MIT DEM VOLK ISRAEL UND ARBEITET DEN ANTIJUDAISMUS DER EIGENEN TRADITION AUF

Ich zitiere hier bewusst nur den ersten Satz der entsprechenden Perikope, da sie meines Erachtens die eigentliche Botschaft Jesu festhält. Die christliche Tradition ist unauflöslich mit der jüdischen verbunden, ist ohne ihre jüdischen Wurzeln nicht verständlich. Zu Recht schreibt der jüdische Theologe Walter Homolka über die „Heimholung des Juden Jesus"[12]. Das jesuanische Ethos der Bergpredigt steht in der jüdischen Tradition, ist damit auch eine jüdische Option unter anderen Optionen, wie ja auch die christliche Glaubenspraxis nicht für sich beanspruchen kann, in der Regel im Sinne der Bergpredigt gehandelt zu haben. Im Gegenteil, die Praxis der Bergpredigt bleibt eine Ausnahme.

---

[12] Vgl. Walter HOMOLKA: Der Jude Jesus – eine Heimholung. Freiburg 2020.

2.6 „*ALLES, WAS IHR WOLLT, DAS EUCH DIE MENSCHEN TUN, DAS TUT AUCH IHNEN!*" (MT 7,12) ODER: FRIEDENSTHEOLOGIE BAUT BRÜCKEN UND ZIELT DAMIT PER SE AUF INTERRELIGIÖSEN DIALOG

Es ist das große Verdienst des katholischen Theologen Hans Küng, gesehen zu haben, dass die grundlegende Weisheit der goldenen Regel, die auf einem Perspektivwechsel beruht, in quasi allen (religiösen) Traditionen formuliert ist. Gleichzeitig hat er die Bedeutung des Friedens zwischen den Religionen für den Weltfrieden herausgestellt.[13] Friedenstheologie kommt deshalb nicht mehr umhin, sich auf den interreligiösen Dialog auszurichten und sich für eine gelebte „Verbundenheit in Verschiedenheit"[14] einzusetzen.

3. FAZIT:
FRIEDENSTHEOLOGIE ERFORDERT ANALYSE, KRITIK UND LETZTENDLICH DIE ÜBERWINDUNG VON GEWALTHALTIGEN STRUKTUREN

Als Ziel einer Friedenstheologie ergibt sich für mich daraus auf der individuellen wie der gesellschaftlichen Ebene Analyse, Kritik und Überwindung von gewalthaltigen Strukturen. Ein erster Schritt ist dabei die Unterbrechung von Gewalt im persönlichen Bereich wie auf gesellschaftlicher Ebene. So kann es gerade in Zeiten der Corona-Krise und des Klimawandels nicht mehr weitergehen wie bisher. Die Weltgesellschaft braucht Gerechtigkeit und ein gemeinsames Bewusstsein als Menschheitsfamilie. Individuelle Tugenden wie den*die andere*n Gelten-Lassen, Achtung jedes Menschen in seiner Würde und eine gleichermaßen selbstkritische, Alternativen entwickelnde wie konsequente Haltung sind dabei ebenso gefragt wie gesellschaftliche Solidarität

---

[13] Vgl. Hans KÜNG: Projekt Weltethos. München/Zürich 1990.
[14] Hakki ARSLAN / Jörg BALLNUS / Theresa BEILSCHMIDT / Michael SCHOBER / Martin SCHREINER: In Kooperation lehren, in Begegnung lernen – Interreligiöse Studientage für christliche und muslimische Theologiestudierende 2017 in Goslar. In: CIBEDO-Beiträge (1/2018) 34-35.35.

im Rahmen der Trias „Frieden, Gerechtigkeit und Bewahrung der Schöpfung". Das Ziel eines gerechten Friedens bleibt so eine unverzichtbare Leitlinie. Jede*r kann einen Beitrag dazu leisten.

Triptychon der Ausstellung „Keine Gewalt" des Ökumenischen Arbeitskreises Prenzlauer Berg 2009 (www.oekumene-im-prenzlauer-berg.de). Carl Heinrich Bloch, Die Bergpredigt, 1877, Nationalhistorisches Museum Frederiksborg/Dänemark. Grafische Bearbeitung Jürgen Frölich. Mit freundlicher Genehmigung von GandhiServe e.K. 12105 Berlin (www.gandhiserve.net).

Pressekonferenz eines zornigen Gottes

Unerwartetes Eingreifen – Menschheit überrascht (New York)

Als Reaktion auf die irdischen Ereignisse der letzten Wochen hat Gott, der allwissende, von Milliarden von Gläubigen verschiedener Religionen seit mehr als 6.000 Jahren verehrte Schöpfer, eine ziemlich zornige Pressekonferenz gegeben. Dabei verdeutlichte er seine seit langem bekannte Abneigung dagegen, dass Menschen einander töten. „Sehen Sie, vielleicht habe ich mich bisher nicht klar genug ausgedrückt, darum hier noch mal zum Mitschreiben", so äußerte sich Gott, der Herr, auf der Pressekonferenz unweit der beiden zerstörten Türme des World Trade Center. Sein göttliches Antlitz konnte deutliche Anzeichen von Emotion nicht verbergen. „Irgendwie kommen die Leute immer wieder mit der Idee, es sei Mein Wille, sich gegenseitig umzubringen. Es ist *nicht* mein Wille! Und um ehrlich zu sein, ich hab' das jetzt satt! Damit es ganz klar wird: Nicht nur will ich nicht, dass irgendjemand jemanden anderen umbringt, ich habe sogar ausdrücklich geboten, dass das nicht getan wird! Und ich habe es ziemlich einfach formuliert, damit es auch jeder verstehen kann."

Der von Christen, Juden und Muslimen gleichermaßen Angebetete meinte, unzählige Male sei sein Name als Rechtfertigung zum Töten missbraucht worden. Eine jahrhundertelange Gewaltspirale, ein wahrer Teufelskreis der Gewalt sei so entstanden.

„Es ist mir egal, wie heilig einer zu sein beansprucht", meinte Gott. „Wenn er dabei behauptet, es sei Mein Wille, dass Menschen getötet werden, dann liegt er einfach falsch. Verstanden?! Es ist mir egal, welche Religion du hast oder wen du deinen Feind nennst, ich sag's noch mal: Kein Töten! Nicht in Meinem Namen! Und auch nicht im Namen von irgendjemandem anderem! Nie wieder!"

Die Pressekonferenz kam für die Menschheit ziemlich überraschend. Gott mischte sich normalerweise nicht in irdische

Angelegenheiten ein. Er hatte es schon lange den Klerikern, Rabbis, Priestern, Imamen und Theologen überlassen, Seine Botschaft und Seinen göttlichen Willen zu interpretieren. Theologen und Laien sahen sich vor die Aufgabe gestellt, Seinen unaussprechlichen Geheimnissen nachzugrübeln und jeweils im Glauben die Entscheidung zu treffen, was zu tun sei. Sein jetziger Entschluss, sich in der materiellen Welt blicken zu lassen, hätte seine Ursache wohl in dem tiefen Gefühl von Schock, Schande und Trauer, das er angesichts der Gewalttaten des 11. 9. 2001 empfunden hatte. Verbrechen, die ausdrücklich in seinem Namen begangen worden waren. Untaten, die entsetzliche Folgen überall auf der Erde haben konnten.

„Ich hab' versucht, es euch so einfach und so klar wie möglich zu sagen. Ich dachte, es sei eine ziemlich wichtige Sache", sagte Gott oder Allah, wie ihn die islamische Tradition nennt. „Woher kommen überhaupt die Missverständnisse? Ich hab' es doch auf den Tafeln, die ich Mose gab, in einem einfachen Satz von nur vier Worten ausgedrückt. Drei davon haben nur eine Silbe. Wie hätte ich mich noch klarer ausdrücken sollen? – Aber irgendwie wird alles verdreht, und bevor du dich versiehst, labert einer solchen Quatsch wie: ‚Gott sagt, ich soll den und den umbringen, Gott will, dass ich ihn töte. Es ist Sein heiliger Wille'", beklagte Gott sich weiter und fuhr fort: „Es ist nicht Mein Wille! Verstanden?! Bringen Sie eine dringende Eilmeldung: „Gottes Wille – Tötet keine Menschen!"

„Ach ja, falls auch das nicht klar sein sollte: Es ist nicht Mein Wille, dass jetzt in Afghanistan oder sonstwo als Reaktion auf New York Menschen getötet werden. Ich bin nicht bereit, Meinen Willen und Mein Gebot zu ändern: Du sollst nicht töten!"

(www.theonion.com/god-angrily-clarifies-dont-kill-rule-1819566178; Übersetzung: Wolfgang Krauß, 8.10.2001)

Frieden: eine Frucht der Barmherzigkeit

Stichpunkte für eine Theologie des Friedens
in befreiungstheologischer Perspektive

Stefan Silber

Si vis pacem,
fac misericordiam.

Lateinamerika in den siebziger und achtziger Jahren war kein Kontinent des Friedens. Die Theologie der Befreiung wurde in diesen Jahren ihrer Entstehung von den Erfahrungen skandalöser Ungerechtigkeit, menschenverachtender Gewalt und brutaler Unterdrückung geprägt, sowie einem Widerstand dagegen, der auch subversive Gewalt nicht ausschloss und oft auf gewaltsame Revolutionen setzte. Die Theologen, die mich am Anfang meines Theologiestudiums (1985) am meisten beeinflussten – unter ihnen Leonardo Boff, Ernesto Cardenal und Juan Luis Segundo – mussten sich mit dieser Hoffnung auf die erfolgreiche Gegengewalt auseinandersetzen und taten dies in durchaus unterschiedlicher Art und Weise. Mein Weg zur Friedenstheologie begann mit dem Schrei nach Gerechtigkeit und Befreiung.

1. Gerechtigkeit bringt Frieden hervor

Der Friede ist „ein Werk der Gerechtigkeit (Jes 32,17)". Mit diesem Zitat aus der Pastoralkonstitution des II. Vatikanischen Konzils (1962-1965), das vom Dokument „Frieden" der Lateinamerikanischen Bischofsversammlung von Medellín (1968) aufgegriffen wurde (Nr. 14; vgl. GS 78), wird nicht nur ein enger qualitativer Zusammenhang zwischen diesen beiden sozialethischen Größen hergestellt, sondern vor allem von Seiten der lateinamerikanischen Bischöfe auch eine kausale Verbindung geschaffen: Frieden kann entstehen, wenn Menschen Gerechtigkeit praktizieren. Alles andere ist nur ein scheinbarer Friede, ein Zustand, der nur von Gewalt und Unterdrückung aufrechterhalten wird.

Aus der Perspektive der Theologie der Befreiung muss das Thema des Friedens daher in enger Verbindung mit wirtschaftlichen, sozialen und politischen Fragen betrachtet werden: Frieden ist mehr als das Verhindern von Krieg, mehr als Abrüstung und Kriegsdienstverweigerung, mehr als das Ausbleiben von Gewalt zwischen Feinden oder ihre Versöhnung. Frieden kann nicht getrennt von den oft verdeckten und verschleierten Machtinteressen der Herrschenden, der Wirtschaft und der internationalen Politik betrachtet werden.

Frieden hat vielmehr konkrete soziale Ursachen: die Überwindung von Hunger und Krankheit, die Möglichkeit zur politischen Partizipation aller, gerechte Entlohnung menschenwürdiger Arbeit, Freiheit für Bildung und Kultur. Auch das Ende von Unterdrückung und Ausbeutung, von Landraub und Vertreibung, von Umweltverschmutzung und anderen einschneidenden Beschränkungen grundlegender Entfaltungsmöglichkeiten gehören dazu.

Die Befreiungstheologie entstand in einem Kontext, der auch den gewaltsamen Widerstand gegen diese verschiedenen Formen der Unterdrückung kannte: Guerilla-Organisationen entstanden auf dem ganzen Kontinent. Die Haltung vieler Befreiungstheologen in dieser Situation blieb weitgehend an gewaltfreien Strategien orientiert; der Einsatz für den Frieden wurde jedoch angesichts des Bürgerkriegs häufig in eine utopische Zukunft projiziert. Er sollte aus der Gerechtigkeit wachsen, und in einem politischen Kontext der Ungerechtigkeit und Unterdrückung fürchteten viele, mit dem Schrei nach Frieden zur Aufrechterhaltung des Status Quo beizutragen.

Das Ende des Kalten Krieges und die negativen Erfahrungen mit manchen „siegreichen" Revolutionen, vor allem in Nicaragua, führten zu einem tiefgreifenden Wandel hinsichtlich dieser Fragen in der Theologie der Befreiung. Ob Gerechtigkeit tatsächlich auf dem Weg revolutionärer Gewalt erreicht werden könnte, wurde immer fraglicher.

2. VON DER GERECHTIGKEIT ZUR INTERSEKTIONALITÄT

In den neunziger Jahren war für viele Menschen in Lateinamerika die sozialistische Utopie vorerst beendet. Auch in der Theologie der Befreiung wirkte sich dies als heilsame Krise aus. In dieser Zeit konnten zahlreiche andere theologische Perspektiven ihre Reflexionen zu Gehör bringen. Insbesondere die lateinamerikanische feministische Theologie machte darauf aufmerksam, dass die Gerechtigkeit, aus welcher der Friede wachsen soll, auch Geschlechtergerechtigkeit einschließt, ja, dass aus der Sicht von Frauen (und später auch aus der Sicht queerer Subjekte) Gerechtigkeit oftmals etwas völlig anderes bedeutet als aus der Sicht der bis dahin tonangebenden Männer.

Ebenfalls in dieser Zeit, und unter dem Eindruck des Streits um das Gedenken an die 500 Jahre europäischer Eroberungen in Lateinamerika (1992), transformierten Theologinnen und Theologen, die mit den indigenen Völkern lebten und arbeiteten, die Befreiungstheologie im Hinblick auf interkulturelle Fragen, Rassismus und spezifisch indigene politische Herausforderungen.

Afroamerikanische Kulturen und Kontexte, Migration, Gewalt und Vertreibung, die prekäre Situation von Kindern und Jugendlichen und immer mehr auch ökologische Fragen wurden in befreiende Theologien umgesetzt. Während die frühe Befreiungstheologie die „Option für die Armen" in den Mittelpunkt ihrer Reflexionen gestellt hatte, wurden nun konkreter Fragen gestellt, um welche „Armen" es dabei eigentlich geht und inwiefern sie „arm", „unterdrückt", „marginalisiert" oder „ausgeschlossen" sind.[1]

---

[1] Vgl. hierzu ausführlicher Stefan SILBER: Totgesagt und doch lebendig. Aktualität der Theologie der Befreiung in Lateinamerika. In: ET-Studies 5 (2014) 139-149.

Gerechtigkeit, der andere zentrale Begriff der Theologie der Befreiung neben den „Armen", wurde daraufhin ebenfalls einer Vielzahl von Konkretisierungen und Kontextualisierungen unterzogen. Frieden als „Werk der Gerechtigkeit" war dabei selten ausdrücklich Gegenstand einer theologischen Reflexion. Er hätte aber dieselben begrifflichen Schärfungen erfahren: Kein Friede ohne Gerechtigkeit zwischen den Geschlechtern, ohne ein offenes Zusammenleben der verschiedenen Kulturen, ohne eine Inklusion der Menschen in ihren vielen spezifischen Kontexten von Unterdrückung und Widerstand.

Aus der jeweiligen Sicht konkreter Gruppen oder Individuen, die gesellschaftliche Exklusion erfahren, können dann auch neue kritische Bausteine für eine Theologie des Friedens konstruiert werden: Welche Verantwortung trägt das Christentum für das weltweit herrschende Patriarchat und seine speziellen Formen von sexueller und anderer Gewalt? Wie stabilisiert christliche Theologie auch in der Gegenwart kulturelle Konstrukte wie Eurozentrismus und weiße Überlegenheit, mit denen außereuropäische Kulturen abgewertet und nichtchristliche Religionen delegitimiert werden?

Mit dem Begriff der Intersektionalität ist es möglich, die unterschiedlichen Achsen von Unterdrückung und Widerstand aufeinander zu beziehen, ohne die eine gegen die andere auszuspielen. Insbesondere von feministischen und queeren TheologInnen wird diese wichtige Analysekategorie in der lateinamerikanischen Theologie der Gegenwart immer stärker gemacht.[2] Sie ermöglicht eine gegenseitige Solidarität verschiedener unterdrückter Subjekte und zugleich die genaue Analyse der verschiedenen Achsen von Ungleichheit und Ungerechtigkeit, denen alle unterworfen sind. Dieses Konzept erlaubt es auch, den jeweiligen Anteil an Täterschaft und Verantwortung, den alle in unterschiedlichen Machtkonstellationen tragen, zu benennen, zu respektieren und zu kritisieren.

---

[2] Vgl. Virginia R. Azcuy / Nancy E. Bedford / Mercedes L. García Bachmann: Teología feminista a tres voces (Teología de los tiempos 17) Santiago 2016.

In den letzten Jahren hat die Befreiungstheologie darüber hinaus eine grundlegende Ausweitung im Hinblick auf ökologische Paradigmen gewonnen.[3] Nicht nur die Bedeutung ökologischer Fragen für das Verständnis sozialer Gerechtigkeit und die engen epistemologischen Beziehungen zwischen Umweltzerstörung, Ausbeutung und Patriarchat[4] standen dabei im Mittelpunkt, sondern auch die Frage nach der Gerechtigkeit der gesamten Schöpfung gegenüber. Gerade angesichts der global gewachsenen Bedeutung ökologischer Zusammenhänge für Fragen des Friedens besitzen auch diese Entwicklungen eine nicht zu unterschätzende Bedeutung für die Ausarbeitung einer Theologie des Friedens.

3. „BARMHERZIGKEIT WILL ICH, NICHT OPFER." (MT 9,13)

Jon Sobrino macht auf den Zusammenhang zwischen der befreiungstheologischen Option für die Armen und dem spirituell-ethischen Prinzip der Barmherzigkeit aufmerksam.[5] Dieses ist für ihn kein paternalistisches, tugendhaftes oder frömmelndes Mitleidsgefühl von oben herab, sondern das ernsthafte Bemühen, sich auf die Haltung Gottes zur Schöpfung, zu jedem einzelnen Menschen und insbesondere zu den Menschen, die durch andere leiden müssen, einzustimmen. Denn Gott ist Barmherzigkeit.[6]

Durch das Prinzip Barmherzigkeit ist es möglich, im Gegenüber die menschliche Person in ihrer Verwundbarkeit, Menschlichkeit und zugleich Heiligkeit zu sehen. Das Gegenüber ist

---

[3] Vgl. zur Einführung Bruno KERN: Theologie der Befreiung (UTB 4027) Tübingen/ Basel 2013, 105-116.

[4] Vgl. etwa Ivone GEBARA: Theology of Liberation, Epistemology and Spirituality. In: Voices 37 (2/3/2014), 225-236.

[5] Vgl. Jon SOBRINO: The Principle of Mercy. Taking the Crucified People from the Cross. Maryknoll 1994.

[6] Vgl. bereits ausführlicher Stefan SILBER: Die Revolution der Barmherzigkeit. Impulse aus der lateinamerikanischen Theologie der Befreiung. In: ThPQ 164 (2016) 348-356.

Ebenbild Gottes, ist Sohn, ist Tochter Gottes – wie ich selbst! Der Mensch mir gegenüber ist verwundbar und heilig wie der Sohn Gottes, der von Menschen gefoltert und ans Kreuz geschlagen wurde. Dies gilt insbesondere für alle, die leiden müssen, aber es gilt zugleich auch für meinen Feind, für den Täter, für die Verantwortlichen für Leid, Gewalt und Krieg: Auch sie sind Kinder Gottes und Gott erweist sich ihnen gegenüber als barmherzig.

Es ist diese Barmherzigkeit Gottes, die zum Frieden ruft und ihn ermöglicht. Denn sie verlangt Gerechtigkeit und Umkehr – auch von mir. Sie verlangt Gerechtigkeit für die Armen, Ausgeschlossenen und Unterdrückten, denn ihnen gilt die Barmherzigkeit Gottes in besonderer Weise. Deswegen ruft sie diejenigen zur Umkehr, die Verantwortung für das Leid tragen. Auch dieser Umkehrruf ist von Barmherzigkeit geprägt: Er ermöglicht den Tätern, menschlich zu werden, dem Abbild Gottes zu entsprechen. So gilt die Barmherzigkeit Gottes auch den Tätern, denn auch sie sind Söhne und Töchter Gottes. Der Imperativ der barmherzigen Gerechtigkeit Gottes schließt also Gewalt als Mittel zum Zweck aus: Der Ungerechtigkeit muss widerstanden werden, aber nicht mit neuer Gewalt, die der Barmherzigkeit Gottes widerspräche.

Denn jede Gewalt, auch die revolutionäre und die befreiende Gewalt, erzeugt neue Gewalt, neue Opfer, neue Armut. Gerade die Geschichte der Befreiungsbewegungen in Lateinamerika, die von der Theologie der Befreiung intensiv begleitet und teilweise mitgestaltet wurde, hat dies schmerzhaft gezeigt. Vor allem Frauen und andere Menschen, die aufgrund verschiedener gesellschaftlicher und kultureller Faktoren ohnehin schon benachteiligt sind, werden durch scheinbar befreiende Gewalt erneut zu Opfern. Der Weg zum Frieden muss daher dem Ziel entsprechen.

Die Friedenstheologie in der Theologie der Befreiung muss daher in der Gegenwart auf der Basis der intersektional differenzierten Option für die Armen konzipiert werden: Gottes Barmherzigkeit für die Armen und Gottes barmherziger Ruf zur Umkehr an die Gewalttäter verweisen beide auf den absoluten Wert jedes Menschen und ermöglichen menschliche Barmherzigkeit auf dem Weg des Friedens und der Gerechtigkeit. Ohne diese Barmherzigkeit und damit auch Gewaltfreiheit ist die Gerechtigkeit nicht zu erreichen. Ohne das Ziel der Gerechtigkeit gerät allerdings auch die Barmherzigkeit in die Versuchung der bequemen Resignation.

Barmherzigkeit kann als Tarnmittel für versteckte Machtinteressen missbraucht werden. Es bedarf daher einer profunden kritischen Analyse des Rufs nach Barmherzigkeit, die ihre Beziehungen zu Gerechtigkeit und Umkehr nicht außer Acht lässt. Ein vertiefter Dialog der Theologie der Befreiung mit postkolonialen und dekolonialen Theorien[7] ermöglicht in der Gegenwart diese Analyse von Machtkonstellationen. Dieser Dialog weitet zugleich den Blick für alternative, nicht-westliche Lebensentwürfe, die Gerechtigkeit und Ökologie verbinden, wie das Prinzip *Sumaj Kausay / Sumak kawsay* der indigenen Völker des Andenraumes.[8]

„Frieden stiften" ist kein utopisches Fernziel der praktizierten Barmherzigkeit. Der Frieden ist vielmehr in jedem einzelnen Schritt auf dem Weg erfahrbar und kann verwirklicht werden.[9] Nur auf dem Weg des Friedens, der Barmherzigkeit und der Gerechtigkeit kann das Ziel des Friedens erreicht werden.

---

[7] Vgl. Stefan SILBER: Poscolonialismo. Introducción a los estudios y las teologías poscoloniales (El tiempo que no perece 3) Cochabamba: Itinerarios / CMMAL 2018.

[8] Vgl. Raúl FORNET-BETANCOURT (Hg.): Gutes Leben als humanisiertes Leben. Vorstellungen vom guten Leben in den Kulturen und ihre Bedeutung für Politik und Gesellschaft heute. Aachen 2010.

[9] Vgl. THÍCH NHẤT HẠNH: Peace Is Every Step. The Path of Mindfulness in Everyday Life. New York 1991.

Theologie des Friedens /
Theology of Peace

Egon Spiegel

Wenn Theologie des Friedens eine umfassende, d.h. alle Religionen und ihre Beiträge zum Frieden berücksichtigende sein soll, dann muss erstens geklärt werden, ob sich so etwas wie *theos* in allen Religionen auffinden lässt und sich diese etwa durch die Existenz eines gemeinsamen *theos* als solche definieren lassen, und zweitens, wie sich uns dieses *theos*, um das mit ihm Bezeichnete überhaupt reflektieren zu können, auch nur andeutungsweise erschließt. Auch und gerade hier (und nicht nur und erst in der von ihm hoch entwickelten Praxis der Gewaltfreien Aktion) hat Gandhi mit seiner Orientierung an der *„Macht der Wahrheit"* ein Verständnis eröffnet, das im Blick auf *„theos"* wegweisend zu sein verspricht. *theos* ist nicht oben und dort (Himmel) im Unterschied zu unten und hier (Erde), *theos* ist nicht das ganz Andere und auch nicht das Gegenüber von Mensch und Welt, *theos* ist auch nicht die der Evidenz entrückte Transzendenz, sondern *Transzendenz in Evidenz*, eine im Zwischen der Menschen existierende und agierende Macht, eine Art *Drittes*, verwoben in alle Prozesse der Lebens- und Weltgestaltung und die durch sie generierten Strukturen. Was in diesen Sätzen so deduktiv daherkommt, verdankt sich in Wirklichkeit der empirischen Summe zahlreicher einzelner Erfahrungen, die Gandhi nicht nur im Rahmen spektakulärer gewaltfreier Aktionen, sondern auch im Alltag machen konnte. Das hier nur angedeutete *theos*-Verständnis ist im Sinne Gandhis induktiv gewonnen, ein in der (Inter-) Aktion entdecktes und immer wieder auf seine intellektuelle Belastbarkeit hin überprüftes. Nur weil für Gandhi die *theos*-Existenz als „Macht der Wahrheit" eine reale und konkrete ist, kann er den Gewaltverzicht zum Prinzip machen. Andernfalls würde er durch gewaltfreies Handeln ein jedes Mal riskieren, das Konfliktfeld allein und uneingeschränkt dem der Gewalt verbundenen Konfliktpartner zu überantworten. Weil es ein *theos* gibt, deshalb und nur deshalb macht es Sinn, auf Gewalt zu verzichten. *Theos* ist – wie auch immer gedacht und benannt – konstitutiver Kern gewaltfreien Handelns.

GOTT ÜBER „GOTT"

Dem *jüdischen* Glaubensverständnis ist die geniale Zurückhaltung in der Beschreibung dessen, was da ist, in der vornehmen Andeutung durch das Tetragramm *JHWH* (da ist etwas da) zu verdanken, dem *christlichen*, dass es in Jesus die Inkarnation des Göttlichen (im Sinne einer Konkretisierung und Aktualisierung, kurz: Verlebendigung) sieht und in diesem, plakativ, den Sohn Gottes bekennt, dem *muslimischen*, dass es die kategoriale Einzigartigkeit Gottes und den Abstand zu diesem dadurch betont, dass auch Mohammed nichts anderes ist als sein Prophet. Allen drei theologischen Akzentsetzungen können wir Wesentliches für das zwischenmenschliche Friedenshandeln entnehmen: Da ist (erstens, jüdisch) etwas da, das lässt sich (zweitens, christlich) verlebendigen, das ist (drittens, muslimisch) das einzigartige, ganz Andere.

Dass der wirkliche Gott eine Größe ist, die jede gedachte unendlich überragt, das hat Paul Tillich (1886-1965), evangelischerseits einer der großen christlichen Theologen des vergangenen Jahrhunderts, mit der Formel *„Gott über ‚Gott'"* eindrucksvoll auf den Punkt gebracht. Gott als letztlich unfassbare wirkliche Größe steht über (!) *Gott* als der so oder so Angenommene und Ausgesprochene, in der Formulierung Tillichs kenntlich gemacht durch An- und Abführungszeichen. Mit anderen Worten: es gibt zweierlei *Gott*, den Gott meiner selbstverständlich begrenzten Vorstellung und den wirklichen, allen Vorstellungen enthobenen *Gott*.

WU WEI – HANDELN IM HORIZONT DES NAMENLOSEN *TAO*

Der hier hervorgehobenen Spannung zwischen „Gott" und *Gott* begegnen wir nicht nur in den abrahamischen Religionen, sondern auch in den originär asiatischen. Frappierend ist dabei die Nähe einer zentralen Weisheit des Lao Tse (legendäre Gestalt, 6. Jh. B.C.E.) bzw. Taoismus zur jüdischen Gottesformel. Unmittelbar zu Beginn des Tao Te King (Kap. 1,1) beschreibt er den Sinn bzw. Weg als *namenlos*: „Der Sinn (Weg), der sich aussprechen lässt, ist nicht der ewige Sinn (Weg). Der Name, der sich nennen lässt, ist nicht der ewige Name." Alles, was deshalb oben im Zusammenhang mit dem jüdischen Tetragramm gesagt wurde, darf damit auch für das, was Lao Tse als namenlos bezeichnet, gelten. Die in beiden Traditionen bezeugte Wirklichkeit ist allen Versuchen der Verfügbarmachung, nicht zuletzt auch der begrifflichen, entzogen.

Die Anerkenntnis einer so verstandenen – sich keiner Vorstellung und keiner Begrifflichkeit subsumierenden – Wirklichkeit hat erhebliche Konsequenzen für die Gestaltung des sozialen Zusammenlebens, für den Umgang miteinander im Horizont dieser Wirklichkeit. Angesichts dieser unverfügbaren, unbenennbaren Bezugsgröße unserer Existenz kann das adäquate Verhalten bzw. Handeln nur ein sich selbst zurücknehmendes, gewaltfreies sein. Das dem *tao* entsprechende Handeln ist, in chinesischer Terminologie, *wuwei*, ein intentionsloses Nicht-Handeln, ein der Natur ein- und angepasstes Handeln, das allerdings nicht im Sinne von Passivität missverstanden werden darf. Durch *wuwei* kommt das *tao* zum Vorschein, zur Geltung. Im *tao*-basierten *wuwei* realisiert der Mensch das ihm gegebene Potenzial, d.h. das, was er von Natur aus will und kann. Allein dadurch, dass er zu seinem eigentlichen, durch Gewaltfreiheit geprägten Können findet, erübrigt er alle Formen des Forderns und Sollens. „Geht dagegen das große *tao* zugrunde," so heißt es im Tao Te King (Kap. 18), „so gibt es Sittlichkeit und Pflicht, kommen Klugheit und Wissen auf." Mit anderen Worten: Wo den Menschen mit Argumenten und Moral zu kommen ist, da ist das *tao* aus dem Blick geraten. Die Gegenbewegung wäre, sich auf das natürliche Können (als unweigerlich gewaltfreies) im Horizont von *tao* zu besinnen. Das wäre nicht nur hinreichend, sondern optimal, maximal; jedes Sollen dagegen ein Armutszeugnis, aus dem Blickwinkel des *tao* ein Rückfall.

MACHTANEIGNUNG ALS AUSDRUCK ATHEISTISCHER HYBRIS

Staatliche Ordnung, Beamtentum, Pflichtenkataloge, Verhaltensregeln und ähnliches existieren nur deshalb, weil das *tao* nicht hinreichend gelebt wird (vgl. Tao Te King: Kap. 18). Die Parallelen zu antiköniglichen (d.h. nicht nur königskritischen) Stellungnahmen der Propheten im vorjesuanischen, ersten Teil der Bibel (im sogenannten Alten Testament) sind überraschend deutlich. Im ersten Buch des Samuel (Bibel: 1 Sam 8) sieht sich der Prophet Samuel zu einer Auseinandersetzung mit einer einflussreichen Gruppe im vorköniglichen Israel gezwungen. Diese wollen das Königtum als eine aus ihrer Sicht effizientere Form des Zusammenlebens in Israel einführen und damit das bisherige, exklusiv auf *JHWH* hin orientierte Leben – ein politisch dezentrales, anarchisches – zugunsten eines gesellschaftlichen Zusammenlebens unter der Herrschaft eines Königs aufgeben. Sie haben sich damit gegen *JHWH* entschieden, ein aus Samuels Sicht eindeutiger Abfall von Gott, eine – in der Tat – atheistische Entscheidung.

MILITÄRISCHE GEWALT ALS GÖTZENDIENST

Wer das rechte *tao* hat, der will, so Lao Tse an einer anderen Stelle der ihm zugeschriebenen Sammlung von Sprüchen, nichts von Waffen wissen (Tao Te King: Kap. 31). Deshalb wird auch dort, wo das *tao* herrscht, Rennpferden eine neue Aufgabe zuteil, sie haben den Dung auszubringen (Tao Te King: Kap. 23). Auch hier springt die Parallele zu einer biblischen Überlieferung ins Auge. Steht dort doch das Pferd für Krieg und Vertrauen auf militärische Gewalt und konkurriert seine Verwendung als solches, aus der Sicht der Propheten, direkt mit dem ungeteilten Vertrauen auf *JHWH* (etwa Jes 31,1.3, Ps 20,8f.). Auf Pferde setzen unterscheidet sich in nichts von jenem Götzendienst, der sich im rituellen Umgang mit Schnitzwerken zeigt. „Wir wollen nicht mehr auf Pferden reiten und zum Machwerk unserer Hände sagen wir nie mehr: Unser Gott." (Hos 14,4, vgl. auch Dtn 5,6). Wer auf Pferde setzt, setzt nicht mehr auf *JHWH*. Wer Pferde für anderes als zum Austragen von Dung benötigt, der folgt nicht dem *tao*. Während Lao Tse der Legende nach auf dem Rücken eines schwarzen Büffels dem Land, das sich seiner Sicht verschließt, den Rücken zudreht, reitet Jesus auf dem Höhepunkt seines öffentlichen Auftretens – demonstrativ – nicht auf einem (Kriegs-) Pferd in Jerusalem ein, sondern auf einem Esel als einem Tier, mit dem sich kein Krieg führen lässt (Joh 12,14f., Sach 9,9-10). Wer es dennoch mit den Pferden hält, dem sollte die Erfahrung der Ägypter Mahnung sein: sie verfolgten die Israeliten auf deren Flucht durch das Rote Meer und ertranken in den über sie hereinbrechenden Fluten (Ex 14), sie stürzten sozusagen in ihr eigenes Schwert, in die von ihnen ausgehende Verfolgungsgewalt. „Wer zum Schwert greift, wird durch das Schwert umkommen." (Mt 26,52) Mit diesen Worten weist Jesus einen seiner engsten Mitstreiter zurecht. „Wer eine Grube gräbt, fällt selbst hinein, wer einen Stein hochwälzt, auf den rollt er zurück." (Spr 26,27). Der von der Bibelexegese so genannte Tun-Ergehen-Zusammenhang – gemeint ist die Tatsache, dass böses Tun wie ein Bumerang auf den Täter zurückkommt, aber gutes Tun hingegen gute Folgen zeigt – findet sich spiegelgenau auch bei Lao Tse. Der dem *tao* verpflichtete Mensch will nicht durch Waffen die Welt vergewaltigen und weiß, dass der Einsatz von Waffen auf das eigene Haupt zurückkommt (vgl. Tao Te King: Kap. 30).

DIE ENTGRENZUNG DER NÄCHSTENLIEBE IN DER FEINDESLIEBE

Darüber hinaus ist der *tao*-Geleitete – unterschiedslos – zu Guten wie Nichtguten einfach nur gut (Tao Te King: Kap. 49). Und auch hier wieder die Parallele: Jesu Postulat der unterschiedslosen Nächstenliebe als Feindesliebe, die er überdies damit begründet, dass Gott seine Sonne aufgehen lässt über Bösen und Guten und regnen lässt über Gerechten und Ungerechten (Bibel: Mt 5,45), und mit dem gängigen Konflikthandeln nach dem Prinzip „Auge um Auge, Zahn um Zahn" (Bibel: Mt 5,38) kontrastiert. Weder prosoziales Handeln noch Feindesliebe sind Resultate einer ethischen Vorgabe, sondern Ausdruck radikaler (radix = Wurzel) *tao*- bzw. Gottverbundenheit. Weil Gott keinen Unterschied macht, so die Ethik Jesu, liegt es nahe, dass sich auch der Mensch unterschiedslos dem Nächsten zuwendet, und das ist der, der ihm als nächster begegnet.

FRIEDENSHANDELN IM HORIZONT DES ABSOLUTEN EINS-SEINS

Dass das *tao* als eine allesumfassende Wirklichkeit nicht positiv bestimmt werden kann, sondern nur dadurch angenähert werden kann, dass in negativer Weise festgestellt wird, was es nicht ist, ist im *Buddhismus* (Siddhartha Gautama, um 500 v. Chr.) insofern stringent zu Ende gedacht, als dieser sich jedes dualistische Denken – ausgedrückt in „hier" und „dort", „oben" und „unten", Himmel und Erde, Gott und Mensch – versagt und das gesamte Sein als ein nicht-duales Eines glaubt. In einem Weltverständnis, das auf der Annahme reiner Einheit beruht, trifft der Buddhismus „im Grunde" auf das wesentliche Spezifikum der (christlichen) negativen Theologie, die zwar von einer Existenz Gottes ausgeht, dabei aber betont, dass über diese keinerlei Aussage gemacht werden kann, und in ihrer radikalen mystischen Variante – so etwa Meister Eckehart (1260-1328) in seiner Predigt 32 „Beati pauperes spiritu" – sogar fordert, darauf zu verzichten, Gott überhaupt „haben", d.h. sich Gott reflektierend, meditierend usw. erschließen zu wollen. Bezeichnenderweise sind Mystiker/innen aller Religionen dazu bereit, sich ins religiös Bodenlose fallen zu lassen, und sind darin, jenseits aller religiösen Zuordnungen, aufs Innigste miteinander verbunden. Hier, auf dem gemeinsamen Seelengrund, wo es „no heaven" und „no religion" gibt (John Lennon, 1940-1980), wo es kein Individuum hier und keinen Gott dort gibt, sondern nur reine Einheit, scheint Frieden auf.

Wenn unter Religiosität die im Hinblick auf das eigene Handeln verbindliche Rückbindung an ein Numinosum verstanden werden kann, dann ist auch und gerade der Buddhismus insofern eine Religion, als er das Leben als einen – stetig auf das unbeschreibbare, unverfügbar entrückte *nirwana* ausgerichteten – Prozess der Selbstrelativierung bis Selbstentäußerung versteht. Wer Leben wie der Buddhist bzw. die Buddhistin, im Horizont des *nirwana* sieht, der/die verantwortet es, um es mit Vaclav Havel (1936-2011) zu sagen, im *„absoluten Horizont des Seins"*. Und wie sich Havel mit Blick auf diesen Horizont die Tatsache erklärt, dass wir uns bisweilen in für uns existenziell bedrohlicher Weise für andere einsetzen, so versteht und erklärt sich im Horizont des *nirwana* – als einem unaufhörlich herausfordernden Eschaton (Letzten) – auch das im Buddhismus hervorgehobene Postulat, niemanden zu töten, ja, selbst nicht einmal ein Tier. Dem Horizont oder ewigen Sog des *nirwana* entspricht ein prozessuales Verständnis von Leben und Welt, das geprägt ist durch die Annahme einer alle und alles umfassenden Einheit und die sich daraus ergebende Konsequenz eines prinzipiellen Gewaltverzichts.

Über dem Volk und seinem Regenten derselbe eine Himmel

Wenn die Definitionen von Religiosität und Religion essentiell von der Verbindlichkeit eines Rückbezugs auf ein „gestaltlos Göttliches" ausgehen, dann darf hier auch der *Konfuzianismus* unter religiösen Vorzeichen gesehen und interpretiert werden.

Sieht doch Konfuzius sowohl den Regierenden als auch die Regierten dem einen und selben „Himmel" (*tian*, vgl. Lun-yu: Gespräche 7,23; 14,36) verpflichtet und damit einer jeder menschlichen Willkür und Manipulation entzogenen Wirklichkeit. Der *Himmel (tian)* steht unantastbar über allen und allem und ist der verbindliche Horizont der *Mitmenschlichkeit (ren)*. In biblischer Tradition drückt sich dies darin aus, dass der Herrscher, hier König David, sein Handeln vor Gott verantworten muss (vgl. Bibel: 2 Sam 24). Einem weitaus radikaleren Verständnis nach ist sogar einem jeden Herrschaftsanspruch – mit Blick auf ein göttliches Dritte – die Legitimation entzogen.

Auch bei *Mozi*, der im späten 5. Jahrhundert B.C.E. gelebt und sich im nördlichen China aufgehalten hat, ist der *Himmel (tian)* die entscheidende Bezugsgröße im Versuch eines ethisch-verantwortlichen, d.h. allen Mitgliedern der Gesellschaft nützlichen Handelns (*yi*), einer (um es zunächst mit Peter Kropotkin zu sagen: durch „mutual aid") durch *xiang li* (gegenseitige Unterstützung) geprägte universale, gegenseitige Liebe (*jianxiang ai*), einer Liebe, die keine Unterschiede mehr kennt, weder bezogen auf Familien noch auf Staaten. Die im *yi* als einem allen nützlichen, verantwortlichen Handeln resultierende universale Liebe (*jian ai*) und Mitmenschlichkeit (*ren*) haben den Himmel (*tian*) als ihren entscheidenden Bezugspunkt (*fa*). Sein Wille (*tianzhi*) erschließt sich den Menschen durch die Geister und Götter und den Glauben an diese sowie den vom Himmel selbst eingesetzten Himmelssohn (*tianzi*). Dieser hat in Gestalt der Obrigkeit dafür zu sorgen, dass die Starken die Schwachen unterstützen und Gerechtigkeit, Wohlstand und Ordnung herrschen. Versagt er darin, hat dies Naturkatastrophen als Strafe zur Folge.

Wenn es, einer logischen Schlussfolgerung nach, im Horizont des bei Konfuzius wie bei Mozi begegnenden Himmels (*tian*) und seiner alles relativierenden Bedeutung *eigentlich* keinen Menschen geben dürfte, der dem Göttlichen, etwa im anmaßenden Sinn, König von Gottes Gnaden oder Himmelssohn zu sein, näher stünde als andere und sich dergestalt aus der Menge abhebt, dann wäre das sowohl in den abrahamischen als auch asiatischen Religionen vergleichbare Korrektiv eines überparteilichen, allen Okkupationsversuchen trotzenden Dritten im Hinblick auf die strukturelle Gestaltung des sozialen Miteinanders nicht nur als ein systemimmanent kritisches zu sehen, sondern als ein systemtranszendent kritisches, als ein jedes Herrschaftsgefüge an sich in Frage stellendes, als ein im Grunde anarchisches. Wie in den biblischen Schriften finden wir dieses für eine Theologie des Friedens beachtlich wegweisende Konzept im Ansatz auch bei *Mengzi* (um 370-290 B.C.E.). Als der wohl erfolgreichste Promotor des Konfuzianismus verbindet er seine anthropologische Position, dass der Mensch von Natur aus gut und seiner Anlage nach prosozial gestimmt sei, mit der bereits bei Konfuzius maßgeblichen Bedeutung des Himmels, radikalisiert diese aber insofern, als er in seinem Horizont das Volk ermächtigt sieht, sich gegen einen unfähigen bzw. ungerechten Regenten aufzulehnen. Im prinzipiell guten Menschen und dem Volk spiegelt sich, Mengzi zufolge, der Himmel.

TRANSRELIGIÖSE SYNOPTIK IM LICHT EINER TRANSRELIGIÖSEN THEOLOGIE DES FRIEDENS

Ein hinduistisches bzw. buddhistisches Gleichnis (Die Blinden und der Elefant) verdeutlicht, dass Blinde den einen und selben Gegenstand, abhängig von ihrem unterschiedlichen Zugang, unterschiedlich beschreiben und darüber sogar in Streit geraten können. Der eine hatte einen Elefanten am Bein berührt und assoziiert einen Baum oder eine Säule, der andere den Rüssel und stellt sich deshalb einen Reifen vor, wiederum ein anderer geht von einem Fächer aus, nachdem er das Ohr des Elefanten ertastet hatte, ein nächster glaubt, nachdem er dessen Schwanz ergriffen hatte, dass es sich um einen Pinsel handelt.

Im Sinne dieses Beispiels sprechen unterschiedliche Varianten einer Theologie des Friedens nicht gegen ihre tendenzielle transreligiöse Einzigartigkeit an sich. Unerheblich ist dabei auch, ob der Kern einer Theologie des Friedens terminologisch mit *Macht der Wahrheit* oder als *Drittes im Zwischen* oder als *namenloses Et-was*, als alles *umfassendes Eines*, als *absoluter Horizont des Seins* usw. zu bestimmen versucht wird. Aus dem Blickwinkel der *Universalienforschung* legen die mit Religiosität und Religion ein-hergehenden Phänomene den Befund nahe, dass gegenüber ei-ner Unzahl von substanziellen und essenziellen *Gemeinsamkeiten* die in den einzelnen Religionen zu findenden *Besonderheiten* nur eine periphere – wenngleich keine unbedeutende (für viele, wenn auch unangebracht, die ganz entscheidende) – Rolle spie-len. Die den Religionen eigenen kategorialen Gemeinsamkeiten verdeutlichen, dass es *im Grunde* um ein und dasselbe geht: die Realisierung einer merkwürdigen Dynamik der Lebensbewälti-gung durch ihre Ent-deckung im Lebensalltag, ihre Einbezie-hung in die Lebensgestaltung sowie ihre (je unterschiedliche) Benennung im intra- und interreligiösen Austausch, ihre spiritu-elle Vergewisserung (Meditation, Gebet usw.) und ihre nicht sel-ten feierliche (gottesdienstliche, liturgische usw.) Hervorhebung und Bestätigung als solche.

UNIVERSALE ETHIK AM BEISPIEL DER GOLDENEN REGEL

Zu den auffallendsten inhaltlichen Übereinstimmungen zwi-schen den Religionen zählt die sogenannte *Goldene Regel*, forma-les Prinzip und Grundlage einer universalen Ethik. Sie zielt auf einen Perspektivenwechsel, der nahelegt, dass niemand anderen das antun sollte, was er/sie nicht selbst angetan bekommen möchte, bzw. dass jeder/jede das anderen (an Gutem) zukom-men lassen sollte, was er/sie gerne selbst (als Gutes) empfangen möchte. Das „Was du nicht willst, das man dir tu, das füg' auch keinem anderen zu" finden wir in dieser oder in ähnlichen For-mulierungen (bei Jesus in der positiven Fassung: Was du willst, das man dir tut, das tue dem anderen) in allen Religionen. So beispielsweise – mit beachtlichen, teilweise wörtlichen Über-einstimmungen – im Hinduismus im Mahabharata 5,1517; im Jainismus im Sutrakritanga I.11.33; im Konfuzianismus in den

Analekten des Konfuzius 15,23; im Buddhismus im Samyutta NikayaV, 353.35-354.2; im Zoroastrismus im Shayast-la-Shayast 13,29; im Judentum in Tob 4,15 und Lev 19,34 sowie im Babylonischen Talmud, Schabbat 31a; im Christentum in Lk 6,31 und Mt 7,12; im Islam im Koran, Sure 2,279 sowie im Hadith 13 der Hadithe von an-Nawawi.

Frieden zwischen den Religionen

Der wohl intimste Bereich innerhalb von Religiosität und Religion ist das Gebet. Dass es offensichtlich selbst in diesem Bereich eine so erstaunlich große Schnittfläche gibt, dass sich auf dieser Repräsentanten aller großen Weltreligionen treffen können, um gemeinsam für den Frieden zu beten, darf als eines der stärksten Zeichen dafür gedeutet werden, dass *im Grunde* alle Religionen auf einer gemeinsamen spirituellen Basis das Eine wollen, nämlich Frieden. Dass der Papst erstmals 1986 die Weltreligionen zu einem alle Religionen übergreifenden, gemeinsamen Friedensgebet in die Stadt des Heiligen Franziskus, nach Assisi, eingeladen hatte, dürfte seinen guten Grund gehabt haben: gerade im Kontext der Kreuzzüge war es Franziskus, der die Friedensdynamik einer transreligiösen Existenz, sein persönliches, frontenüberwindendes Versöhnungshandeln, unter Beweis stellen konnte, indem er schutzlos auf die von den Kreuzfahrern angegriffenen Bewohner des Heiligen Landes zugegangen ist. Heute ist es die Stiftung Weltethos (seit 1993), die nicht müde wird hervorzuheben, „dass es keinen Frieden geben wird ohne Frieden zwischen den Religionen". „Religions for Peace" (seit 1961) ist eine weitere Initiative, die den Dialog der Religionen fördert. Wegweisend trat bereits 1893 ein Weltparlament der Religionen in Chicago zusammen.

Zwar bremsen Absolutheitsansprüche und Beharrungstendenzen als mehr oder weniger ausgeprägte bzw. auffallende Wesenszüge der Religionen den interreligiösen Dialog und ein transreligiöses Zusammenwachsen aus, scheinen sich aber gegenwärtig abzuschwächen. Insbesondere an ihrer Basis wachsen Religionen zunehmend zusammen. Während sich ihre Repräsentanten/innen, vor dem Hintergrund ihrer intellektuellen und spirituellen Fixierungen, im Austausch miteinander bisweilen (noch) schwer tun, bewegen sich ihre „normalen" Gläubigen – etwa an ihren Arbeitsplätzen, in Schule und Universität, im Rahmen von Nachbarschaft, sportlichen Events und Festveranstaltungen, verbunden durch Freundschaft, Partnerschaft und Ehe – oft relativ ungezwungen aufeinander zu. Weil sie, im Zuge von Enttraditionalisierungsprozessen, die Besonderheiten ihrer Religionen teils nur noch peripher kennen oder rudimentär pflegen bzw. einfach ignorieren und auch hinsichtlich der zentralen und in der Regel allen Religionen gemeinsamen Inhalte oft nicht einmal über ein Grundwissen verfügen bzw. darin Gemeinsamkeiten wahrnehmen, fällt es ihnen leicht, die auf oft hohem Reflexionsniveau angesiedelten und sich komplexen Überlegungen verdankenden Abgrenzungen außer Acht zu lassen. So wachsen die Religionen – flankiert von transreligiöser Mystik – ausgehend von der Basis ihrer Mitglieder, in der Praxis des alltäglichen Lebens, organisch zusammen. Ihre Repräsentanten, Funktionäre, Experten erinnern, bewahren und pflegen indes aus u.a. exegetischen, historischen, rechtlichen, liturgischen Blickwinkeln die zentrale Substanz ihrer je eigenen Religion. Religionskriege und auch der behauptete „Clash of Civilization" sind unter Voraussetzungen dieser Art obsolet.

Wie Jesu „*Reich Gottes*"-Ausdruck eher ein Prinzip, weniger ein Territorium meint, so ist auch das *tao* in der Übersetzung mit „Weg" sprachlicher Ausdruck eines Prinzips. Und wie diese – *tao* genauso wie *Reich Gottes* – ist auch das buddhistische *nirwana* ein unbeschreibbares, herausforderndes Etwas, eine Bezugsgröße, die aber nicht als etwas Anderes im Sinne von Jenseitigem oder Gegenüber verstanden werden darf. *Tao, nirwana, atman/brahman, Reich Gottes* sind wie *JHWH* oder *Allah* da, sie existieren, sind real und als ebenso unverfügbarer wie unfassbarer Anspruch im Hinblick auf unsere Lebens- und Weltgestaltung u.a. dadurch konkret, dass er darauf abzielt, aus der Ich-Haftigkeit hin zu ungeteilter, grenzenloser Verbundenheit mit allen und allem zu befreien. Mit der Herausarbeitung dieses Zusammenhanges beschreibt eine Theologie des Friedens die Grundlage wie den Rahmen eines letztlich nur in Verbindung mit Gewaltverzicht und Gewaltfreiheit zu verstehenden Friedenshandelns.

*

Der vorliegende Beitrag verdankt sich konstruktiven Kürzungen durch Thomas Nauerth. In seiner um Vorspann und Literaturverzeichnis erweiterten Form erscheint die deutsche Langfassung unter dem Titel *„Pädagogik im Horizont des Eschaton. Skizze einer Theologie des Friedens"* in dem von Bodo VON CARLSBURG und Annette M. STROß im Peter Lang Verlag (Frankfurt a. M.) herausgegebenen Band „Pädagogische Visionen im 21. Jahrhundert" (Erscheinungsjahr 2021). In der Langfassung werden auch Hinweise zur hinduistischen und muslimischen Religion und zum aktuellen Phänomen der Säkularisierung gegeben. Das englische Original der Langfassung wird in der von Lester KURTZ editierten 3. Auflage der „Encyclopedia of Violence, Peace and Conflict" (Amsterdam / London 2021) erscheinen.

Das WORT und die Ökumene

Eines Tages klopfte das WORT an die Tür der Ökumene von Jerusalem. Sie wohnte zwischen Synagogen, Kirchen und Moscheen und war gerade dabei, die Gebetswoche für die Einheit der Christen vorzubereiten.

„Ich bin sehr beschäftigt", sagte die Ökumene, „eigentlich wäre es mir lieber, du würdest später kommen. Ich muss verschiedene Gottesdienste vorbereiten."

„Um was geht es in den Gottesdiensten?", fragte das WORT.

„Die Gottesdienste sind eine sehr delikate Sache", antwortete die Ökumene. „Wir müssen die Gebete so formulieren, dass sich keiner davon verletzt fühlt."

„Aber wie kann sich einer verletzt fühlen", fragte das WORT erstaunt, „wenn ihr miteinander zu dem einen Gott betet, der unser aller Vater ist?"

„Ich sehe, dass du wenig Erfahrung in der Ökumene hast", antwortete die Ökumene. „Es wäre wirklich besser, du würdest später kommen, wenn ich die Gottesdienste vorbereitet habe."

„Aber wie willst du einen Gottesdienst ohne mich vorbereiten?" fragte das WORT schnell und setzte einen Fuß zwischen die Tür.

„Manchmal denke ich auch, es wäre leichter ohne dich", sagte die Ökumene und blickte verlegen zur Erde. „Weißt du", fügte sie nach einer Weile hinzu, „ alle verstehen dich in ihrem Sinn."

„Habe ich mich unklar ausgedrückt?" fragte das WORT erstaunt.

„Wenn ich überlege, wer sich alles auf dich beruft und wie sie dich für ihre Interessen gebrauchen, dann würde ich mir schon wünschen, du hättest dich klarer ausgedrückt", wagte die Ökumene zu sagen, „vielleicht gäbe es dann die Spaltungen nicht."

„Aber ist es nicht wunderbar, dass die Menschen, Religionen und Kirchen einen solchen Reichtum an Traditionen, Liturgien, Theologien und Lebensformen entwickelt haben? Warum sprichst du von Spaltungen? Ich sehe eine große Vielfalt." Das WORT war sehr ernst geworden und blickte prüfend an der

Ökumene vorbei. „Du hast dich mit vielen Büchern umgeben",
sagte es nach einer Weile ...
„Ich brauche sie, um mich einigermaßen zurechtzufinden in
dieser Vielfalt", sagte die Ökumene schnell. „Nicht alle Bücher
sind hilfreich. Manche verwirren mich nur noch mehr." „Worte,
Worte, nichts als Worte", fügte die Ökumene dann hinzu und
das WORT sah ihre Verzweiflung.
„Ich habe viele Kinder", antwortete das WORT. „So sie aus den
Herzen der Menschen gesprochen sind, sind sie meine Kinder.
Sie versuchen, mich in die Zeiten und Situationen des Menschen
zu übersetzen. Ich liebe sie."
„Ich sehe nur Verwirrung", antwortete die Ökumene. „Wie kann
ich wissen, welche Worte deine Kinder sind? Manche Worte sind
des Teufels."
„Du hast recht", antwortete das WORT. „Das sind meine Worte
nicht, die um der Macht willen gesprochen werden, oder all die
Worte, die den Menschen Angst machen und sie aufteilen in
Gute und Böse. All die Worte, die trennen, sind meine Worte
nicht."
„Du sprichst sehr gefährliche Gedanken aus", antwortete die
Ökumene unwillig. „Die Menschen sind nicht so mündig, dass
sie ohne klare Richtlinien auskämen. Wenn ich dich reden höre,
sollte ich gerade meinen, es bräuchte gar keine Ökumene. Aber
wir haben die Einheit nicht, wir müssen sie erst schaffen." Die
letzten Worte hatte die Ökumene sehr trotzig gesagt.
„Genau das ist euer Problem", antwortete das WORT leise. „Ihr
meint, etwas schaffen zu müssen, was längst da ist. Wo anders
ist die Einheit als in Gott selbst? Sie allein gilt es zu sehen! Dann
könnt ihr alle Papiere und Einheitsentwürfe getrost in
Freudenfeuern verbrennen."
„Du achtest unser Bemühen zu gering", sagte die Ökumene
vorwurfsvoll.
„Ich achte euch nicht gering in eurem Bemühen", sagte das
WORT schnell. „Aber es tut mir weh, wie ihr euch an der
falschen Stelle müht. Wenn ihr miteinander Gott sucht, seid ihr
in der Einheit. Sie ist in IHM – nicht in euch. ER ist der Eine –

Ihr seid die Vielen. Ihr alle seid sein Reichtum.
Warum bekämpft ihr euch?"
„Du meinst, bei IHM sind alle in gleicher Weise geliebt?"
sagte die Ökumene.
„Sie sind alle geliebt", antwortete das WORT langsam und
blickte die Ökumene offen an.
„Aber sie glauben nicht alle das gleiche",
wandte die Ökumene erstaunt ein.
„Es ist nicht entscheidend, was sie glauben. Wichtig ist allein die
Liebe", sagte das WORT, „die Liebe zu ihm und zueinander."
„Was heißt: einander lieben?" fragte die Ökumene seufzend.
„Einander lieben", antwortete das WORT, „heißt:
einander sein–lassen, heißt: einander anerkennen,
heißt: miteinander Brot und Wein teilen,
heißt: einander vergeben – jeden Tag ...
Wenn ihr so tut, tut ihr wie ER jeden Tag an euch tut."
Die Ökumene blickte auf die Uhr! „Oh", sagte sie, „jetzt muss ich
aber an die Arbeit. Wie gesagt: Die Gottesdienste sind sehr
delikat, und ich möchte keinem zu nahe treten."
„Aber habe ich euch nicht gesagt, wie ihr beten sollt", antwortete
das WORT. „Wenn ihr zusammenkommt, dann betet „Unser
Vater in den Himmeln ..." – das können in dieser Stadt alle
beten. Und wenn ihr so gebetet habt, dann teilt miteinander Brot
und Wein und freut euch, dass ihr Kinder des einen Gottes seid."
Die Ökumene senkte den Kopf. Als sie aufblickte, war das
WORT verschwunden. Später wurde die Ökumene schweigend
in der Wüste gefunden.

WILHELM BRUNERS

„Seid vollkommen, auf das Ganze bedacht!"

Biblische Grundlagen kreativer Gewaltfreiheit

Georg Steins

Die Frage nach der Gewaltfreiheit führt in das Zentrum der biblischen Botschaft: Immer geht es in der Bibel um die Wiedergewinnung eines für alle guten Zustandes des Lebens, um Gerechtigkeit, Versöhnung und Frieden, um „unseren *schalom*" (vgl. Jes 53,5).

Aus dem Alten Testament sind als herausragende Beispiele die „Lieder vom Gottesknecht" im Buch Jesaja zu nennen. Der bekannteste Abschnitt des Neuen Testaments zu diesem Thema ist der Abschluss der jesuanischen Disputationsworte in der „Bergpredigt" des Matthäusevangeliums (Mt 5, 38-42 und 43-48).[1]

ANTI-THESEN?

Beide Abschnitte aus der Bergpredigt werden traditionell zu den „Antithesen/Gegensatzsprüchen" der Bergpredigt gerechnet. Die Vorstellung eines „seine" Lehre an die Stelle des Gottesgesetzes vom Sinai stellenden Jesus hält sich immer noch in vielen Köpfen und wird gerne bemüht, um die Botschaft Jesu vor einer schnell aufgebauten dunklen Folie zu profilieren; in der Forschung ist sie jedoch längst aufgegeben worden. „Die Antithesen stellen also nicht Jesu Wort über oder gegen das Wort der Tora, sondern Jesu *Auslegung* des in der Tora offenbarten Willens Gottes gegen die *Auslegung* von Schriftgelehrten und Pharisäern. Anzufügen

---

[1] Eine strukturierte Textfassung von Mt 5,38-48 findet sich zum Download unter: https://www.bibelunddidaktik.uni-osnabrueck.de/zur-fuenften-und-sechsten-antithese-eine-strukturierte-textfassung-nach-eue/.

ist, dass die Thesen keine historisch ohne Weiteres verwertbaren Quellen für das tatsächliche Gesetzesverständnis der Pharisäer sind. V. 20-48 ist vielmehr im Rahmen der (polemischen) Auseinandersetzung mit ihnen zu lesen, die das gesamte Evangelium wie ein roter Faden durchzieht."[2] Folglich sind „die Antithesen nicht torakritisch, sondern auslegungskritisch zu lesen"[3]. Diese Feststellung kann gar nicht überbewertet werden.

Den von antijüdischen Klischees befreiten Neuansatz hatte 2006 schon die „Bibel in gerechter Sprache" in einer paraphrasierenden Übersetzung von Mt 5,21-48 aufgenommen. Anstelle des immer missverstandenen „ich aber sage euch" hatte sie die Wiedergabe „ich lege euch das heute so aus"[4] gewählt und auf diese Weise die „Thesenreihe" als fingierte Disputation verdeutlicht.[5]

SCHWIERIGKEITEN DER DEUTUNG

Dass die Deutung der fünften These (5,38-42) weitaus schwieriger ist als die Interpretation der sechsten (42-48), signalisieren die wechselnden Überschriften in Bibelausgaben, Kommentaren und Arbeitshilfen. Wird hier Passivität gefordert, ein Zurückweichen vor dem Bösen als Signatur christlicher Lebenspraxis? Es ergeben sich zahlreiche Fragen zur Deutung der fünften These. Leichter scheint es zu fallen, den Zusammenhang der fünften und sechsten These zu erfassen. Aber ist mit der Zuordnung – „Verzicht auf ‚Widerstand' als negativer Seite und Feindesliebe als positiver Entsprechung" – die Pointe in vollem Umfang erfasst? Welche Bedeutung hat die geforderte „Liebe" in Bezug auf den Feind?

---

[2] Matthias KONRADT: Das Evangelium nach Matthäus (Das Neue Testament Deutsch Bd. 1) Göttingen 2015, 78.

[3] Matthias KONRADT: Matthäus, 80.

[4] Bibel in Gerechter Sprache: Gütersloh 2006, 1842f.

[5] Vgl. die Diskussion mit ausführlichem Belegmaterial bei Heinz-Günther SCHÖTTLER: Christliche Predigt und Altes Testament. Versuch einer homiletischen Kriteriologie. Ostfildern 2001, 522-571.

Ich schlage angesichts dieser Interpretationsprobleme besonders der fünften These vor, nicht mit der schwer deutbaren Einleitung in Mt 5,38f zu beginnen, sondern den Nahkontext der
Bergpredigt als Interpretationshilfe zu nutzen, und zwar in zweifacher Weise: zum einen stärker auf den Zusammenhang der
beiden Thesen zu achten und zum anderen die auffälligen Signa-
le einer kontextuellen Einbindung gerade dieser beiden Absätze
aufzugreifen.

Nachahmung Gottes, kein „Passivismus"

Die fünfte und die sechste These weisen im Aufbau große Gemeinsamkeiten auf, die den intuitiv erfassten inneren Zusammenhang, die Diskussion von Alternativen im Umgang mit dem
Bösen und speziell dem Feind, unterstreichen. Beide Abschnitte
sind dreiteilig aufgebaut. Auf die zugespitzte Disputation (Zitat
der überlieferten Position – dazu die Lehre Jesu) als Aufmerk-
samkeitserreger in 5,38.39a//43-45a folgt jeweils eine Beispielrei-
he in 5,39b.40 und 46.47; am Schluss steht in beiden Fällen eine
markante Forderung in 5,42 und 48.

Anders als die vier vorangehenden Thesen in Mt 5,21-37 sind
die fünfte und sechste These über den jeweiligen Abschlussge-
danken stark in den Fortgang der Bergpredigt eingebunden. Bei
der Vollkommenheitsforderung in 5,48 fällt das sofort auf; die
Wendung „himmlischer Vater" bzw. „Vater in den Himmeln"
und „dein Vater, der im Verborgenen ist" wird mit einem Dut-
zend Vorkommen vor allem in Mt 6 zu einem Leitwort im Mittelteil der Bergpredigt, findet sich aber auch noch in Mt 7,11 und
21.

Der Verhaltensratschlag aus Mt 5,42 findet ein theologisches
Pendant in 7,7-11. Das Thema Bitten und Geben dominiert den
Mittelteil der Bergpredigt; im Vaterunser Mt 6,9-13 weist Jesus
die Jüngerinnen und Jünger an, sich in allen wesentlichen Belan-
gen bittend vor den „Vater im Himmel" zu stellen. Der Vater
weiß, was sie brauchen, schon lange bevor sie ihn bitten (vgl.

6,8). Die Reihe der Bitten im Vaterunser kulminiert in der Bitte um Rettung vor dem Bösen (6,13). Jede menschliche Auseinandersetzung mit dem Bösen steht folglich in diesem theologischen Bezugsfeld: Gott soll vor dem Bösen retten. Alle Arbeit an der Überwindung des Bösen ist getragen vom Vertrauen auf Gottes Rettungswillen und Befreiungsmacht.

Der geforderte Umgang mit dem Bösen und mit dem Feind folgt in der Bergpredigt nicht allein Klugheitsregeln, die aus der Erfahrung gewonnen wurden und sich bewährt haben, sondern wird in einen direkten Zusammenhang mit dem Gottesbild gebracht: Es geht um die Nachahmung des Verhaltens Gottes. Und Jesus zeichnet in der Bergpredigt einen Gott, der allen Menschen vorbehaltlos entgegenkommt. Aus beiden Aspekten speist sich diese „Logik": *Gottes Sorge* gilt erstens *allen*, und sie liegt zweitens dem Verhalten der Menschen *voraus*. Der Maßstab ist allein Gottes Vatergüte. Die einzige Festlegung, die damit zugelassen ist, besteht in der Kindschaft aller Menschen gegenüber dem himmlischen Vater; nur sie ist Vorgabe, Leitbild und Ziel allen menschlichen Tuns: „damit ihr Söhne (und Töchter) eures Vaters in den Himmeln werdet" (5,45a).

In diesen Horizont muss sich das Verhalten der Menschen zueinander einfügen. Das scheint in den gewöhnlichen Alltagsverhältnissen keine besonderen Schwierigkeiten zu bereiten, erst recht, wenn ich in einer Position der Stärke bin und ein anderer mir als Bittsteller begegnet. Nur der Gestus des Entgegenkommens entspricht der allem voraus liegenden Vatergüte.

Die fünfte These nimmt nun aber Situationen in den Blick, die nicht zu diesem einfachen Muster passen. Was ist zu tun, wenn der andere stärker ist? Was ist zu tun im Fall der Konfrontation mit Gewalt? Wie stellt sich die beschriebene Logik im Fall von Unrechtserfahrungen dar? Zur aufgezeigten Gesamtlinie passen nur Verhaltensweisen, die an Gottes Überwindung des Bösen festhalten und alle Beteiligten als Kinder des himmlischen Vaters anerkennen. Alles muss von der Güte des einen Vaters bestimmt sein. Eine Anpassung an die Handlungsweisen des Übeltäters ist damit ausgeschlossen. Aber auch ein quietistisches Nachgeben passt nicht zu dieser Linie, denn dies wäre nicht vereinbar mit ernsthaften Bitte an Gott, das Böse zu überwinden, und mit der Überzeugung von Gottes liebevollem Einsatz für das Leben aller seiner Kinder.

Unter der Voraussetzung, dass die fünfte und ebenso die sechste These keine lockere Fügung weisheitlicher Sentenzen sind, sondern in zwei Anläufen einen theologisch-ethischen Gedanken stringent entfalten, ist damit ein Verständnis von 5,39a („Leiste dem, der euch etwas Böses tut, keinen Widerstand") als passiver Hinnahme des Bösen ausgeschlossen. Die Absage an „Widerstand" angesichts des Bösen kann nicht bedeuten, sich nicht mit dem Bösen auseinanderzusetzen. Alles kommt darauf an, auch in einer schwierigen Lage die Logik des himmlischen Vaters beizubehalten und das Handeln an ihr zu orientieren: So wenig, wie Gott das Böse will, können die Jüngerinnen und Jünger es wollen. Warum sollten sie sonst um Rettung bitten? Und zugleich geht es darum, nicht die Verhaltensmuster des Bösen zu übernehmen, im eigenen Verhalten das Böse zu spiegeln[6].

Das Verb „antísthemi" in Mt 5,39a bezieht sich nicht auf jede Form von Widerstand gegenüber dem Bösen. Kontextuell und textsemantisch scheint es gewählt zu sein, um die Anti-Logik zu charakterisieren, die Jesus überwinden will, vielfach wird es als „militärischer Ausdruck" benutzt. Als deutsche Übersetzung für Mt 5,39a böte sich also etwa an: „Verhaltet euch nicht gewaltsam gegenüber dem Bösen."[7]

Gewaltverzicht bedeutet jedoch nicht Widerstandsverzicht. Der christliche Pazifismus erfordert eine klare Haltung zum und eine entschiedene Abgrenzung gegenüber dem Gebrauch von Gewalt. Als genereller Verzicht auf Widerstand wäre er jedoch eher als „Passivismus" („passivism") zu bezeichnen, ein „tatenloser Pazifismus" („non resistant pacifism"), der in Gefahren und erniedrigenden Umständen nur schwer mit der Nächstenliebe und

---

[6] Vgl. Walter WINK: Engaging the Powers. Discernment and Resistance in a World of Domination. Minneapolis 1992, 184, der die Untersuchung von Mt 5,39 überschreibt mit: „The Thesis Statement. Do not mirror evil".

[7] Walter WINK: Engaging, 185.

der immer gebotenen Selbstachtung zu vereinbaren ist. Die Bergpredigt zeichnet einen anderen, einen *dritten Weg zwischen Gewalt
und Passivismus* vor, den der Bibelwissenschaftler und Denker
der Gewaltfreiheit Walter Wink mit einem Oxymoron als „kämp-
ferische Gewaltfreiheit" („*militant nonviolence*")[8] bezeichnet.

Während der Eingang der fünften These negativ zunächst
einmal verbietet, die Anti-Haltung der Übeltäter zu übernehmen,
können die Beispiele als positive Entfaltungen der geforderten
Haltung einer „militanten" Gewaltfreiheit gelesen werden. Sie
sind weit von jedem „frommen Dulden" des Unrechts entfernt,
das dem Bösen in die Hände spielt, statt es zurückzudrängen. In
allen drei Beispielen der fünften These geht es darum, sich der
Gewalt und dem Unrecht entgegenzustellen, ohne sich das Muster der Gewalt zu eigen zu machen. Vielmehr zielen die Beispiele
auf Befreiung von der destruktiven Logik ab; die negative Hand-
lungslogik soll nicht nur vorgeführt und entlarvt, sondern
durchbrochen und kreativ überwunden werden.

Die blitzschnelle Gegenaktion „pariert" nicht auf der Ebene
der Aktion des Gewalttäters – das wäre im Sinne der von Jesus
problematisierten „Anti" Haltung –, sondern „dreht" die Situation. Der normalerweise mit der rechten Hand ausgeführte Schlag
auf die *rechte* Wange des Gegenübers kann nur mit dem Hand-
rücken ausgeführt werden; das ist nicht nur eine Form der Gewalt, sondern Ausdruck der Herabsetzung, der Entwürdigung
des Gegenübers. Dreht dieser dem Schläger die andere Wange
zu, verschiebt sich die Situation; aus der Herabwürdigung wird
nackte Gewalt. „Durch die Gegenprovokation, auch die andere
Wange hinzuhalten, verändert er [d.i. der Unterlegene: G.St.] die
Situation. Das Objekt des Unrechts wird zum Handlungssubjekt
und gewinnt so ein Stück weit Handlungssouveränität und
Würde zurück. Selbst wenn nun das Gegenüber durch dieses
‚Entgegenkommen' nicht dazu stimuliert wird, innezuhalten und
sein Verhalten zu überdenken, sondern die Skrupellosigkeit be-

---

[8] Walter WINK: The Powers That Be. Theology for al New Millenium. New York
1998, 145; dt. Ausgabe: Verwandlung der Mächte. Eine Theologie der Gewaltfreiheit. Hrsg. von Thomas Nauerth und Georg Steins, Regensburg 2. Aufl. 2018, 125.

sitzt, die ‚Einladung' anzunehmen, hat sich die Konstellation gegenüber dem ersten Schlag fundamental verändert."[9]

An diesem „Paradebeispiel" des jesuanischen Pazifismus scheint die Logik der Gewaltfreiheit überdeutlich auf. Der Gewaltverzicht bedeutet den Austritt aus dem ewigen Hin und Her von Gewalt und Gegengewalt, er unterbricht den Kreislauf der Destruktivität und ermöglicht einen Ausweg. Eines bietet er nicht: eine Garantie, dass die Gewalt ein Ende findet. Und er bietet auch keine billige Lösung; der Preis kann sogar sehr hoch sein. Aber auch wenn dieser Ernst immer im Blick zu behalten ist, wenn es um den Widerstand gegen zerstörerische Gewalt geht, sind die weiteren Beispiele nicht ohne Humor, der auch zum Aufbrechen einer verfahrenen Situation gehört und dem Unterdrückten wie dem Unterdrücker den Weg in eine andere Zukunft öffnen kann.

Wer vor Gericht unter Zwang zusätzlich zum Untergewand auch noch den als lebenswichtiges Kleidungsstück nicht pfändbaren Mantel (vgl. Ex 22,25f; Dtn 24,12f) hergibt, steht nackt vor dem Publikum; die Vorstellung überbietet die eigentlich ernste Situation, in der es um das letzte Hab und Gut des Armen geht, in Richtung eines Straßentheaters – mit dem Appell an den Gläubiger „sein Verhalten gegenüber den Armen überhaupt zu überdenken und zu verändern"[10]. Das Mitgehen der „zweiten Meile" führt nicht zum Zusammenbruch des römischen Besatzungsregime, zeigt aber einen Weg zur Wahrung der Würde in einer bedrückenden Situation. „Male dir aus, wie überrascht der Soldat ist, wenn er am nächsten Meilenstein um die Rückgabe des Gepäcks bittet, und der Zivilist sagt: ‚Nein, ich trage das noch eine Meile.' … In einer Situation der Unterdrückung hat der Unterdrückte plötzlich die Initiative übernommen. Stell dir die Lage des römischen Infanteristen vor, der mit einem Juden um sein Gepäck verhandelt. Das Humorvolle der Situation mag uns nicht mehr aufgehen, aber den Hörern Jesu wird es schwerlich entgangen sein; sie haben sich köstlich darüber amüsiert,

---

[9] Matthias KONRADT: Matthäus, 95.
[10] Matthias KONRADT: Matthäus, 95.

wie hier ihre Unterdrücker aus der Fassung gebracht worden sind."[11]

PRAKTIZIERTE SCHÖPFUNGSTHEOLOGIE

Die sechste These (Mt 5,43-48) führt das Programm einer schöpferischen Überwindung zerstörerischer Gewaltverhältnisse fort. Mehr noch als das Hinhalten der Wange gilt die Feindesliebe als Charakteristikum der Botschaft Jesu und als extreme, ja ungeheuerliche Forderung christlicher Ethik, deren Praktikabilität und Verbindlichkeit fraglich erscheint. Die Argumentation der Bergpredigt unterläuft mit einigen ebenso schlichten wie zwingenden Überlegungen alle Relativierungsversuche. Feindesliebe gleicht nicht einer ethischen Gipfeltour, sondern ist das Pendant des biblischen Gottesglaubens, plausibilisiert durch eine einfache schöpfungstheologische Argumentation. Vorgängig zu allen Differenzen zwischen „Bösen und Guten" – die Bösen werden sogar zuerst genannt! – gibt es eine tiefe Solidarität aller, die in ihrer Kreatürlichkeit gründet.[12] Die moralischen Unterschiede werden nicht verwischt, aber die Welt allein mit diesem Maßstab zu beurteilen, hieße, Grundlegendes zu übersehen. Wie in These fünf ist diese Erkenntnis unmittelbar für das Handeln bedeutsam. Ein die direkte Erfahrung nur spiegelndes Verhalten übersieht den größeren Horizont, die tiefere Verbundenheit, die allen Unterschieden vorausliegt.

Feindesliebe wird verstanden „als Entsprechung zur unbedingten liebenden Zuwendung Gottes zu den Menschen, der diesen mit seiner Suche nach dem Verlorenen eine neue Zukunft eröffnet"[13]. Die Bibel erinnert immer wieder daran, dass nicht „die Anderen" die Bösen sind, die der Erlösung bedürfen, und

---

[11] Walter WINK: Engaging, 182. Vgl. dazu auch die „antike" Radioreportage *„Geh die zweite Meile!"* unter https://www.bibelunddidaktik.uni-osnabrueck.de/1417-2/.
[12] Vgl. Eberhard SCHOCKENHOFF: Die Bergpredigt. Aufruf zum Christsein, Freiburg 2014, 230f.
[13] KONRADT, Matthäus, 99.

dass alle Überheblichkeit fehl am Platze ist. In einer Meditation über den von Gott selbst geschenkten „Frieden" (Röm 5,1) hält Paulus fest, dass Gott zuerst *alle* als Feinde geliebt und mit sich versöhnt hat (Röm 5,8.10). Gott ist darin vollkommen zu nennen, „daß er sich niemandem versagt", dass „er niemanden ausschließt und auch niemanden abschreibt", dass er „gerade darin vollkommen ist, daß er auch der Gott der Gottlosen ist"[14]. *Die Feindesliebe ist kein Spezialthema einer christlichen Ethik, sondern das Zentrum des biblischen (nicht nur des neutestamentlichen) Gottesbildes.* „Die Feindesliebe hat daher ein doppeltes Ziel: sie ist auf die Überwindung des Racheimpulses im eigenen Herzen *und* auf die Verwandlung des Gegenübers, auf seine ‚Entfeindung' gerichtet. Weil sie mich selbst *und* den Feind von den Wunden des Hasses heilt, ist sie der einzige erfolgversprechende Weg zur dauerhaften Überwindung der Feindschaft."[15]

Nichts kann sich zum Guten wandeln, wenn Gottes schöpferische Liebe von der Angst des Menschen um sich selbst verschlungen wird; deshalb werden die fünfte und sechste These der Bergpredigt flankiert und gestützt durch den Refrain vom himmlischen Vater, der weiß, was Menschen nötig haben. Das Vaterunser ist das Gebet derer, die den Feind lieben sollen und wollen, aber nicht können, weil und solange sie zuerst auf sich schauen. „Sucht aber zuerst das Reich Gottes und seine Gerechtigkeit …" (Mt 6,33). Das ist die Vorzugsregel, die kreativer Gewaltfreiheit den Weg öffnet.

DIE VERWANDELNDE KRAFT DER SCHWACHEN

An der Figur des „Gottesknechtes" entfaltet das Alte Testament im Jesajabuch einen Weg, der von Anfang an die Anti-Logik, die Spiegelung der Gewalt im eigenen Verhalten überwindet und deshalb aus der Gewalt herausführt.

---

[14] Thomas PRÖPPER: Gottes Freundschaft suchen. Predigten, Geistliche Gedanken und Gebete. Regensburg 2016, 108.
[15] Eberhard SCHOCKENHOFF: Bergpredigt, 233.

Im *ersten „Lied"* (Jes 42,1-9) präsentiert Gott selbst seinen Knecht vor einem imaginären Publikum. Dieser Knecht steht in einer besonders dichten Beziehung zu Gott; er ist erfüllt vom Geist Gottes, so dass in seinem Handeln Gott wirkt und seinen Willen durchsetzt. Damit ist die wichtigste Voraussetzung für alles versöhnende Handeln angesprochen: In der Annahme durch Gott werden dem Selbsthass und der Verachtung der anderen der Boden entzogen. So „erwählt", „gerufen" und „behütet" (vgl. 42,6; 49,1 u.8) ist der Knecht „neu", durch Gottes Annahme befreit wie am ersten Schöpfungsmorgen. Durch ihn kann Neues beginnen in der Welt des Unrechts (vgl. Jes 42,9).

Der Knecht soll in der Welt der Völker („auf der Erde", 42,4) den Rechtszustand aufrichten, Gottes guter Schöpfung zum Ziel verhelfen. Alle Welt ist einbezogen, die ganze Weite der Schöpfung. So passt es, dass die Gottesrede an den Knecht in 42,5 nicht nur mit der üblichen Formel „so spricht der Herr" beginnt, sondern Gott geradezu umständlich als Schöpfer von Himmel und Erde und Geber des Lebensatems beschrieben wird. Das erinnert an den Grund und das Ziel des göttlichen Wirkens, in den das Wirken des Gottesknechtes eingeschrieben ist.

Seine größte Sprachkraft entfaltet der Text, wenn er anschaulich wird und die „Methode" der Durchsetzung des Rechts nennt: Der Knecht tritt nicht dröhnend und herrisch auf und er geht nicht über das Beschädigte und Schwache hinweg. Zurückhaltung und Zärtlichkeit – so könnte man die weltverändernde Methode nennen. In offenen Metaphern wird auch das „Recht bringen" beschrieben: Licht bringen anstelle von Finsternis (vgl. Gen 1,1-3), Leben schaffen – sich überlagernde Vorstellungen für die schöpferische/göttliche Verwandlung der Welt, eine tief greifende Veränderung zur „Versöhnung".

In Jes 49,1-9, dem *zweiten Lied*, spricht der Gottesknecht selbst. Er erinnert an seinen Auftrag: Gottes Rettung soll bis an das Ende der Erde reichen, alle umfassen. Dieser Einsatz Gottes für die Welt fängt damit an, dass Jakob/Israel zu seinem Gott zurückkehrt, aber das ist eben nur der Anfang einer weltverändernden Bewegung. Vom Ende des Liedes her gewinnt der Anfang der

Rettung Kontur: Es geht wieder um Befreiung – aus der Gefangenschaft zum Licht. Die Aussagen bleiben aber bewusst offen; die metaphorische Sprache sichert ihre Bedeutung über die Ursprungssituation (also die Befreiung aus der Gefangenschaft in Babylon) hinaus.

Schärfer als im ersten Lied und mit neuen Tönen wird die Zwischenstellung, das Mittleramt, des Gottesknechtes vorgeführt: Er ist von Gott gerufen, geehrt; Gott sichert ihm zu, ihn zu behüten und ihm zu helfen. Das ist wichtig, nicht nur für die Stellung des Knechts, sondern für das Bestehen-Können in seiner Rolle. Denn offenbar stößt der Knecht auf Widerstände. Es deuten sich harte Konflikte an. Der Knecht charakterisiert sein eigenes Mühen als vergeblich und sinnlos. In der Verachtung, die er erfährt, hat er nur noch *einen* Halt: „Mein Recht ist bei JHWH" (Jes 49,4).

Auf dieser Linie verbleibt *das Lied in Jes 50,4-9*. Es beschreibt die Gottesbeziehung des Knechts zunächst wörtlich als „Schülerschaft": Es geht um das Hören, durch das allein sich Gottes Wille erlernen lässt. Als Schüler dieses Gottes erfährt er Zurückweisung, die sich in brutaler körperlicher Gewalt äußert. Die Dinge spitzen sich immer mehr zu: Einerseits wird das Gottesverhältnis enger, gerade intimer (das Hören ist biblisch ein viel dichterer Ausdruck der Nähe und des Zusammenwirkens als in unserer gewöhnlichen Vorstellung), andererseits steht der Knecht nun mit seinem Leib für Gottes Auftrag ein. Es geht nicht um eine Botschaft, eine Mitteilung, ein Programm. Der Knecht *verkörpert* Gottes Rettungseinsatz für Israel und für die Nationen; deshalb schlagen die Widerstände gleichsam auf seinen Körper durch.

Der Knecht erfährt, dass er bestehen kann, „er wird nicht in Schande enden" (Jes 50,7). Das ist schwer zu übersetzen: Er verliert nicht den Boden unter den Füßen, bleibt im Letzten er selbst. Hier versucht die Bibel eine Erfahrung zu erfassen, die alle Widerständler machen und die ihnen hilft zu bestehen. Es gibt eine Grenze der Gewalt, einen Punkt, an dem fremde zerstörerische Macht zerschellt; gemeint ist die Erfahrung einer Kraft, die allein die Treue zum Auftrag ermöglicht und das Weitergehen in letzter Konsequenz. Das ist kein Gesetz, immer nur eine stammelnd vorgetragene Erfahrung: ein Lichtfunke in einer wahnsinnigen Welt der Gewalt, der Punkt, an dem das Neue schon Wirklichkeit wird. Der zweite Teil des dritten Liedes drückt das in gewohnter Rechtsprache aus: Gott als Anwalt im Rechtsstreit, der nicht zulässt, dass das Recht unterliegt. Mit besonderem Nachdruck hält der Knecht fest, dass Gott ihm beisteht; wie in einem Refrain, der den zweiten Teil des Liedes gliedert: „Gott wird mir helfen" – „der mich freispricht, ist nahe" (vgl. Jes 50,7-9). Das ist die Weise, in der der Knecht dem Unrecht und der Gewalt begegnet. Er passt sich nicht den Mitteln seiner Gegner an. In einer Welt der Gewalt setzt er auf Gott als den Anwalt des Rechts.

Alle Fäden laufen zusammen in jenem berühmten *Lied im 53. Kapitel des Jesajabuches* – und zusätzlich bietet *das vierte Lied* noch entscheidende neue Aspekte über den Knecht und seinen Weg, die Welt bis zu den „fernen Inseln" nach Gottes Willen zu verändern. Dieses Lied setzt offenkundig den Tod des Gottesknechtes voraus, deshalb spricht hier nicht der Knecht. Gott verheißt dem Knecht eine große Zukunft. Der Tod ist nicht das letzte Wort. Davon sprechen die Rahmenteile des Textes. Die Hoffnung des Knechtes geht nicht ins Leere, Gott ist treu.

Im Mittelteil des Textes (Jes 53,1-11) spricht eine nicht näher identifizierte Wir-Gruppe; sie ist zu einer revolutionären Erkenntnis gelangt. Im zweiten Teil des Mittelteils wird erzählt, was dieser Knecht erlitten und getan hat, wie die Menschen zu ihm standen und was Gott mit ihm vorhatte. Durch das Schicksal des Knechtes kommt die Wir-Gruppe zu einer neuen Erkenntnis, und zwar zu einer doppelten neuen Einsicht. Zum ersten geht ihr auf, wer *der Knecht* war und warum er gelitten hat, und zum zweiten sehen sie ein, wer *sie* waren und was ihr Tun bewirkt hat – und wie das eine mit dem anderen zusammenhängt. Der getötete Knecht, war *Gottes* Knecht, er vertrat die Sache Gottes und Gott stand auf seiner Seite. Die Gewalt, die den Knecht getroffen hat, war die Gewalt der Wir-Gruppe. Nicht Gott hat sich das Leiden „ausgedacht", sondern das Leiden hat einen konkreten

Verursacher. Hier wurde also die eigene Gewaltausübung auf Gott projiziert. Die Falschheit und Verlogenheit hat nun jedoch ein Ende. Es ist klar, woher die Gewalt kommt und die Gewalttäter erkennen das an.

Aber die Veränderung der Wirklichkeit greift weiter aus. Deshalb folgt auf den Abschnitt über die Erkenntnis noch eine die ersten drei Lieder aufnehmende und deutende Erzählung über den Knecht. Er hat nämlich die Dynamik der Gewalt gebrochen. Oder vielleicht besser gesagt: An ihm ist diese Macht zerbrochen. Der Text sagt „Er hat die Sünden getragen oder aufgehoben." (53,4) Die Gewalttäter werden nicht bestraft (das ist hier nicht das Thema), sondern herausgeführt aus dem „falschen Leben".

Der Schlüssel zum Gelingen dieser mehrfachen Rollenwechsel (der Geächtete ist und bleibt der Gerechte; die Wir-Gruppe durchschaut ihre Verblendung und ihr verbrecherisches Tun) verbirgt sich in einem Bild in Jes 53,7: das Lamm, das seinen Mund nicht auftut. In einem Text, der sich so weit vorwagt und sich einer der schwierigsten Fragen stellt, sind auch die Bilder gewagt. Das stumme Lamm ist nicht in gefährlich-naiver Weise „lammfromm". Es ist hier das Gegenbild zu den anderen Tieren der Kleinviehherde, die „ihren je eigenen Weg" (vgl. 53,6) gehen. Das stumme Lamm ist kein dummes Lamm; das Lamm steht als Doppelbild für die Treue zu Gott *und* für die Absage an die Gewalt. Der Gottesknecht bleibt bei Gott und übernimmt nicht das Verhalten der Gewalttäter. Er steht für das, was Gott will, und er hält aus, was Gott nicht will. In allem Versöhnungshandeln ist das die größte Herausforderung: sich der destruktiven Macht nicht anzugleichen, weil in dem Moment sogleich das schöpferisch Neue verspielt wäre. „Fügt euch nicht in das Schema dieser Welt" (Röm 12,2) wird später Paulus fordern, nicht als Grundsatz eines fragwürdigen Entweltlichungsprogramms, sondern im Wissen darum, dass Gott das Neue will, kein Immer-wiederund-immer-weiter-so in einer gottfernen Welt.

DER BIBLISCHE VERSÖHNUNGSWEG

Gewaltlosigkeit ist biblisch kein ethisches Programm, das Menschen aus eigener Macht umsetzen können; sie ist nur theologisch möglich, also in einer Bindung an jenen Gott, der für den *schalom* „steht", bei dem dieses Andere schon Wirklichkeit ist und der darin auch die Gewalttäter eingeschlossen hat, weil er sie als seine Geschöpfe nicht abschreibt: Deshalb kann die Wir-Gruppe nur erschüttert ausrufen: „Die Züchtigung war auf ihm – für unseren *schalom*!" (Jes 53,5). Wie sollte ohne die Bindung an Gott im Handeln des Knechtes der Bruch mit dem Alten möglich sein? Für Jes 53 jedenfalls bricht sich an der Stelle, an der die Gewalt den Gottesknecht tödlich trifft, Gottes neue Schöpfung Bahn. Das kann man dann Stellvertretung nennen, obwohl diese Vorstellung möglicherweise viel zu statisch ist, um das Ringen, das Jes 53 abbilden will – in Reflexion und Erzählung – auch nur annähernd einzufangen. Für die Wir-Gruppe (und schließlich die Vielen und die fernen Könige) ist die Welt neu geworden und der Knecht bleibt von Gott „behütet".

Die Welt ist besetzt vom „Mythos der erlösenden Gewalt"[16]. Es ist der tief verwurzelte Glaube, dass nur über die tödliche Gewalt Sicherheit, Frieden und Heil zu gewinnen sind. Das Evangelium, die biblische Botschaft von Gottes Engagement für die Welt, erzählt dazu die große Gegengeschichte.[17] Die Bibel erzählt von dem einen Gott, der über allem und allen steht und vom Gutsein der *ganzen* Schöpfung. Es geht um Überwindung der Gewalt in der Schöpfung, aber nicht um Vernichtung eines Teils von Gottes guter Schöpfung. Paulus findet dafür in 2 Kor 12,9 eine einfache Formel von großer Eindringlichkeit: Gottes Macht kommt zu ihrem Ziel durch Schwachheit.

---

[16] Walter WINK: Engaging, 13-31; vgl. Walter WINK: Verwandlung, 47-65.

[17] Vgl. Walter WINK: Verwandlung, 64f. Vgl. ansonsten Johanna TSCHAUTSCHER: Vom Mythos der erlösenden Gewalt. Essayfilm mit Th. Nauerth, G. Steins u.a. Österreich 2017 (95 min) (www.johanna-tschautscher.eu). – Eine ausführliche Fassung dieses Beitrags in: Margit ECKHOLT / Georg STEINS (Hg.): Aktive Gewaltfreiheit. Theologie und Pastoral für den Frieden. Würzburg 2018, 36-59.

Der Gottesgedanke –
ein Friedensgedanke

Johann Baptist Metz

„Die Rede von Gott ist allemal universalistische Rede.
Gott ist entweder ein Menschheitsthema oder überhaupt kein
Thema. Götter sind pluralisierbar und regionalisierbar, nicht
aber Gott. Er ist nur ‚mein' Gott, wenn er auch ‚dein' Gott sein
kann, er ist nur ‚unser' Gott, wenn er auch als Gott aller
anderen Menschen bekannt und angebetet werden kann.
Gott eignet sich nicht zur Legitimierung und Befestigung
des Freund-Feind-Verhältnisses unter den Menschen.
Der Gottesgedanke ist – elementar – ein Friedensgedanke."

JOHANN BAPTIST METZ: Compassion. Zu einem Weltprogramm des
Christentums im Zeitalter des Pluralismus der Religionen und Kulturen.
In: Metz, Johann Baptist/Kuld, Lothar/Weisbrod, Adolf: Compassion.
Weltprogramm des Christentums. Soziale Verantwortung lernen,
Freiburg: Herder 2000, 10.

Gott, dann wird die Welt anders aussehen

Anja Vollendorf

Jede Theologie muss Friedenstheologie sein. Jede Theologie, die keine Friedenstheologie ist, ist keine Theologie, denn sie sieht Gott nicht. Sie missversteht Gott.

Als Gott seine Schöpfung ansah, auch den Menschen, den er „zu seinem Bilde schuf", war es „sehr gut" (Gen 1, 27.31). Aber dieser Mensch war noch nicht unter die Erde gekrochen. Er hatte noch kein Gold, Koltan und Kobalt aus der Erde geholt. Er lebte vom „grünen Kraut", das Gott ihm „zur Nahrung gegeben" hatte (Gen 1, 30).

Er lebte auch noch nicht in Flugzeugen weit über der Erde. Er lebte noch nicht auf der Erde in Zeiten der großen Beschleunigung. Aber selbst zu der Zeit, als der Mensch noch zu zweit auf der Erde lebte, gab es bereits einen Kippeffekt: Der Mensch erkannte, was gut und böse ist (Gen 2 und 3).

Was folgte, ist die bekannte Geschichte vom ersten Mord auf Erden und der ersten nicht Menschen gemachten Naturkatastrophe, aber auch dem Bundesschluss (Gen 9, 8 ff), den Gott mit der Erde schließt. Er schließt den Bund mit dem Menschen nur insofern, als er Teil dieser Erde ist. Und die Menschheit war noch nicht auf 7,7 Milliarden Menschen angewachsen. Die planetarischen Grenzen der Gegenwart waren noch nicht im Blick.

Die Tatsache, dass der Mensch ein *Zoon Synkrusae*, ein Konflikt–Wesen ist, kommt in den vielen biblischen Geschichten zwischenmenschlichen Zusammenlebens zum Ausdruck, die mit der Familiengeschichte seit Abraham (Gen 12) ihren Lauf nimmt. Daran lässt sich lernen, wie neidisch, zornig, hinterhältig und mörderisch menschliches Verhalten sein kann. Es lässt sich aber auch lernen, wie schön und aufbauend, lebendig machend und friedenstiftend der Mensch leben kann.

Der Mensch grüßt mit Schalom (z.B. Gen 29,6), und weiß, wie gut es ist, in Sicherheit zu leben (vgl. Ps 122, 6-8). Gerechtigkeit und Friede können sich küssen (Ps 85, 11). Der Schalom Gottes ist mit Zukunft und Hoffnung verknüpft (Jer 29, 11).

So ist Schalom etwas Alltägliches wie ein Gruß und zugleich die große Erfahrung der Zuwendung Gottes, die Menschen nutzen, um bessere Lebensverhältnisse für andere und sich zu gestalten. Der Mensch weiß um das Gute und Schöne des Schalom, in den Gott den Menschen stellen kann und will. Der Friedefürst bringt Schalom durch Recht und Gerechtigkeit (Jes 9-11). Und der Menschenfischer sagt, dass die Menschen glücklich sind, die Frieden stiften (Mt 5,9).

Wir können diese und viele andere Bibelverse zum Schalom meditieren. Wenn wir die Bilder, die sie hervorrufen, nicht schon kennen, reißen diese Meditationen einen neuen Horizont auf. Und selbst, wenn wir die Bilder vom Schalom, den Gott uns schenkt, bereits kennen, erweitert jede Meditation der alten biblischen Bilder unseren Horizont. Friedenstheologie reißt den Horizont auf, der sich verdunkelt hat.

Die Verdunkelung liegt über der Erde, weil Leid und Elend, Unrecht und Ungerechtigkeit, Unterdrückung und Versklavung nach Veränderung schreien. Konflikte, die an sich zunächst nie schlecht sind, weil sie Menschen in ihrer Entwicklung weiterbringen, werden schlecht angegangen. Sie eskalieren und bringen Krieg, Gewalt und Leid über viele Menschen, die oft in Konflikteskalationen hineingezogen werden, ohne dass sie von Beginn an am Konflikt beteiligt waren.

Ein Beispiel: Zwei Jugendliche im Ostkongo prügeln sich um einen Kanister Benzin für ihr Motorrad. Einer wird dabei so stark verletzt, dass er ins Krankenhaus muss. Er wird nie wieder sehen können. Dort besucht ihn seine Familie. Seine Brüder sind der Ansicht, man müsse etwas machen. Sie stellen den Brüdern des Täters einen Hinterhalt. Einer von ihnen wird durch eine Machete getötet. Der Clan schaltet sich ein. Man müsse etwas machen. Das Haus der Familie des erblindeten jungen Mannes wird überfallen. Mehrere Frauen und Männer, auch Kinder, werden erschossen. Die Übrigen planen und führen eine Entführung eines politischen Abgeordneten durch, der zur Ethnie der Gegenseite gehört. Daraufhin schaltet die Gegenseite eine bewaffnete Gruppe ein, die irgendwo eine Zollstation im Land eingerichtet hat und davon lebt, die Mineralien zu „besteuern", die aus der Erde gewonnen wurden. Die bewaffnete Gruppe kann den Abgeordneten nicht retten, der den Jugendlichen den Kanister Benzin geschenkt hatte, damit sie ihn wählen. Aber sie wird sich mit einer anderen bewaffneten Gruppe, die den Abgeordneten am Ende gefangen hielt, Krieg führen und auf ihrem Weg zum Schlachtfeld Dörfer plündern, Vieh töten und Frauen vergewaltigen, um sich auf diesen Krieg vorzubereiten und zu „stärken".

Der Mensch zeigt neidisches, zorniges, hinterhältiges und mörderisches Verhalten. Aus einem kriminellen Akt kann sehr schnell ein Bürgerkrieg entstehen, aus diesem ein Krieg zwischen Nationen, aus diesem ein Stellvertreterkrieg, aus diesem ein Weltkrieg. Die Geschichte aus dem Ostkongo klingt archaisch. Und selbstverständlich ist friedensethisch geboten, einzugreifen. Zivile Konfliktbearbeitung mit den beiden Jugendlichen, in ihren Familien kann eine Eskalation zum Bürgerkrieg verhindern. Dialog, Gespräche, Mediation, Seelsorge am Krankenbett, Predigten am Sonntagmorgen, Lernstoff in der Schule, Gebete, Friedenstheologie an der Universität und in Gemeinden, – all das hilft und rettet Leben. Gott war immer wieder in Versuchung zuzuschlagen (Hosea), aber hat es nicht getan (Jona).

Der Mensch, der sich als nicht mehr archaisch lebend versteht, hat sich des Problems der Konflikteskalation aber nicht entledigen können. Mit der Existenz von autonomen Waffensystemen kann sich der Mensch sehr schnell vormachen, er sei an Entscheidungen, die Konflikte eskalieren lassen, nicht mehr beteiligt und nicht mehr verantwortlich zu machen. Das ist letztlich nach wie vor sehr archaisch. Der Mensch sagt sich: Ich habe die

Waffen nicht gebaut. Aber vielleicht hat er an einem Design-Element mitgewirkt. Er sagt sich: Ich habe die Waffen nicht programmiert. Er hat aber vielleicht einen Algorithmus angewendet. Er sagt sich: Ich habe das Ziel nicht anvisiert, die Munition nicht abgeschossen, die Menschen nicht getötet. Das war die Drohne, die handelte.

Der Mensch verabschiedet sich damit von seinen Geschöpfen wie von Gott.

Aber Gott verabschiedet sich nie von seinen Geschöpfen. Das ist der Kern von Friedenstheologie. Gott ist da. Gott ist nah. Gott stellt uns in den Schalom. Und selbst, wenn Gott tot ist, dann ist das der Vatergott, der tot ist, auf den wir dann auch nicht mehr zu hoffen brauchen, wenn uns autonome Waffensysteme oder modernisierte Atomwaffen um die Ohren fliegen. Dieser Dad-bringt-es-wieder-in-Ordnung-Gott ist zweifellos tot. Einen solchen Gott gibt es in der Tat nicht, der ex machina auftauchen kann, um alles wieder innerweltlich zurechtzubringen, was Menschen verbockt haben.

Es sind die Menschen, die die theologische Aussage, dass Gott extra nos, etwas außerhalb unserer Selbst ist, missverstanden haben. Sie haben gedacht, dass es ins Belieben gestellt sei, mit Gottes Schöpfung, da sie nicht Gott selbst ist, umzugehen, wie sie wollen. Mit den seltenen Erden, mit Metallen, mit den Tieren und den Mitmenschen können wir umgehen, wie wir wollen, dachte der Mensch. Die Menschen bauen also Waffen und Tierfleischfabriken. Sie verseuchen Flüsse mit giftigen Abwässern. Die Menschen in ärmeren Ländern sperren Kinder ein, um die Kleidung von reichen und armen Menschen in den reicheren Teilen dieser Welt zu produzieren, um sie nach dem Tragen zurückzubekommen und selbst zu tragen. Die Menschen haben vergessen, dass alles das, was sie umgibt und leben lässt in der Welt, nicht göttlich ist, aber heilig.

Es ist nicht göttlich noch heilig, Öl ins Feuer von Konflikten zu gießen, und sich so zu verhalten, als läge die Sintflut noch vor uns. Das Friedensklima der Erde ist es wert, verteidigt zu werden, mit aktiver Gewaltfreiheit, überall auf dem Globus, nicht nur im Friedensprojekt Europa. Denn was nützt die „strukturelle Nicht-Angriffsfähigkeit der Europäischen Union als zentraler Aspekt der Sicherheitsarchitektur"[1], wenn EU-Länder gleichsam unstrukturiert durch Waffenexporte die Sicherheitsarchitektur der Welt ins Wanken bringen. Da stecken keine glücklich gepriesenen Friedensstifter dahinter. Und die Kritiker unter ihren Verächtern, die meinen, dass um der Sicherheitsarchitektur der Welt willen Europa fähig sein müsse, militärisch abzuschrecken[2], verteidigen das Friedensklima nicht, auch wenn sie die abschreckende Aufrüstung mit der Verteidigung von Menschenrechten und Beseitigung von Unrechtssystemen verkaufen. In jedem militärischen Konflikt werden Menschenrechte verletzt, selbst, wenn sie verteidigt werden sollen. Was bleibt, sind verstörende Bilder.

Es sollte nicht weiter überraschend sein, dass es viel Verstörendes in kriegerischen Situationen gibt. Die Bibel, auch andere Weltliteratur ist voll davon. Viele Bilder jedoch bleiben lebenslang. Kriegsbilder, aber auch Friedensbilder.

Eine Begebenheit am Rande eines Seminars zu Traumata im Friedenszentrum der Église du Christ au Congo in Bukavu, Ostkongo, eine sekundär erlebte grausame Begebenheit, von der ein kongolesischer Psychologe erzählte. Der Psychologe leitete ein Seminar, nahm mich in einer Pause zur Seite und sagte, dass er mir mal was zeigen müsste. Er zeigte mir ein Papierfoto, auf dem schwerbewaffnete Milizionäre in Tarnuniform posierten, irgendwo in der Brousse, im kongolesischen Wald. Vier oder fünf Milizionäre lachten in die Kamera und, es dauerte einen Moment, bevor ich erkannte, dass sie je mit einem ihrer Füße auf abgeschnittenen Menschenköpfen standen. So präsentierten sie ihre menschlichen Trophäen.

Seither habe ich eine extrem starke Aversion gegen Tarnuniformen, die mir Menschen im Stadtbild von Düsseldorf, Bonn oder Saarbrücken modisch aktuell präsentieren. Und die neue

---

[1] Damian Patting: In der „Schwäche" liegt die Kraft? In: EU-Informationen Januar 2020. EKD Büro Brüssel, 23.
[2] Damian Patting: a.a.O. 25.

Verantwortung, die Deutschland laut Verteidigungsministerium übernehmen sollte, sollte sich keinesfalls in Tarnuniform präsentieren, sondern sie sollte zivil auftreten.

Der Psychologe sagte zum Bild aus dem kongolesischen Wald: „Das ist nicht normal."

Mir blieben die Worte im Hals stecken. Das war noch schwach ausgedrückt. Ich wusste, dass der Kollege aus dem Bereich der Psychologie selbst Traumata erlebt und aufgearbeitet hatte. Und die Seminaristen waren psychologisch geschulte Ansprechpersonen eines Netzwerkes, die möglicherweise auch selbst genug Grausamkeit erlebt hatten, aber auf jeden Fall in ihrer Arbeit täglich mit den Menschen arbeiteten, die Grausames erlebt hatten.

Ein paar Monate nach dieser Begebenheit rüttelte die Nachricht die international engagierte Kongo-Community auf, dass die Schwedin Zaida Catalan und der US-Amerikaner Michael Sharp, die als UN-Mitarbeitende mit Motorrädern in der Brousse unterwegs waren, tot aufgefunden worden waren. Sie waren von einer bewaffneten Miliz geköpft und verscharrt worden.

Und immer wieder gibt es neue Berichte über menschliche Gewalt, die die Welt verdunkelt, und über Friedensstifter, die Licht in diese Welt tragen.

Christ*innen erwarten kein Heil von der sie umgebenden Wirklichkeit, aber gehen sorgsam und friedenstiftend mit ihr um, denn sie setzen ihre Hoffnung auf Gott. Sie begeben sich in Gefahr mit ihrem Leben, weil die Friedensbilder der Bibel sie tragen. Sie leben bewusst im Risiko, gleichgültig, ob sie auf einem Kontinent leben, der als Friedensprojekt verschrien ist oder auf einem, auf dem sich zahlreiche Krisengebiete befinden.

Christ*innen machen nicht mit, wenn ihnen von Sachzwängen dieser Welt erzählt wird, sondern sie können widerstehen und aussteigen, da, wo sie erkennen, dass sie im Unrechtssystem verstrickt sind. Sie lassen sich nicht von Grenzen behindern, um Frieden zu stiften, sie lassen sich aber von den planetarischen Grenzen beeindrucken, deren Überschreitung den Frieden zwischen Menschen und Staaten zerstört. Krankheiten, wie das CO-

VID-19-Virus, global Leben auslöschende Waffensysteme und andere ökologische Katastrophen treiben die Menschheit in einen doppelten und dreifachen Suizid.

Und doch: Christ*innen denken Gott solidarisch und geschwisterlich. Sie treiben Friedenstheologie, indem sie in Bibel, Tradition und Kirche ihre Grundlagen im Blick behalten. Sie haben Hoffnung, dass Gott heilsam ist. Keine Materie wird ihnen zu Gott, ist ihnen aber heilig. Sie halten mehr von schützenden Strategien und Verantwortung, die aus der Kraft friedenstiftender Bilder wächst. Sie hoffen, dass Gott schon im Hier und Jetzt, wenn nicht erst recht am Ende der Zeiten mit ihnen zusammen Frieden stiftet.

Dann wird die Welt anders aussehen:

Dann werden sich zwei Jugendliche den Inhalt aus dem Benzinkanister teilen und um den Kanister selbst losen. Und es findet sich ein Friedensstifter, der sie auseinanderreißt, wenn der eine den anderen blind zu schlagen droht. Die Familien beraten sich am Krankenbett, wie sie den Konflikt friedlich miteinander lösen. Ein Clan lernt den anderen kennen. In Schulen lernen die Kids, wie sie miteinander zu einem Interessenausgleich kommen können. In Gottesdiensten hören sie Predigten, die konfliktsensibel sind. Bewaffnete Milizen gibt es nicht mehr, die sie anrufen könnten. Daher können sie auch keine Friedensstifter mehr köpfen. Und es gibt auch die nicht mehr, die ihnen Waffen verkaufen, geschweige denn produzieren.

Die Menschheit wird zu einer Welt(bürger*innen)gesellschaft, in der es keine Frieden zerstörende sondern nur noch Frieden stiftende Berufe gibt (Jes 2 / Micha 4), zu einer post-work-Gesellschaft, in der wir in jedem Beruf und in jeder Gemeinde eine Menge Zeit dafür aufbringen, friedenstheologisch und friedensethisch zu arbeiten, selbst, wenn wir es nicht so nennen. Und die Menschen lassen sich friedenstheologisch einladen, mit der Bergpredigt (Mt 5-7) Politik zu machen.

Märchen vom lieben Gott

Heinrich Vogeler

Schon lang, als das Jahr 1917 dem Ende zuging, sah man in Deutschland überall die seltsamsten Erscheinungen am Himmel und unter den Menschen. Das Merkwürdige aber war, dass am Spätnachmittag des 24. Dezember auf dem Potsdamer Platz von vielen Menschen der liebe Gott gesehen worden ist. Ein alter trauriger Mann verteilte Flugblätter. Oben stand: Friede auf Erden und den Menschen ein Wohlgefallen, und darunter in lapidarer Schrift die zehn Gebote. Der Mann wurde von den Schutzleuten aufgegriffen, vom Oberkommando der Marken wegen Landesverrat standrechtlich erschossen. Einige Aufnehmer des Flugblattes, die die Worte des alten Mannes verteidigten, kamen ins Irrenhaus.

Gott war tot.

Ein paar Tage darauf waren unsere großen Feldherrn nach Berlin gekommen, mit der festen Absicht, durch Wort und Tat die Welt von Elend und Blut zu erlösen. So kamen sie mit den Vertretern der Friedenskonferenz zusammen. Sie kamen überein, die Welt mit dem Schwerte in der Hand vor sich in die Knie zu zwingen, erhoben sich selber zum bluttriefenden Götzen, aus dessen selbstherrlicher Hand die Menschheit ihre Gesetze empfangen sollte. Da sahen sie plötzlich, wie der totgeglaubte Mann vom Potsdamer Platz mitten unter ihnen stand und stumm auf seine zehn Gebote wies. Aber niemand wollte die ärmliche Erscheinung kennen. Da gab er sich zu erkennen und war fast seines Triumphes froh, denn er glaubte ja an die Menschheit. Der Kaiser und die Feldherrn führten seinen Namen in ihren Telegrammen, die Krieger trugen ihn auf dem Bauche, die Feldprediger hatten die schwersten Verbrechen der Menschheit durch seinen Namen geheiligt. Da aber sah Gott, dass man ihn gar nicht kennen wollte, dass man von ihm sich nur eine prunkende Form, eine Uniform behalten hatte, und aus der glotzte das goldene Kalb und beherrschte die Welt.

Da verließ Gott die Friedensversammlung und machte den ordenbesternten Götzen Platz, denn Gott will nicht siegen, Gott ist.

Die Götzen aber führten das Volk immer tiefer ins Elend und erweckten weiter Hass, Bitternis, Zerstörung und Tod, und wie sie nichts mehr hatten außer blechernden Schmucksternen und Kreuzen, verschenkten sie das gestohlene Gut ihren Völkern.
Da ging Gott zu denen, die zusammengebrochen waren unter der Bürde der Leiden, unter Hass und Lügen: Es gibt über euren Götzen einen Gott, es gibt über eurem Fahneneid meine ewigen Gesetze.
Es gibt über eurem Hass die Liebe.
Da gaben die Krüppel ihre blutstinkenden grauen Kleider, ihre Orden und Ehrenzeichen zurück an den Gott des Mammons, gingen unter das Volk und entheiligten die Mordwaffen und vernichteten sie.
Gott aber ging zum Kaiser:
Du bist Sklave des Scheins. Werde Herr des Lichtes, indem du der Wahrheit dienst und die Lüge erkennst. Vernichte die Grenzen, sei der Menschheit Führer. Erkenne die Eitelkeit des Wirkens. Sei Friedensfürst, setze an die Stelle des Wortes die Tat, Demut an die Stelle der Siegereitelkeit, Wahrheit anstatt Lüge, Aufbau anstatt Zerstörung. In die Knie vor der Liebe Gottes, sei Erlöser, habe die Kraft des Dienens, Kaiser!

Geschrieben und an den Kaiser persönlich verschickt im Januar 1918.
Heinrich Vogeler wurde daraufhin in eine Irrenanstalt eingewiesen.

https://www.heinrich-vogeler.de/friedensbrief/
Abdruck mit freundlicher Genehmigung der Heinrich-Vogeler-Gesellschaft
Verein Barkenhoff Worpswede e.V.

Friedenstheologie –
Fünf Grundpfeiler aus
friedenskirchlicher Perspektive

Marie-Noëlle von der Recke

Obwohl uns im Schlusssegen vieler Gottesdienste der Friede Gottes zugesprochen wird, ist das Thema Frieden als ausdrücklicher Auftrag der Kirche in ihrer Verkündigung und ihrer Praxis wenig präsent. Es ist eins der tragischen Rätsel der Kirchengeschichte, dass dieses Thema nur einen untergeordneten Platz im Bewusstsein und im Handeln von Christen eingenommen hat. Kirchen haben vielfach Kriege mitgetragen und es zugelassen, dass ihre jungen Männer sich daran beteiligen. Mehr noch, die schrecklichsten Kriege wurden von ihnen buchstäblich gesegnet.

Die folgenden Ausführungen sind ein Versuch, die Grundlagen einer Friedenstheologie aus friedenskirchlicher Perspektive zu skizzieren.

1. Grundpfeiler:
Wenn wir in der Gemeinde über Frieden und Friedenstiften
reden, sprechen wir vom Kern unseres Glaubens.

Der Friede gehört zur Mitte des Evangeliums, der biblischen Botschaft. Er darf nicht an den Rand oder außerhalb des Fokus des Gemeindelebens gedrängt werden. Er gehört in die Mitte gemeindlicher Verkündigung und Praxis. Die Heilsgeschichte, die ihren Höhepunkt in Jesus Christus erreicht, ist nichts Anderes als eine Friedenserklärung Gottes an uns Menschen und dieser Friede soll gelebt und weitergegeben werden.[1] Dem von Gott ge-

---

[1] Biblische Beispiele sind zahlreich: beim Vaterunser (die Vergebung, die ich empfange, soll ich weitergeben), in der Bergpredigt (wenn Du Dein Opfer zum Altar bringen willst ...), bei Paulus (Gott hat uns zu sich versöhnt ... Wir sind Botschaf-

schenkten Frieden entspricht für die Kirche der Auftrag, selbst Frieden zu stiften.

2. Grundpfeiler:
Wenn wir über Frieden und Friedenstiften reden,
reflektieren wir darüber, wie wir leben und handeln.

Es handelt sich nicht um eine Position, sondern um einen Lebensstil, wie auch das Christsein keine Einstellung ist, sondern eine Lebensweise. Auch wenn man den christlichen Pazifismus als Theorie logisch darstellen kann, geht es beim Friedenszeugnis der Gemeinde nicht um eine ethische Option, eine Theorie, eine Ideologie, sondern um praktisch gelebten Glauben. Wir sind nicht „dafür" oder „dagegen". Unser täglicher Umgang mit Menschen und mit der Schöpfung ist gefragt.

3. Grundpfeiler:
Der Friede im biblischen Sinne ist ganzheitliches Wohlergehen.

Schon im ersten Testament ist er ein zentrales Thema, neben und trotz der Schilderung von Krieg und Mord. Die Bibel beschreibt die Menschen so, wie sie sind. Der rote Faden des ersten Testaments ist aber die Geschichte eines Gottes, der die Menschen segnet und seinen Segen auf die ganze Menschheit durch das Volk Israel erstrecken will. Eine rebellische Menschheit entzieht sich immer wieder diesem Segen. Immer wieder versucht Gott, sie zu gewinnen. Er gibt seinem Volk Gebote, damit es in Frieden lebt, in Harmonie mit ihm, miteinander, und mit der Schöpfung. Der Begriff Schalom, der viel mehr als die Abwesenheit von Krieg bedeutet und die Dimensionen von Gerechtigkeit und einem glücklichen Leben einschließt, fasst den Willen Gottes für die Menschen zusammen.[2] Da soll jeder sein Brot und seinen Wein unter seinem Feigenbaum genießen können.

---

ter der Versöhnung), im Epheserbrief (Christus ist unser Friede ... deshalb ist Gemeinschaft zwischen Juden und Griechen möglich).
[2] Mi 4, 4: „Und ein jeder sitzt unter seinem Weinstock und unter seinem Feigenbaum und niemand schreckt ihn auf."

Das erste Testament beschreibt schonungslos die Gewalt, die die Heilsgeschichte verdunkelt, es zeigt aber auch, wie Gewalt durch Liebe überwunden werden kann. Außerdem gibt es Raum für eine starke Stimme, die der Propheten, die die Gewaltstrukturen ihrer Zeit konfrontieren: wirtschaftliche Ungerechtigkeit, Korruption, Betrug, fatale Bündnispolitik mit den mächtigen Nachbarn Israels und Götzendienst. Sie verurteilen Gewalt, Mord und Krieg. Sie predigen Vertrauen in Gott statt in Waffen, fordern Gerechtigkeit für die Armen und kündigen eine Zeit an, in der Löwe und Lamm zusammen friedlich leben und aus Schwertern Pflugscharen geschmiedet werden und in der der Krieg nicht mehr gelernt wird.[3]

Jesus, der die Mitte des zweiten Testaments darstellt, steht eindeutig in der Linie der alten Propheten. Er distanziert sich von den Bewegungen seiner Zeit. Theologisch den Pharisäern nahestehend, verwirft er ihre Flucht in die peinliche Ausübung der Gesetze und Traditionen. Dem Ruf der Essener, sich in der Wüste auf den Tag des Herrn vorzubereiten, folgt er nicht. Zeloten zählen zu seinen Jüngern, er widersteht dennoch der Versuchung, eine gewaltsame Revolution zu entfachen. Er steht den Armen und Unterdrückten nahe und verwirft damit auch die Option der Kollaboration mit den Mächtigen, die die Sadduzäer gewählt haben.

Wie die Propheten steht er mit beiden Füßen auf dem Boden der Wirklichkeit seiner Zeit, wie sie entlarvt er die Missstände seiner Zeit und weist er auf Gottes Willen hin. Er verkündet den Anbruch des Reiches Gottes, von dem menschliche Herrschaftsstrukturen, tötende Gewalt und Ausbeutung verbannt werden sollen.

Die Bergpredigt enthält die Verfassung des Reiches, das er verkündigt und verkörpert. Sie stellt den Kern der Lehre Jesu dar. In dieser Sammlung seiner Worte stellen wir fest, dass Jesus über unser Gewaltpotenzial realistisch denkt. Ihm ist bewusst, dass Gewalt und Hass als Wurzel des Mordes im Herzen der Menschen stecken. Er durchschaut und verurteilt jede Form von

---

3 Mi 4,1-5, Jes 2,4

Gewalt: subtile Gewalt[4], Gewalt in ihrer krassesten Form[5], aber auch Gewalt, die religiös begründet und gerechtfertigt wird.[6] Dennoch predigt er kein passives Erdulden von Unrecht, sondern gibt praktische Hinweise, um das Böse mit Gutem zu überwinden. In einem Kontext von Fremdherrschaft und Unterdrückung spricht er sich für einen geistreichen Umgang mit dem Feind aus.[7]

In Jesu Lehre und Handeln wird sichtbar, was der Schalom Gottes bedeutet. Es ist ein Lebensprogramm für die Nachfolger Jesu, das weit über das Gedenken vergangener Kriege und die Formel: „nie wieder Krieg" hinausgeht.

4. Grundpfeiler:
Nicht die Gewalt erlöst, sondern die Liebe.[8]

„Liebt Eure Feinde, segnet, die Euch verfluchen, haltet die andere Backe hin." Überrascht Eure Feinde mit einer Haltung der Liebe, die sie nicht erwarten. Jesus fordert uns zu einem Handeln aus Liebe heraus. Dabei geht es ihm darum, dass wir Gottes Art nachahmen. Der Weg, den er uns zeigt, ist der Weg Gottes, seine Art, mit Menschen und auch mit bösen Menschen umzugehen. Gott lässt die Sonne auf Gute und Böse gleichermaßen scheinen.[9]

Im ersten Testament beschreiben zwei Worte die Liebe Gottes immer wieder: Hessed (Güte, Treue) und Rachamim (Barmherzigkeit). Sie bilden den Hintergrund von neutestamentlichen Begriffen wie Gnade, Mitleid, Barmherzigkeit. „Hessed" ist die Liebe und Treue, die sich im Bund mit dem Volk Israel ausdrückt. „Rachamim", ein anschauliches Wort, hilft zu verstehen, worum es bei der unbedingten Liebe Gottes für Menschen und

---

4 Mt 5,22
5 Mt 26,52
6 Lk 9,51-56
7 Mt 5,39-43
8 Vgl. Papst BENEDIKT am 17. Mai 2010 bei seiner Amtseinführung; vgl. http://www.vatican.va/content/benedict-xvi/de/homilies/2005/documents/hf_ben-xvi_h om_20050424_inizio-pontificato.html.
9 Mt 5,45 und die Parallele in Lk 6,27.

auch für Feinde geht. Der Begriff ist verwandt mit „Rechem" (die Gebärmutter). Mit diesem Bild wird klar, was bei Lukas gemeint ist, wenn es über die Feindesliebe heißt: „seid barmherzig, wie Euer Vater barmherzig ist". In seinem Leben und Handeln zeigt Jesus, wie weit die Liebe, die aus Gottes Mutterschoß ausgeht, führen kann. Er ruft dazu auf, diesen Weg zu gehen. Somit widerspricht er kategorisch dem „Mythos der erlösenden Gewalt"[10], der tiefe Wurzeln in Mythologie und Kultur hat und bis heute Denken und Politik prägt.

Die hohe Anzahl der Frauen, die sich in Krisengebieten für Frieden und Versöhnung engagieren, könnte ein Indikator dafür sein, dass Frauen, die eine Gebärmutter haben und die die Schmerzen kennen, die dieses bedeutet – ob sie Kinder gebären oder nicht – näher am Geheimnis des Lebens stehen und wissen, wie kostbar und zerbrechlich Leben ist. Jesus, ein Mann, demonstrierte, was unbeschränkte Liebe ist: die Bereitschaft, lieber selbst zu leiden als Anderen Leid zuzufügen.

Das ist der mütterliche, göttliche Weg.

5. Grundpfeiler:
Eine Kirche, die den Friedensauftrag Jesu lebt und verkündet,
nimmt Gottes Willen für die ganze Welt vorweg.

Das erste Testament berichtet, dass Gott einen Menschen berufen hat, um die ganze Menschheit zu segnen.[11] Aus Abraham gingen 12 Stämme hervor, die Basis für das Volk Gottes. Im zweiten Testament beginnt Jesus seinen Dienst damit, dass er 12 Jünger aufruft, ihm nachzufolgen. Diese Zahl deutet darauf hin, dass in ihm ein neues Volk entsteht, das ihm nachfolgen soll. Es ist mit derselben Mission beauftragt: „Gleich wie mich mein Vater gesandt hat, so sende ich Euch". In Jesus Christus entsteht eine neue Gemeinschaft, die man als „Kontrastgesellschaft" bezeichnen kann: „Die Stiftung einer neuen Gemeinschaft als sichtbare Alternative zur umgebenden Gesellschaft ist ein untrennbarer

---

10 Vgl. Walter WINK: Verwandlung der Mächte. Eine Theologie der Gewaltfreiheit. ²2018, 50f.
11 1 Mose/Gen 12,1ff.

Bestandteil des Wirkens Jesu. Als Leib Christi ist sie die Fortsetzung der Menschwerdung Gottes. So wird in ihrem Leben und in ihrer Gestalt die Feindesliebe Gottes erkennbar. Als Gemeinschaft von Versöhnten praktiziert sie Versöhnung"[12]. Ethnische, soziale Barrieren und die Schranken zwischen den Geschlechtern werden in dieser neuen Gemeinschaft abgeschafft.[13] Die Lebensweise, die Jesus vorlebt und verkündet, soll die barmherzige Liebe Gottes widerspiegeln. Die paulinischen Briefe bestärken dies: sie verstehen Kreuz und Auferstehung als Demonstration der Feindesliebe Gottes, als Ausdruck der Gewaltfreiheit Gottes, der sein eigenes Leben für seine Feinde hingibt. Die Gemeinde lebt von dieser Feindesliebe und praktiziert sie.[14]

Eine Kirche, die diesen Auftrag in Wort und Tat verkündigt, nimmt Gottes Willen für die ganze Welt vorweg.

---

[12] Andrea LANGE: Die Gestalt der Friedenskirche. Öffentliche Verantwortung und Kirchenverständnis in der neueren mennonitischen Diskussion. Weisenheim/Berg 1988, 8. Vgl. auf katholischer Seite die sehr ähnlichen Gedanken im Hirtenwort „Gerechter Friede" (Sekretariat der deutschen Bischofskonferenz (Hg.): Gerechter Friede (Die deutschen Bischöfe 66) Bonn 2000), besonders Nr. 23: Gott will in „der gewaltdurchwirkten allgemeinen Menschheitsgeschichte [...] durch ‚Erwählung' einzelner und von Gruppen der ganzen Menschheit einen neuen Weg eröffnen".

[13] Gal 3,28

[14] Röm 5,8; 2. Kor 5,17ff. Eph 2,11ff.

„Die große Befreiung"

Dietrich Bonhoeffers Wende
vom nationalen Kriegstheologen
zum ökumenischen Friedenstheologen

Johannes Weissinger

„Das Beste am Judentum sind, weit mehr noch als die Lehren, die lebendigen Menschen", schreibt Leo Baeck 1922 in seinem Buch „Das Wesen des Judentums".[1] Das gilt auch für das Christentum, und zu den Besten des 20. Jahrhunderts gehört sicher auch Dietrich Bonhoeffer, bei dem der Zusammenhang von Biographie und Theologie so eng ist, dass seine Lehre darzustellen heißt, von seinem Leben zu erzählen und umgekehrt.[2] Die Feststellung dieses Zusammenhangs ist nicht erst das Ergebnis tiefschürfender Analysen, sondern wird von Bonhoeffer selbst formuliert, z. B. in dem Brief aus der Haft an seinen Freund Eberhard Bethge vom 21. Juli 1944, am Tag nach dem gescheiterten Attentat auf Hitler: „Ich habe in den letzten Jahren mehr und mehr die tiefe Diesseitigkeit des Christentums kennen und verstehen gelernt […] Ich bin dankbar, dass ich das habe erkennen dürfen, und ich weiß, dass ich es nur auf dem Wege habe erkennen können, den ich nun einmal gegangen bin."[3] Und nicht nur auf sich bezogen hatte er in dem Buch „Nachfolge" geschrieben,

---

[1] Leo BAECK: Das Wesen des Judentums. 6. Auflage. Wiesbaden, o.J., 38.

[2] Vgl. nur die Darstellung bei Renate WIND: Dem Rad in die Speichen fallen. Die Lebensgeschichte des Dietrich Bonhoeffer. Weinheim, Basel, 1990. Nach Gremmels und Huber zeigen die Wechselwirkungen zwischen den Freunden Eberhard Bethge und Dietrich Bonhoeffer exemplarisch, „in welchem konkreten Sinn Wahrheitserkenntnis aus Begegnung entsteht und auf immer neue Bewahrheitung in der Begegnung zielt." Christian GREMMELS / Wolfgang HUBER (Hg.): Theologie und Freundschaft. Wechselwirkungen: Eberhard Bethge und Dietrich Bonhoeffer. Gütersloh 1994, 12.

[3] Dietrich BONHOEFFER: Widerstand und Ergebung. Briefe und Aufzeichnungen aus der Haft. München 1998, 541 und 542.

dass „eine Erkenntnis nicht getrennt werden kann von der Situation, in der sie gewonnen ist."[4]

Die Stationen des Lebensweges Bonhoeffers hat sein Freund, Briefpartner, Herausgeber und Biograph Eberhard Bethge klassisch mit den Begriffen „Theologe – Christ – Zeitgenosse" bezeichnet.[5] Bethge konnte auch so formulieren: „Der Bonhoeffer der zwanziger Jahre hat den *Theologen* gesagt: Euer Thema ist die *Kirche*. Der Bonhoeffer der dreißiger Jahre hat der *Kirche* gesagt: Dein Thema ist die *Welt*. Und der Bonhoeffer der vierziger Jahre hat der *Welt* gesagt: Dein Thema, die Verlassenheit, ist *Gottes* Thema selbst."[6]

1. BONHOEFFER
ALS NATIONALER KRIEGSTHEOLOGE

Bonhoeffer ein nationaler Kriegstheologe? Wie sonst könnte man bezeichnen, was er in seinem Vortrag „Grundfragen einer christlichen Ethik", den er im Februar 1929 kurz vor seiner Rückkehr aus dem Vikariat in Barcelona gehalten hat, zum Thema Krieg ausführt:

„Es fragt sich, ob der Krieg christlich-ethisch zu rechtfertigen ist auch dort, wo man selbst ihn anfängt […] Jedes Volk hat einen Ruf Gottes in sich, Geschichte zu gestalten, ins Leben der Völker ringend mit einzutreten […] Gott ruft das Volk zur Mannhaftigkeit, zum Kampf und Sieg, denn Gott schafft die Jugend bei Mensch und Volk und liebt die Jugend, denn Gott selbst ist ewig jung und stark und sieghaft […] Sollte nun ein Volk, das so den Ruf Gottes an seinem eigenen Leben, an sei-

---

[4] Dietrich BONHOEFFER: Nachfolge. München 1967, 22.

[5] Eberhard BETHGE: Dietrich Bonhoeffer. Theologe – Christ – Zeitgenosse. Eine Biographie. München, 1967.

[6] Eberard BETHGE: Dietrich Bonhoeffer. Person und Werk. In: Die Mündige Welt. München ³1959, 24, zit. nach Werner SIMPFENDÖRFER: „Er freut sich hoch über des Freundes Stimme." Eberhard Bethge als Hermeneut. In: Theologie und Freundschaft, 84.

ner Jugend und seiner Stärke erfährt, […] nicht diesem Ruf folgen dürfen, auch wenn es über das Leben anderer Völker hinweggeht? Gott ist der Herr der Geschichte; und beugt sich ein Volk diesem heiligen Willen, der die Geschichte lenkt, in Demut, dann kann es mit Gott in seiner Jugend und Stärke das Schwache und Mutlose überwinden; dann wird Gott mit ihm sein."[7]

Und schon vorher hat er in seiner Doktorarbeit 1927 geschrieben:

„Es gibt einen Willen Gottes mit dem Volk genau so wie mit dem Einzelnen. Wo ein Volk im Gewissen sich unter Gottes Willen beugend in den Krieg zieht, um seine Geschichte, seine Sendung in der Welt zu erfüllen, – sich dabei in die Zweideutigkeit menschlich-sündhaften Tuns ganz hineinbegebend – da weiß es sich von Gott aufgerufen, da soll Geschichte werden, da ist Krieg nicht mehr Mord."[8]

Wie kommt Bonhoeffer dazu, so zu reden? „Hier spricht Bonhoeffer noch nicht seine eigene Sprache."[9] In der Tat ist hier noch nichts von der der sonst auffallenden Eigenständigkeit des existentiellen Fragens Bonhoeffers und seiner theologischen Antwortversuche zu spüren. Was er hier sagt, ist Ausdruck des (theologischen) Zeitgeistes, beeinflusst von seinem Doktorvater Reinhold Seeberg. Freilich ist auch diese Beeinflussung auffällig und der Beachtung wert. Denn Bonhoeffer stammt aus einer Familie, in der drei Generationen zurück Vorfahren sowohl väterlicher- als auch mütterlicherseits wegen demokratischer Bestrebungen 1824/25 in Festungshaft saßen. Der Großvater mütterli-

---

[7] Dietrich BONHOEFFER: Grundfragen einer christlichen Ethik. In: Gesammelte Schriften. Bd. 5. München 1972, 173.

[8] Dietrich BONHOEFFER: Sanctorum Communio In: Theologische Bücherei. Systematische Theologie Bd.3, 4. München 1963, 78.

[9] Eberhard BETHGE: Theologe – Christ – Zeitgenosse. Eine Biographie, 154. Bethge urteilt über diesen dritten der drei in Barcelona gehaltenen Gemeindevorträge Bonhoeffers: „Er ist der konkreteste der drei Vorträge, freilich auch der bedenklichste." (ebd., 152).

cherseits wird zwar 1889 Hofprediger des deutschen Kaisers,
aber schon zweieinhalb Jahre später bittet er um seine Entlas-
sung, weil er es nicht hinnehmen will, dass sich der Kaiser Wilhelm II. auf die Kirchenkanzel drängt, um zu predigen, und dass
dieser das Arbeiterproletariat als „Kanaille" bezeichnet. Dieser
Familie dankt Bonhoeffer „eine Sicherheit des Urteils und des
Auftretens, wie sie nicht in einer Generation erworben werden
kann".[10] Und Bonhoeffer ist es, der den alten Siegelring der Familie trägt. In dieser Familie ist humanistische Gelehrsamkeit,
modernes naturwissenschaftliches Wissen, Liberalität und Toleranz zuhause. Dass die wehrfähigen Söhne sich im Ersten Weltkrieg als Kriegsfreiwillige melden, die Söhne, auch Dietrich,
Mitglieder einer studentischen Burschenschaft werden, Dietrich
sich im November 1923 als Soldat ausbilden lässt, wird nicht als
Widerspruch gesehen. In seinem letzten Schuljahr 1923 schreibt
Bonhoeffer in einem Schulaufsatz von den Worten des Horaz
„dulce et decorum est pro patria mori", dass sie „ewig bleiben
werden", wie er auch ein Jahr zuvor, 1922, seiner Zwillings-
schwester Sabine über die Enthüllung eines Gefallenendenkmals
in Spandau berichtet, dass das Denkmal sehr schön sei, freilich
mit dem Zusatz: die gehaltenen Reden allerdings weniger.

Bonhoeffer wächst in Berlin-Grunewald in einem Akademi-
kerviertel auf. Als 17-jähriger macht er Abitur, beginnt danach
mit dem Theologiestudium – eine Entscheidung, die nach seinen
eigenen Angaben seit seinem 13. Lebensjahr feststand und nur
einmal durch die Option, Musik zu studieren, in Frage gestellt
wurde. Er studiert zunächst zwei Semester in Tübingen, dann ab
1924 in Berlin. Dort meldet er sich 1925 als Doktorand bei Reinhold Seeberg – überraschend, denn dieser hatte ihm für eine Se-
minararbeit die schlechteste Note seiner ganzen Studienzeit gegeben. Die Professoren Adolf von Harnack und Karl Holl hatten
ihm mehr bedeutet. Aber Bonhoeffer will seine Doktorarbeit im

---

[10] Eberhard BETHGE: Theologe – Christ – Zeitgenosse. Eine Biographie, 34 Vgl.
auch Renate WIND: Dem Rad in die Speichen fallen, 20: „Das ist der eigentliche
Vorsprung, den Dietrich vor anderen hat: Er weiß, woher er kommt und wer er
ist."

Fach Systematische Theologie schreiben, und dieses Fach vertritt Seeberg. Die Frage nach der Kirche, nach einer lebendigen, glaubwürdigen Kirche, die Frage, was macht die Kirche zur Kirche, ist früh Bonhoeffers Frage und bleibt sein Lebensthema. Und dieses Thema der religiösen Gemeinschaft will Bonhoeffer systematisch bearbeiten.

Dass Reinhold Seeberg im Ersten Weltkrieg als der exponierte „Theologe des deutschen Imperialismus" (G. Brakelmann)[11] aufgetreten war, hält Bonhoeffer offensichtlich nicht ab. Nach Seeberg ist der Krieg „das große Examen der Weltgeschichte. Die einen rücken herauf, die anderen kommen herunter. Und dieses Examen ist gerecht."[12] Krieg ist gleichsam ein anderes Wort für Gott, wenn es vom Krieg heißt, er sei der „große Richter der Völker, der ihre Kräfte prüft und nach dem Maß dieser Kräfte ihre geschichtliche Geltung mindert oder mehrt und sie dadurch in neue Verhältnisse zueinander rückt".[13] Das oben genannte Zitat aus Bonhoeffers Doktorarbeit klingt wie von Seeberg übernommen. Stünde es nicht da, würde der Arbeit Bonhoeffers nichts fehlen, wie auch dem Gemeindevortrag in Barcelona ohne die zitierten Sätze nichts fehlen würde, er ist ohnehin bemerkenswert lang. „Theologe, Christ, Zeitgenosse" ist Bonhoeffer jeweils mit ganzem Herzen: Sein Studentenleben besteht fast ausschließlich aus dem Theologiestudium.[14] Die Frage des Krieges steht dabei ganz am Rand. Über den Krieg hat Bonhoeffer zu diesem Zeitpunkt nicht nachgedacht. Diese Feststellung soll Bonhoeffer nicht entschuldigen, im Gegenteil, sie soll uns selbst warnen. Denn: „Gedankenlosigkeit tötet. Andere" – so ein Aphorismus von Stanislaw Jerzy Lec.[15]

Nach dem Historiker Wolfram Wette stellt der preußisch-deutsche Militarismus einen wichtigen Kontinuitätsfaktor vom

---

[11] Günter BRAKELMANN: Protestantische Kriegstheologie im 1. Weltkrieg. Reinhold Seeberg als Theologe des deutschen Imperialismus. Bielefeld 1974.
[12] Zitiert nach Günter BRAKELMANN: Protestantische Kriegstheologie, 31.
[13] Ebd.
[14] Vgl. Renate WIND: Dem Rad in die Speichen fallen, 52.
[15] Stanislaw Jerzy LEC: Alle unfrisierten Gedanken. Frankfurt a. M., Olten, Wien 1983, 46.

deutschen Kaiserreich über die Weimarer Republik bis zum Nationalsozialismus dar, dessen Wichtigkeit von den Historikern meist unterschätzt wird[16] – wie auch m.E. der Militarismus in der Beschreibung des heutigen Rechtsextremismus unterschätzt wird.

2. Die Wende

Nach der Rückkehr aus dem Vikariat in Barcelona stürzt sich Bonhoeffer in Berlin wieder in die akademische theologische Arbeit. Er wird Assistent bei Professor Wilhelm Lütgert und schreibt in einem Jahr seine Habilitationsschrift „Akt und Sein. Transzendentalphilosophie und Ontologie in der systematischen Theologie". Diese Arbeit wird ihm im Juli 1930 als schriftliche Hausarbeit für das Zweite Theologische Examen anerkannt. Für seine kirchliche Laufbahn ergibt sich freilich ein Problem. Zum Pfarrer ordiniert werden könnte Dietrich Bonhoeffer erst, wenn er mindestens 25 Jahre alt wäre – das ist er aber nicht. Da greift zum wiederholten Mal der im Weltbund für Freundschaftsarbeit der Kirchen engagierte Superintendent Max Diestel ein. Zu dessen 70. Geburtstag wird Bonhoeffer 1942 an Diestel schreiben: „Es ist mir bewusst, dass ich Ihnen die entscheidenden Anstöße in meinem äußeren, beruflichen und persönlichen Leben verdanke."[17] Diestel hatte Bonhoeffer im Dezember 1927 den Vorschlag gemacht, als Vikar nach Barcelona zu gehen, hatte nach dessen Rückkehr dafür gesorgt, dass Bonhoeffer nicht wie üblich ins Berliner Domkandidatenstift musste, und er rät ihm jetzt, „sich zunächst noch weiter in der Welt umzusehen".[18]

---

[16] Vgl. Wolfram WETTE: Der Militarismus und die deutschen Kriege. In: Wolfram Wette (Hg.): Schule der Gewalt. Militarismus in Deutschland 1871 – 1945. Berlin 2005, 15.

[17] Dietrich BONHOEFFER: Brief an Max Diestel vom 05.11.1942. In: DBW Bd. 16. Konspiration und Haft 1940–1945. Gütersloh 1996, 366.

[18] Zitiert nach Eberhard BETHGE: Theologe – Christ – Zeitgenosse. Eine Biographie, 179.

Am 1. September 1930 erscheint Dietrich Bonhoeffers Doktorarbeit „Sanctorum Communio. Eine dogmatische Untersuchung zur Soziologie der Kirche", am 5. September besteigt Bonhoeffer das Schiff nach New York, um dort als akademischer Austauschstudent am berühmten Union Theological Seminary zu studieren. In New York angekommen wird er in amerikanischen Kreisen herumgereicht, um vor allem die deutsche Sicht zu Krieg und Frieden darzustellen. Und Bonhoeffer redet zunächst, wie er in Barcelona auch geredet hat: „Ich stehe nicht nur als ein Christ vor Euch, sondern auch als ein deutscher, der mit seinem Volk glücklich ist und der leidet, wenn er sein Volk leiden sieht; und der dankbar bekennt, dass er alles, was er hat und ist, von seinem Volk empfangen hat."[19] Er will offen sagen, dass er, wenn er von Schuld spricht, die Schuld vor Gott meint. Ansonsten gilt, „dass kein Deutscher und kein Ausländer, der die historischen Ursachen des Krieges kennt, daran glaubt, dass Deutschland die alleinige Kriegsschuld trägt – ein Satz, den wir gezwungen waren, im Versailler Vertrag zu unterzeichnen."[20] „Es kann historisch bewiesen werden, dass der Artikel 231 des Versailler Vertrages eine Ungerechtigkeit gegen unser Land ist, und wir haben die Pflicht, dagegen zu protestieren."[21] „Die Deutschen brauchen und wollen vor allen Dingen Frieden."[22] „Heute wie nie zuvor bereiten sich die Nationen – mit Ausnahme von Deutschland – auf einen Krieg vor."[23] Zugegeben: diese Zitate sind einseitig ausgewählt, aber insgesamt bleibt der Eindruck, dass Bonhoeffer noch in der national-konservativen Sicht gefangen ist, d.h. er

---

[19] Dietrich BONHOEFFER: Ansprache Herbst 1930 in New York. In: Dietrich Bonhoeffer: Gesammelte Schriften, Erster Band München 1958, 67f, dt. Übersetzung 418.

[20] Dietrich BONHOEFFER: a.a.O., 420. Vgl. auch a.a.O., 418f.: „Vier Jahre lang kämpften deutsche Männer und Jungen für ihre Heimat, mit unerhörter Zähigkeit und Furchtlosigkeit, mit unerschütterlichem Pflichtbewußtsein, mit unerbittlicher Selbstzucht, mit glühender Vaterlandsliebe und dem Glauben an seine Zukunft."

[21] Dietrich BONHOEFFER: a.a.O., 422 (in einer zweiten Fassung der Ansprache).

[22] Dietrich BONHOEFFER: a.a.O., 423.

[23] Dietrich BONHOEFFER: a.a.O., 424 (zweite Fassung).

sieht die Dinge vom deutschen Standpunkt aus, wichtig ist nur deren Bedeutung für Deutschland.

Aus dieser Sicht befreit ihn die Begegnung mit einem Mitstudenten, dem französischen Pfarrer Jean Lassere. Renate Wind beschreibt diese Begegnung so treffend, dass ich sie ausführlich zitieren will:

„Dietrich projiziert auf ihn erst einmal alle antifranzösischen Ressentiments des vaterländisch gesinnten deutschen Bürgertums – und stößt damit ins Leere. Jean ist Pazifist und hält nichts von der ‚gloire de la patrie': ‚Man kann nicht Christ und Nationalist in einem sein [...] Glauben wir an die heilige, allgemeine Kirche, die Gemeinschaft der Heiligen? Oder glauben wir an die ewige Sendung Frankreichs?' Daran hat Dietrich schwer zu schlucken. Dass die Gemeinschaft der Heiligen, die ihm ja so wichtig ist, auch Franzosen umfasst, ist ihm wohl in dieser Radikalität noch gar nicht zu Bewusstsein gekommen. Pazifismus hat ihm bisher ferngelegen; nun kommt er ihm ausgerechnet vom ‚Erbfeind' entgegen und ist theologisch gut begründet: mit der Bergpredigt."[24]

Jean Lassere hat sich später mehrfach zu dieser auch für ihn wichtigen und entscheidenden Begegnung geäußert. Vor allem ein gemeinsames Erlebnis hatte ihre Beziehung geprägt:

„Wir waren nicht sehr häufig zusammen. Ein Ereignis allerdings hat in jenem Winter unser Leben stark geprägt. Der nach dem Roman von Erich Maria Remarque ‚Im Westen nichts Neues' gedrehte Film war gerade herausgekommen und Dietrich und ich beschlossen, ihn uns anzusehen. Wir ahnten nicht, was uns erwartete. Das Kino war voll besetzt und da der Film aus deutscher Perspektive gemacht war, waren die ‚Helden', die im Vordergrund standen, deutsche Soldaten. Also verlegte sich das wesentlich aus Amerikanern bestehende Publikum rasch darauf, zu applaudieren, wenn auf

---

[24] Renate WIND: Dem Rad in die Speichen fallen, 70f.

der Leinwand die deutschen Soldaten französische Soldaten
töteten, oder zu lachen, wenn die Franzosen in die Flucht geschlagen oder außer Gefecht gesetzt wurden. Für mich war
das ein entsetzlicher Augenblick: Diese Zuschauer hatten
vergessen, dass in dem noch ganz nahen Krieg 1914–1918 ihre
älteren Verwandten mit den Franzosen und gegen die Deutschen gekämpft hatten. Aus Gründen einfacher menschlicher
Anteilnahme schlugen sie sich gefühlsmäßig auf die Seite derjenigen, deren raues Leben als Frontsoldaten in den schlam-
migen Schützengräben sie zu sehen bekamen. Es war eine
verblüffende Demonstration der Brüchigkeit nationaler Gefühle und des künstlichen Irrsinns des Krieges. Aber für mich
war es grausam.
Dietrich hatte sehr tief die Ambivalenz der Situation gespürt
und beim Hinausgehen zeigte sich sein Mitgefühl mit mir in
bewundernswerter Weise. Er tröstete mich mit unendlicher
Güte und Takt und auch mit klarer männlicher Zuwendung,
wie eine Mutter ihr Kind. Dieses Abenteuer verband uns zutiefst. Wir begriffen besser denn je zum einen die Tiefe der
Bindungen, die diejenigen, die an Christus glauben, mitein-
nander über alle menschengemachten Barrieren hinweg miteinander verbinden, und zum anderen das Zweifelhafte und
Künstliche der nationalen Verbundenheit, in denen so viele
Christen einen quasi absoluten Wert sehen wollen. Mir
scheint, dass an jenem Tage unsere pazifistischen Überzeugungen sehr tief in uns beiden Wurzel fassten."[25]

Anzumerken ist, dass dieser Film, als er in Berlin Premiere hatte,
von den Nationalsozialisten angegriffen wurde, Filmvorführun-
gen wurden von den Nationalsozialisten gesprengt. Anschließend erreichte die NSDAP-Reichstagfraktion ein gesetzliches
Verbot, diesen Film in Deutschland zu zeigen – der erste große
politische Erfolg der Nazis. „Die Republik hat ihre eigne Ideologie preisgegeben, sie hat kampflos eine Position geräumt. Dieser

---

[25] Jean LASSERE: Die Christenheit vor der Gewaltfrage. Die Stunde für ein Um-
denken ist gekommen. Münster 2010, 101.

Film hätte von ihr mit den Zähnen verteidigt werden müssen", kommentierte Carl von Ossietzky in der Weltbühne.[26]

Dietrich Bonhoeffer berichtet 1936 im Rückblick auf seine Zeit in New York: „Das war eine große Befreiung."[27] Es ist eine persönliche Befreiung, speziell von seinem Ehrgeiz und der Art, die Theologie zu benutzen zum Beweis der eigenen Klugheit: „Ich kam zum ersten Mal zur Bibel [...] Ich hatte schon oft gepredigt, ich hatte schon viel von der Kirche gesehen, darüber geredet und gepredigt – und ich war noch kein Christ geworden. Ich weiß, ich habe damals aus der Sache Jesu Christi einen Vorteil für mich selbst gemacht [...] Ich hatte auch nie, oder doch sehr wenig gebetet. Ich war bei aller Verlassenheit ganz froh an mir selbst. Daraus hat mich die Bibel befreit und insbesondere die Bergpredigt."[28]

Und zugleich ist es eine Befreiung von theologischen und politischen Scheuklappen: „Der christliche Pazifismus, den ich noch kurz vorher [...] leidenschaftlich bekämpft hatte, ging mir auf einmal als Selbstverständlichkeit auf."[29] Seinen literarischen Niederschlag wird die neue Sicht der Bergpredigt in dem Buch „Nachfolge" finden, das 1937 erscheint.

3. BONHOEFFER
ALS ÖKUMENISCHER FRIEDENSTHEOLOGE

Nach seiner Rückkehr aus Amerika 1931 eröffnete sich Bonhoeffer gleich ein Betätigungsfeld für seine neuen Einsichten. Wieder war Max Diestel beteiligt, diesmal aber auch besonders Friedrich Siegmund-Schultze, der entscheidenden Anteil daran hatte, dass Bonhoeffer im September 1931 auf der Tagung des Weltbundes für Freundschaftsarbeit der Kirchen in Cambridge in eine von

---

[26] Carl von OSSIETZKY: Remarque-Film. In: Die Weltbühne 26 (1930) 889.

[27] Dietrich BONHOEFFER: Aus einem Brief an eine Bekannte 1936. In: Gesammelte Schriften. Sechster Band. München 1974, 368.

[28] Dietrich BONHOEFFER: a.a.O., 367f.

[29] Dietrich BONHOEFFER: a.a.O., 368.

drei neu geschaffenen Stellen als Internationaler Jugendsekretär des Weltbundes gewählt wurde. Dieser „Weltbund für Freundschaftsarbeit der Kirchen" war 1914 in Konstanz zeitgleich mit dem Beginn des Ersten Weltkrieges gegründet worden und setzte sich für Völkerverständigung und die Rechte nationaler und konfessioneller Minderheiten, für Abrüstung und ein Internationales Schiedsgericht zur Lösung von Konflikten ein. Friedrich Siegmund-Schultze hatte 1914 die Konferenz in Konstanz mitorganisiert und gehörte zu den Gründungsmitgliedern des Weltbundes, Max Diestel war stellvertretender Vorsitzender der deutschen Gruppe und setzte in Berlin die Arbeit des Weltbundes fort, solange es ging – bis 1942.

Bonhoeffer hält in seiner neuen Funktion am 26. Juli 1932 auf der Jugendkonferenz des Weltbundes in Cernohorske Kupele in der Tschechoslowakei einen viel beachteten Vortrag: „Zur (ich ergänze: nach Bonhoeffers Ansicht noch fehlenden und dringend notwendigen) theologischen Begründung der Weltbundarbeit". Darin heißt es: „Die Ordnung des internationalen Friedens ist heute Gebot Gottes für uns."[30] Aber „der von Gott gebotene Frieden hat zwei Grenzen: erstens die Wahrheit, zweitens das Recht. Gemeinschaft des Friedens kann nur bestehen, wenn sie nicht auf *Lüge* und nicht auf *Unrecht* ruht."[31] Für die Wahrheit und das Recht ist bei deren Gefährdung bzw. Erstickung der Kampf angesagt. Aber „der Krieg ist als Mittel des Kampfes ein uns heute von Gott verbotenes Tun, weil er die äußere und innere Vernichtung der Menschen bedeutet und so den Blick auf Christus raubt."[32] Darum „muss der heutige Krieg, also der nächste Krieg, der *Ächtung* durch die Kirche verfallen." Ihm ist „alle Kraft des Widerstandes" entgegenzusetzen – nicht weil die Kirche schwärmerisch ein Gebot aufrichtet, sondern „aus dem Gehorsam gegen das uns heute treffende Gebot Gottes, dass Krieg nicht mehr sein

---

[30] Dietrich BONHOEFFER: Zur theologischen Begründung der Weltbundarbeit. In: Gesammelte Schriften. Erster Band. München 1958, 152.
[31] Dietrich BONHOEFFER: a.a.O., 153.
[32] Dietrich BONHOEFFER: Acht Thesen zum Vortrag in Czernhorske Kupele 26. Juli 1932. In: Gesammelte Schriften. Erster Band. München 1958, 161.

soll."[33] „Wir sollen uns hier auch nicht vor dem Wort Pazifismus scheuen."[34] Und so wie es dem Sozialismus gelungen ist, „sich auf eine internationale Basis zu stellen", werden auch die Christen übernational denken lernen erst, „wenn sie eine große, gemeinsame Verkündigung haben. Mehr als alles andere brauchen wir gegenwärtig in der ökumenischen Bewegung die eine große zusammenführende Verkündigung."[35]

Diese Gedanken wird Bonhoeffer in der Folgezeit zu verschiedenen Gelegenheiten immer wieder vortragen. Am bekanntesten sind die folgenden Sätze aus der Morgenandacht, die Bonhoeffer am 28. August 1934 ebenfalls während einer Weltbundtagung im dänischen Fanö gehalten hat:

> „Es gibt keinen Weg zum Frieden auf dem Weg der Sicherheit. [...] Wie wird Friede? Wer ruft zum Frieden, dass die Welt es hört? Der einzelne Christ kann das nicht [...] Nur das eine große ökumenische Konzil der Heiligen Kirche Christi aus aller Welt kann es so sagen, dass [...] die Völker froh werden, weil diese Kirche Christi ihren Söhnen im Namen Christi die Waffen aus der Hand nimmt und ihnen den Krieg verbietet und den Frieden Christi ausruft über die rasende Welt."[36]

Dabei will ich auf einen Punkt besonders hinweisen. Bonhoeffer spricht angesichts eines drohenden nächsten Krieges mit äußerster Dringlichkeit. Zwei Beispiele: Ende August 1932 hält Bonhoeffer anstelle von Bischof Ammundsen die Schlussansprache ei-

---

[33] Dietrich BONHOEFFER: a.a.O., 155. Bonhoeffer nimmt hier vorweg, was 1948 der Ökumenische Rat der Kirchen auf seiner Gründungsvollversammlung in Amsterdam beschließen wird: „Krieg soll nach Gottes Willen nicht sein." Auch in den Ausführungen zu diesem Satz finden sich Anklänge an Bonhoeffers Formulierungen.

[34] Dietrich BONHOEFFER: a.a.O., 155. Gleiches sollte freilich auch von dem Wort Schwärmer gelten.

[35] Dietrich BONHOEFFER: a.a.O., 156.

[36] Dietrich BONHOEFFER: Kirche und Völkerwelt. In: Gesammelte Schriften. Erster Band. München 1958, 218f.

ner Konferenz in Gland nahe Genf. Er hat kaum Zeit zur Vorbereitung. Und dann diese Sätze:

„Sind unsere Konferenzen nicht vielleicht aus der abgrundtiefen Angst geboren, dass es eigentlich schon zu spät ist? […] Ich frage Euch auf Ehre und Gewissen, Freunde, wer von Euch kennt nicht jene Angst, es könnte das alles, was wir hier als kirchliches Tun unternehmen, zu spät, gegenstandslos, ja Spielerei sein?"[37] Gerade der Glaubende würde diese Fragen nicht beiseite schieben: „Nur mit klaren Augen gegen die Wirklichkeit ohne jede Illusion über unsere Moral oder unsere Kultur kann man glauben ... Der Glaubende sieht die Wirklichkeit […], wie sie ist, und glaubt gegen alles und über alles, was er sieht, *allein an Gott* und seine Macht."[38]

Fast auf den Tag genau zwei Jahre nach Gland wird er in Fanö noch deutlicher. „Warum fürchten wir das Wutgeheul der Weltmächte? Warum rauben wir ihnen nicht die Macht und geben sie Christus zurück? Wir können es heute noch tun. Das ökumenische Konzil ist versammelt, es kann diesen radikalen Ruf zum Frieden an die Christusgläubigen ausgehen lassen." Er warnt: „Die Stunde eilt – die Welt starrt in Waffen und furchtbar schaut das Misstrauen aus allen Augen, die Kriegsfanfare kann morgen geblasen werden – worauf warten wir noch? Wollen wir mitschuldig werden, wie nie zuvor?"

Er fleht: „Wir wollen reden zu dieser Welt, kein halbes, sondern ein ganzes Wort, ein mutiges Wort, ein christliches Wort. Wir wollen beten, dass uns dieses Wort gegeben werde – heute

---

[37] Dietrich BONHOEFFER: Ansprache in Gland 29.08.1932. In: Gesammelte Schriften. Erster Band. München 1958, 162f. Vgl. Bethges Schilderung: „Bonhoeffer gewann im Verlauf der Konferenz merklich an Autorität. Als Bischof Ammundsen, der zum Schluß eine ‚summing up message' an die Konferenz richten sollte, plötzlich absagte, bat man Bonhoeffer, diese Aufgabe zu übernehmen. Es wurde eine eindringliche Ansprache." (Eberhard BETHGE: Theologe – Christ – Zeitgenosse. Eine Biographie, 302).
[38] Dietrich BONHOEFFER: a.a.O., 163.

noch – wer weiß, ob wir uns im nächsten Jahr noch wiederfinden?"[39]

Wie kommt Bonhoeffer dazu, so zu reden? Zumindest teilweise ergibt sich eine Antwort, wenn wir hören, was Bonhoeffers Mentor Friedrich Siegmund-Schultze[40] bereits 1931 in der von ihm herausgegebenen Zeitschrift „Die Eiche", dem damals wichtigsten deutschsprachigen Organ der ökumenischen Bewegung, geschrieben hatte: „Die Regierenden haben nicht erkannt, dass es sich bei ihrem Ja oder Nein zur Abrüstung, zur ernsthaften Abrüstung, um die eine, große Entscheidung handelt: entweder die Völker entschließen sich zu Wegen des Vertrauens oder sie gehen zugrunde auf dem Wege selbstgeschaffener Sicherheiten."[41] Und zu Beginn des Jahres 1932 spitzte Siegmund-Schultze zu: „Es zeigt sich immer deutlicher, dass in der Abrüstungsfrage nur der radikale Standpunkt konsequent ist!"[42] Die Christen sah Siegmund-Schultze vor die Entscheidung gestellt, „ob sie Gott gehorchen wollen oder den Götzen ihrer Nationalitäten."[43] Über die Dringlichkeit der Entscheidung schrieb er: „Was die Kirche jetzt versäumt, treu zu der Friedensbotschaft des Evangeliums zu stehen, wird sie in den nächsten Jahren nicht wieder einbringen können. Diejenigen, die sich heute noch scheuen, die Frie-

---

[39] Dietrich BONHOEFFER: Kirche und Völkerwelt. In: Gesammelte Schriften. Erster Band. München 1958, 219.

[40] Friedrich SIEGMUND-SCHULTZE (1885–1969), Mitbegründer des Weltbundes für Freundschaftsarbeit der Kirchen und des Internationalen Versöhnungsbundes. Vgl. Eberhard BETHGE: Theologe – Christ – Zeitgenosse. Eine Biographie, 817 und Jörgen Glenthöj: Zu Bonhoeffers Eintritt in die ökumenische Arbeit. In: Aktiver Friede. Gedenkschrift für Friedrich Siegmund-Schultze (1885-1969). Soest 1972, 195. „Die Eiche" erschien von 1913 bis 1933, ab 1921 als „Vierteljahrsschrift für soziale und internationale Arbeitsgemeinschaft", 1933 als „Vierteljahrsschrift für Freundschaftsarbeit der Kirchen".

[41] Friedrich SIEGMUND-SCHULTZE: Rundschau. In: Die Eiche 19 (1931) 137.

[42] Friedrich SIEGMUND-SCHULTZE: Abrüstung In: Die Eiche 20 (1932) 13ff. und 48.

[43] Friedrich SIEGMUND-SCHULTZE: Rundschau. In: a.a.O., 8: „Es wird in der nächsten Zeit immer deutlicher werden, dass für die Christen die eine Entscheidung not tut, ob sie Gott gehorchen wollen oder den Götzen ihrer Nationalitäten."

densbotschaft zu bekennen, werden sie in zehn Jahren nicht mehr öffentlich bekennen dürfen."[44]

4. FAZIT

Zum Schluss möchte ich in dreifacher Hinsicht den theologischen und biographischen Erkenntnisweg Bonhoeffers mit der heutigen Friedensdiskussion verknüpfen.

Da ist zuerst der ökumenische Charakter des christlichen Friedensverständnisses und der kirchlichen Friedensarbeit zu betonen. Ich erinnere an Ernst Lange, der in seinem Buch „Die ökumenische Utopie – oder: was bewegt die ökumenische Bewegung?" die ökumenische Bewegung als Friedensbewegung der Kirchen bezeichnete und seinen Stellenwechsel in die Zentrale des Ökumenischen Rates der Kirchen in Genf damit begründete, dass er etwas für den Frieden tun wolle.[45]

Der Blick auf Bonhoeffers Lebens- und Erkenntnisweg zeigt zudem die Aufgabe meist älterer Inhaber kirchlicher Ämter, den Jüngeren ökumenische Begegnungen zu ermöglichen, wie es

---

[44] Nicht verifiziertes Zitat aus dem Jahr 1931; vgl. auch: „Unsere Leser aber bitten wir dringend, uns in dieser Zeit der Not, die vielleicht bald wieder eine Zeit der Verfolgung werden könnte, treu zu bleiben." (Friedrich SIEGMUND-SCHULTZE: Rundschau. In: Die Eiche 19 (1931) 10)

[45] Vgl. Ernst LANGE: Die ökumenische Utopie oder Was bewegt die ökumenische Bewegung? Stuttgart 1972, 208: „[…] ich erinnere mich, kurz vor meinem Arbeitsantritt in Genf an den Generalsekretär des ÖRK einen Brief geschrieben zu haben. […] Ich wollte meinen letzten Beweggrund für den Wechsel nach Genf ausdrücken. Ich schrieb: Ich möchte etwas für den Frieden tun. […] Die ökumenische Bewegung ist eine Friedensbewegung. Sie ist, weit über den Genfer Zusammenschluss hinaus, die Weise, wie die christlichen Kirchen heute den Frieden wahrnehmen. Das heißt aber, sie ist die Weise, wie die Kirchen heute Kirchen sind. […] Eine Kirche, die sich nicht mehr vom Schalom (Frieden) her versteht und auf den Schalom konzentriert, ist nicht Kirche, sondern Un-Kirche, was immer sie sonst sein mag. Ist aber der Schalom nur noch ökumenisch wahrzunehmen, dann ist damit das Ökumenische zu einem Kriterium für das Kirchesein von Kirche heute erhoben. […] Aus dem Spiel mit der ökumenischen Möglichkeit ist der Ernstfall des Glaubens geworden."

schon Nathanael Beskow auf der Weltkirchenkonferenz für Praktisches Christentum 1925 in Stockholm forderte.[46]

Zweitens ist aus der Friedensdiskussion der vergangenen Jahrzehnte auf jeden Fall das Konzept der gemeinsamen Sicherheit festzuhalten,[47] Es ist die Übersetzung des Gebotes der Feindesliebe in eine intelligente rationale Entfeindungsstrategie. Der gemeinsame Einsatz für Gerechtigkeit und den Erhalt der Erde als bewohnbaren Lebensraum für die Menschen und alle Kreatur ist der Weg, auf dem Frieden und Freundschaft wachsen können.

Und drittens folgt aus der Einsicht in den friedensgefährdenden, ja „tödlichen"[48] Charakter – der Utopie der Sicherheit, dass unaufgebbare Merkmale der eigenen Friedensfähigkeit die eigene Verwundbarkeit und Leidensbereitschaft sind. Letztere wird merkwürdig selten thematisiert.

Kirche ist immer auch Erinnerungs- und Erzählgemeinschaft. Was wird tradiert? Von Dietrich Bonhoeffer wollte unsere Kirche lange Zeit nichts wissen.

Jetzt wirbt sie mit ihm.

Wann wird sie ihn hören?

---

[46] Vgl. Nathanael BESKOW: Die christliche Liebe als völkerversöhnende Macht. In: Die Stockholmer Weltkirchenkonferenz 1925. Amtlicher Deutscher Bericht […] erstattet von Adolf Deißmann. Berlin 1926, 537: „Ich weiß, es gibt in unseren Tagen eine wachsende Zahl junger Leute, die, durch ihr Gewissen gezwungen, jeden Anteil am Krieg zu verweigern, auf die Gelegenheit warten, ihre Kraft und ihre Begeisterung nicht zerstörenden, sondern aufbauenden Taten zu widmen. An uns ist es, ihnen die Gelegenheit dazu zu geben."

[47] Vgl. Christoph DEMKE: „Für das politische Denken bleibt das […] Konzept der Gemeinsamen Sicherheit die orientierende Grundlage, die dringend der aktuellen Ausarbeitung und der entsprechenden Handlungskonsequenzen bedarf." In: „Ein Nein ohne jedes Jahr zur atomaren Bewaffnung". 25 Jahre Friedenserklärung des Reformierten Bundes und 20 Jahre Erklärung des Bundes der evangelischen Kirchen in der DDR. Referat zur 27. Friedenskonsultation Januar 2007 in Hannover (Manuskript beim Autor).

[48] Vgl. Erhard EPPLER: Die tödliche Utopie der Sicherheit. Hamburg 1983.

Das Wesentliche der biblischen Friedensbotschaft erkennen!

Theodor Ziegler

1. BEGRIFF

Eigentlich müsste jede Theologie Friedenstheologie sein. Die Häufigkeit und Bedeutsamkeit von „Schalom" im hebräischen und „Eirene" im christlichen Teil der Bibel signalisieren den Frieden als gesamtbiblisches Kernanliegen: Das Wohlergehen des einzelnen Menschen für sich als auch in der Gemeinschaft mit seinen Mitmenschen in nah und fern.

Neben methodisch oder formal bezeichneter Theologien wie biblischer, systematischer, praktischer Theologie gibt es mit Befreiungs-, Schöpfungs-, Kinder- und Feministischer Theologie u.a. auch thematisch orientierte Theologien. Zu Letzterer zählt auch die Friedenstheologie. Mit der thematischen Orientierung geht zumeist ein Vorinteresse und eine inhaltliche, dem Leben dienende Positionierung einher: die Befreiung Unterdrückter, der nachhaltige Umgang mit der Natur sowie das Engagement für die Benachteiligten patriarchaler Machtstrukturen. Wenn als Vorinteresse der Friedenstheologie die Überwindung von Gewalt bis hin zum Krieg anzunehmen ist, dann stehen die biblischen Impulse für die Versöhnung von Feinden, für eine solidarische Lebensweise, für eine am Gemeinwohl orientierte Wirtschaftsform und für gewaltfreie Konfliktregelungen im Fokus.

2. NOTWENDIGKEIT

Doch wie in der Bibel neben der gewaltfreien Friedensspur auch die Spur der Gewalt und des Krieges zur Durchsetzung von Partikularinteressen dokumentiert ist, so zeigt auch die Christentumsgeschichte bis in die Gegenwart beides auf: Die überwiegende Ablehnung militärischer Gewalt in der frühen Christenheit und später durch einzelne oder kleine Gemeinschaften einerseits und die enge Verbindung von Kirche mit militärisch gesicherter staatlicher Machtpolitik andererseits.

Auch heute noch tun sich die großen Kirchen sehr schwer, sich von ihrer nunmehr über 1.700 Jahre alten, auf politische Anschlussfähigkeit bedachten Verantwortungsethik zu lösen. So erklärte die Präses der EKD-Synode Irmgard Schwaetzer:

> „Der Pazifismus gehört als eine biblische Aussage untrennbar zur evangelischen Kirche. Aber genauso gut [...] die, wie wir das bezeichnen könnten, Verantwortungsethiker, die auch die Anschlussfähigkeit an die gesellschaftliche Diskussion im Blick haben, die gehören genauso gut dazu. Was wir brauchen, ist eine lebendige Diskussion, in der alle Aspekte, nämlich auch die prophetische Stimme genauso wie die der anderen Stimmen der Evangelischen Kirche miteinander in Dialog gebracht werden."[1]

Auch wenn der Pazifismus inzwischen als eine biblische Aussage gewertet wird, so mangelt es angesichts der Gleichwertsetzung mit einer militärbejahenden Position an der Erkenntnis, dass der Begriff Pazifismus auf Jesu Seligpreisung der Friedensstifter (Mt 5,9) zurückgeht und die Entfeindungsliebe den grundlegenden Wesenszug der biblischen Friedensbotschaft darstellt.

Es bedarf deshalb zum einen der theologischen Rückbesinnung auf die biblischen Kernaussagen mit dem Ziel einer von ihren Friedensgedanken geleiteten – friedenslogischen – Theologie und daran orientierten Ethik. Zum anderen gilt es mit den theologischen VertreterInnen der so genannten Verantwortungsethik zu diskutieren, ob ihre Rechtfertigungen militärischer Gewaltandrohung und -anwendung als Ultima Ratio, letztes Mittel, an-

---

[1] Vgl. EKD-Präses Irmgard SCHWAETZER bei der Friedenskonsultation 2018 (Video-Abschrift T.Z.) https://www.youtube.com/watch?v=rVgeB33Vf5A&list=PL_o6WQIFKJHW719rptwJjbWwVn06awtP_&index=3 – Zugriff am 2.7.2019.

gesichts der dafür investierten Gelder und Ressourcen – die somit der weltweiten Solidarität entzogen werden – de facto wirklich das letzte Mittel und nicht doch eher die Prima Ratio darstellen. Auch sollte gefragt werden, ob angesichts der mangelnden Zielführung militärischer Konfliktlösungen und angesichts der bekannten schrecklichen Kriegsfolgen in Geschichte und Gegenwart, inklusive der nunmehr drohenden Vernichtung der gesamten Menschheit, allein schon die Erwägung militärischer „Zwangsmittel"[2] noch ein Ausdruck von politischer Verantwortung, geschweige denn der Verantwortung vor Gott und den Menschen sein kann.

Eigentlich schon immer, doch angesichts der bedrohten Weltlage ganz besonders, kommt es darauf an, dass Christen ihrem Auftrag, „Salz der Erde" und „Licht der Welt" (Mt 5,13-16) zu sein, entsprechen. Die politischen, ökonomischen, kulturellen und psychologischen Gesetzmäßigkeiten und Zwänge unserer Gesellschaften verhindern offenkundig, den verhängnisvollen Lauf der Dinge zu verändern. Die biblischen Aussagen über die Schöpfung, das Menschenbild und die Überwindung von Ungerechtigkeit und Gewaltstrukturen vermitteln geistliche und geistige Grundlagen, die lebensbedrohenden Strukturen zu überwinden und durch lebensdienliche zu ersetzen. Aus vielen zivilgesellschaftlichen Initiativen und wissenschaftlichen Disziplinen gibt es entsprechende Erkenntnisse und Transformationsmodelle für eine gerechtere, nachhaltigere und friedlichere Welt. Was fehlt – leider auch in den Kirchen – , ist die Bereitschaft, die vernünftigeren Wege zu beschreiten. Die Fixierung auf „die gefallene Schöpfung", die Angst, als „nicht politikfähig" bzw. „nicht politisch anschlussfähig" zu gelten, oder die Sorge, „Gottes

---

[2] So Wolfgang HUBER im Vorwort zur EKD-Friedensdenkschrift 2007, 9. Dazu ist m.E. anzumerken: Zwangsmittel können innergesellschaftlich nur gemäß übergeordneten Polizeigesetzen gegenüber Rechtsbrechern oder nach richterlicher Anordnung an Patienten zum Einsatz kommen. Die hierbei zu berücksichtigenden Grundsätze der Verhältnismäßigkeit oder der Schonung Unbeteiligter sind bei militärischer Gewalt so gut wie nicht einzuhalten. Auch übersieht Huber die an Nationalstaats- oder Bündnisinteressen orientierte Parteilichkeit militärischer Gewalt.

Heilshandeln vorzugreifen", bewirken anhaltende Lähmungs-
erscheinungen. Zwar werden die Worte Frieden, Gerechtigkeit
und Schöpfungsbewahrung rituell und liturgisch ständig gebraucht – jedoch in ihrer realen Veränderungskraft kaum wahrgenommen.[3] Dabei liegen mit dem politologischen Ansatz der
Friedenslogik[4] oder mit dem Konzept „Sicherheit neu denken –
Von der militärischen zur zivilen Sicherheitspolitik"[5] konkrete
Entwürfe vor. Diese entsprechen sowohl den biblischen Zusam-
menhängen von Gerechtigkeit und Frieden, der untrennbaren
Ziel-Mittel-Relation (Mt 7,16 ff.) wie auch dem von der Friedensforschung geprägten Begriff des „positiven Friedens".[6]

3. STRUKTURELLE ANREGUNGEN

Theologische LehrstuhlinhaberInnen mit einer friedenstheologischen Profilierung scheint es gegenwärtig nur wenige zu geben.
Dies zeigt sich unter anderem daran, dass Landeskirchen bei der
Suche nach VertreterInnen einer christlich-pazifistischen Position
für friedenstheologische Studientage in Synoden und Akade-
mien häufig auf TheologInnen der historischen Friedenskirchen
zurückgreifen müssen, was einerseits zwar von einem ökumenischen Geist zeugt, andererseits jedoch den immensen Nachhol-
bedarf in den eigenen Reihen signalisiert. Angesichts der großen
Bedeutung der Friedenstheologie für den kirchlichen Friedensauftrag sollte diese Thematik nicht nur als eine mögliche Detail-

---

[3] Einer wissenschaftlich theologischen Untersuchung wert wäre ein Vergleich
zwischen dem seit 2011 laufenden, von einer Basisgruppe angeregten friedensethischen Prozess in der Evangelischen Landeskirche in Baden mit der Reaktion
der bayerischen Landessynode auf den Versuch bayerischer Friedensgruppen,
einen ähnlichen Prozess zur Kirche des gerechten Friedens in ihrer Landeskirche
zu initiieren.

[4] http://konfliktbearbeitung.net/friedenslogik – Zugriff am 8.7.2019

[5] https://www.ekiba.de/html/content/szenario_sicherheit_neu_denken.html?&t
=0e6aektne45la0pvtfuv83pbfa – Zugriff am 8.7.2019

[6] Der oben von Irmgard Schwaetzer behauptete Gegensatz zwischen der prophetischen Stimme und den Stimmen in der EKD, die den Anschluss an die gesellschaftliche Diskussion suchten, ist somit nicht das Unterscheidungsmerkmal.

frage unter anderen im weiten Feld der Systematischen oder Mo-
ral-Theologie eingeordnet sein, sondern durch die explizite Benennung „Lehrstuhl für Friedenstheologie" prominent ins Bewusstsein gerückt werden. Es wäre schon ein großer Fortschritt,
würde wenigstens in jedem Bundesland an einer Universität ein
solcher – möglicherweise konfessionsverbindender – Lehrstuhl
eingerichtet werden.

Dementsprechend gilt es, die wesentlichen friedenstheologischen Gegenstände in die curricularen Beschreibungen der theologischen und religionspädagogischen Studiengänge zu integrie-
ren, zumal sie auf allen menschlichen Beziehungsebenen frie-
denstiftende Anwendung finden können.

Damit wäre für die friedenstheologische Arbeit in Gemeinden
und Schulen eine qualitative Steigerung zu erwarten, die die historisch gewachsene Fixierung auf den „Mythos der erlösenden
Gewalt" (Walter Wink)[7] und die gegenwärtige friedensethische
Lähmung überwinden hülfe.

Es liegt sehr stark am Interesse der LehrstuhlinhaberInnen,
entsprechende Profilbildungen einzuleiten. Möglicherweise vermag die 2019 erfolgte Gründung des Ökumenischen Institutes
für Friedenstheologie auf virtueller und korrespondierender
Ebene und als Sommerakademie mit Einladungen an alle theologischen Fakultäten hierzu inspirierend zu wirken.

---

[7] Walter WINK: Verwandlung der Mächte. Eine Theologie der Gewaltfreiheit. Regensburg ²2018, 50f.

Christlicher Fragebogen Frieden

1. Glauben Sie, dass Gott die Welt geschaffen hat? Wenn Gott die Welt erschaffen hat, wie erklären Sie sich, dass in dieser Welt regelmäßig zur Austragung von Konflikten staatlich organisiertes, kollektives Morden nötig ist?

2. Wenn in einer unerlösten Welt ab und zu Gewalt, auch tötende Gewalt zumindest in staatlichem Auftrag (sog. Militär) sittlich legitim ist, warum zum Teufel ist dann in einer unerlösten Welt nicht auch ab und zu der Ehebruch (und der hilfreiche Griff zum Geld des Anderen) sittlich legitim? Wäre er es im staatlichen Auftrag?

3. Warum gilt der Satz, „der Klügere gibt nach" nur für Kinder, nicht aber für Staaten?

4. Wenn Gewalt das Recht erhält, hat dann der Sieger recht? Wenn die Gewalt das Recht erhält, folgt man dann dem Recht oder der Gewalt? Wenn die Gewalt das Recht erhält, wofür braucht man dann das Recht?

5. Ist dann, wenn man alle Bösen getötet hat, die Welt gut? Wäre es gut, wenn dann, wenn man alle Bösen getötet hat, die Welt gut wäre? Wenn nein, warum eigentlich nicht?

6. Wenn derjenige, der tötet, böse ist, was ist dann derjenige, der den Bösen tötet?

7. Wie sähe für Sie eine gelungene militärisch humanitäre Intervention in Bezug auf das Verhältnis zwischen Geretteten und Getöteten (sog. Body Count) aus: 1:1; 2:1; 77:1?

8. Wenn tötende Gewalt als humanitäre Intervention Menschenleben rettet, wer rettet dann die Toten?

9. Friede, Sicherheit und Gerechtigkeit. Auf was können Sie am ehesten verzichten?

10. Wäre es nicht passender gewesen, wenn die Engel auf den Hirtenfeldern zu Bethlehem gesungen hätten, Ehre sei Gott in der Höhe und den Menschen *Sicherheit* auf Erden? Lesen Sie in Lukas 2 nach, was die Engel tatsäch-

lich gesungen haben, und versuchen Sie den Unterschied zu deuten.

11. Würden Christen Kriege führen, wenn Jesus Kriege verboten hätte? Würden Christen Jesus folgen, wenn er Kriege verboten hätte?

12. Wieso verbietet Jesus im Evangelium (Lukas 9,51-55) seinen Jüngern, Feuer vom Himmel auf Samaria (Westjordanland) zu werfen, und erlaubt uns die Anwendung von Bomben und Drohnen? Hält er uns nicht für seine Jünger?

13. Bei der Verhaftung Jesu handelt der Jünger Petrus aus seiner moralischen Verantwortung für den Schutz Jesu heraus mit der Waffe. Jesus verbietet dieses moralische Handeln mit dem Hinweis: Wer Waffen benutzt, kommt durch Waffen um (Matthäus 26,51-52). Gilt dieses Verbot auch für uns?

14. Können wir es uns leisten, auf den Gewaltverzicht Jesu zu verzichten?

15. Sie haben in der Bibel gelesen: „Nie werde ich wieder die Erde verachten um des Menschen willen. Denn das Trachten des Menschenherzens ist böse von Jugend an. Und nie werde ich wieder schlagen, was da lebt, wie ich getan habe." (Genesis 8,21) Könnte man sagen, dass Gott aus der Sintflut gelernt hat? Was genau hat Gott gelernt? Sind Lernprozesse Gottes für Sie von Relevanz?

16. Das II. Vatikanische Konzil sprach in Bezug auf den totalen modernen Krieg von einem Verbrechen gegen Gott und die Menschen. Der Ökumenische Weltrat der Kirchen (ÖRK) formulierte bereits bei Gründung in Amsterdam 1948: „Krieg soll nach Gottes Willen nicht sein." Interessiert Sie Gottes Wille? Beunruhigt es Sie, wenn Gottes Wille nicht zum Zuge kommt? Wenn nein, warum eigentlich nicht? Denken Sie oft an Amsterdam, wenn sie beten, „Dein Wille geschehe?"

IVB Gruppe Bielefeld V.I.S.D.P. Annette und Thomas Nauerth

Zu den
Autorinnen & Autoren

DIETRICH BECKER-HINRICHS, geb. 1957, Kriegsdienstverweigerer (Zivildienst), Studium der Theologie in Tübingen, Basel und Heidelberg, Gemeindepfarrer in der Badischen Landeskirche seit 1985, zur Zeit in Bretten. Mitarbeit in der Friedensbewegung, bei der Werkstatt für Gewaltfreie Aktion, Baden und im Forum Friedensethik der Evangelischen Landeskirche in Baden.

PETER BÜRGER, geb. 1961 (Eslohe/Sauerland), Kriegsdienstverweigerer (Zivildienst), Theologiestudium in Bonn, Paderborn, Tübingen (Diplom 1987), examinierter Krankenpfleger, psycho-soziale Berufsfelder, ab 2003 freier Publizist (Düsseldorf, www.friedensbilder.de). Seit dem 18. Lebensjahr Mitglied der internationalen katholischen Friedensbewegung pax christi, später auch: Versöhnungsbund, DFG-VK, Solidarische Kirche im Rheinland. Mitarbeit im Ökumenischen Institut für Friedenstheologie.

MATTHIAS-W. ENGELKE, Dr. theol., geb. 1957 (Hamburg), Studium in Bonn und Kopenhagen, promoviert 1997, Pfarrer in Wiehl-Oberbantenberg, in der Militärseelsorge in Idar-Oberstein, Studentenseelsorge in Trier und Birkenfeld und zuletzt im Gemeindedienst in Nettetal-Lobberich/Hinsbeck, seit 2015 im unbezahlten friedenstheologischen Forschungsurlaub, Mitglied im Internationalen Versöhnungsbund, verheiratet, zwei Kinder. Mitarbeit im Ökumenischen Institut für Friedenstheologie.

STEFAN FEDERBUSCH OFM, geb. 1967 (Hannover), Kriegsdienstverweigerer (Zivildienst), Eintritt in den Franziskanerorden (1990), Theologiestudium in Münster und Jerusalem, Priesterweihe (1998), Tätigkeiten als Erwachsenenbildner und Schulseelsorger, derzeit Leiter des Exerzitienhauses „Franziskanisches Zentrum für Stille und Begegnung" in Hofheim, Redaktionsleiter der Zeitschriften FRANZISKANER und TAUWETTER, Mitglied der Provinzkommission für Gerechtigkeit, Frieden und Bewahrung der Schöpfung sowie bei pax christi. Mitarbeit im Ökumenischen Institut für Friedenstheologie.

HILDEGARD GOSS-MAYR, Dr. phil., seit 1953 tätig im Rahmen des Internationalen Versöhnungsbundes zur Schulung in Philosophie und Praxis der Gewaltfreiheit, Konfliktlösung und Versöhnungsarbeit, 1953–1960 Arbeit im Bereich Aussöhnung im Ost-West-Konflikt, ab 1962 in Lateinamerika Aufbau gewaltloser Befreiungsbewegungen, Lobbyarbeit auf dem II. Vatikanum, von 1966 bis 1985 Vizepräsidentin des Internationalen Versöhnungsbundes, aktuell Ehrenpräsidentin des Internationalen Versöhnungsbundes. Trägerin mehrerer Friedenspreise.

ULLRICH HAHN, geb. 1950, Rechtsanwalt in Villingen-Schwenningen mit dem Schwerpunkt Ausländer- und Asylrecht, ab 1973 kirchlicher Beistand für Kriegsdienstverweigerer und juristischer Beistand einer Vielzahl von Totalverweigerern, aktiv lange Jahre in verschiedenen Gremien der Evangelischen Landeskirche Baden, an der Gründung des Lebenshauses und des „Nudelhauses" in Trossingen beteiligt, 14 Jahre lang Vorsitzender des deutschen Zweigs des Internationalen Versöhnungsbundes, seit 2010 dessen Präsident.

KAREN HINRICHS, geb.1959, evangelische Theologin und Pädagogin, war von 1989 bis 2004 Gemeindepfarrerin und von 2004 bis 2019 theol. Oberkirchenrätin der Evangelischen Landeskirche in Baden. Sie leitet seit 2020 das Friedensinstitut der Evangelischen Hochschule Freiburg als geschäftsführende Direktorin und engagiert sich ehrenamtlich im Vorstand von „Gewaltfrei Handeln e.V." (früher Schalomdiakonat).

MARGOT KÄßMANN, Dr. theol., geb. 1958, deutsche evangelische Theologin, Autorin und Pfarrerin, 1989 Promotion („Armut und Reichtum als Anfrage an die Einheit der Kirche"), 1983–2002 Mitglied im Exekutivausschuss des ÖRK, 1995–1999 Generalsekretärin des Deutschen Evangelischen Kirchentages, 2002–2011 Präsidentin der Zentralstelle für Recht und Schutz der Kriegsdienstverweigerer aus Gewissensgründen, 1999–2010 Landesbischöfin der Evangelisch-lutherischen Landeskirche Hannovers und 2009-2010 Ratsvorsitzende der Evangelischen Kirche in Deutschland (EKD). Von 2012 bis 2017 „Botschafterin für das Reformationsjubiläum 2017" im Auftrag des Rates der EKD.

WOLFGANG KRAUß, geb. 1954, Studium der Anglistik und Germanistik, Verlagsarbeit, 1984-2008 Mitarbeiter des Deutschen Mennonitischen Friedenskomitees, seit 2008 Erinnerungsprojekt an die Täuferbewegung in Augsburg „Die andere Reformation", Prediger der Mennonitengemeinde Bammental, Theologischer Mitarbeiter der Mennonitengemeinde Augsburg, verheiratet, vier erwachsene Kinder. Mitarbeit im Ökumenischen Institut für Friedenstheologie.

MARTIN LEINER, Prof. Dr. theol., geb. 1960, evangelischer Theologe, Promotion 1994 („Psychologie und Exegese. Grundfragen einer textpsychologischen Interpretation des Neuen Testaments"), Habilitation 1998 („Gottes Gegenwart. Die dialogische Philosophie Martin Bubers und der Ansatz der theologischen Rezeption bei Friedrich Gogarten und Emil Brunner"), von 1998 bis 2002 Assistenzprofessor, anschließend Professor für Systematische Theologie und Hermeneutik an der Université de Neuchâtel, seit 2002 Lehrstuhl für Systematische Theologie und Ethik an der Friedrich-Schiller Universität (FSU) Jena, seit 2013 Leiter des Jena Center for Reconciliation Studies (JCRS) zur Konflikttransformations- und Versöhnungsforschung.

BURKHARD LUBER, Dr. pol., Studium der Politikwissenschaft, Anglistik und Philosophie in Frankfurt, Gießen und Philadelphia, Lehrer in England, Promotion in Friedensforschung, 1985 bis 2007 Geschäftsführer der internationalen Stiftung für Friedensarbeit „Die Schwelle" in Bremen, seit 2008 Dozent für Internationale Politik und Redakteur in der Zeitschrift „Das Milieu" (https://www.dasmili.eu/autoren/dr-burkhard-luber/).

THOMAS NAUERTH, Dr. theol. habil., geb. 1961, katholischer Theologe, Promotion 1996 („Untersuchungen zur Komposition der Jakoberzählungen. Auf der Suche nach der Endgestalt des Genesisbuches"), Habilitation 1998 („Fabelnd Denken Lernen. Konturen biblischer Didaktik am Beispiel Kinderbibel"), seit 2015 apl. Prof. für Religionspädagogik am Institut für Katholische Theologie Universität Osnabrück, Mitglied im Internationalen Versöhnungsbund/Deutscher Zweig, Redakteur der Homepage www.friedenstheologie.de und www.bibelunddidaktik.uni-osnabrueck.de. Mitarbeit im Ökumenischen Institut für Friedenstheologie.

GOTTFRIED ORTH, geb. 1952 (Darmstadt). Studium der Theologie, Philosophie und Sozialwissenschaften in Heidelberg, Montpellier, Zürich und Frankfurt. Promotion über Helmut Gollwitzers Predigten, Habilitation zum Thema „Parteilichkeit und Verständigung" (Evangelische Erwachsenenbildung). Pfarrer, Erwachsenenbildner, Prof. em. für Evangelische Theologie und Religionspädagogik. Seit mehr als 40 Jahren aktiv in verschiedenen Gruppen für Frieden, Gerechtigkeit und Bewahrung der Schöpfung. Freier Trainer für Gewaltfreie Kommunikation im OR-CA-Institut für Konfliktmanagement und Training. Mitarbeit im Ökumenischen Institut für Friedenstheologie.

RAINER SCHMID, geb. 1963, evangelischer Theologe in Württemberg, Amos-Preisträger, aktiv im Internationalen Versöhnungsbund und in der DFG-VK. Engagiert sich gegen Atomwaffen, Rüstungsfirmen und gegen die Zusammenarbeit der Kirche mit dem Militär. Mitarbeit im Ökumenischen Institut für Friedenstheologie.

MICHAEL SCHOBER, Dr. theol., wissenschaftlicher Mitarbeiter für Religionspädagogik/Fachdidaktik am Institut für Katholische Theologie der Universität Hildesheim mit Lehrverpflichtungen an der Leibniz Universität Hannover, Forschungsschwerpunkte u.a. erinnerungsgeleitetes und interreligiöses Lernen. Mitglied bei pax christi, Mitarbeit im Ökumenischen Institut für Friedenstheologie. Seine friedensethische Dissertation „Zeugnisse der Unterbrechung von Gewalt im Krieg – Grundlegung einer Ethik des nicht suspendierten Zweifels" ist auch online zugänglich unter folgendem Link: https://nbn-resolving.org/urn:nbn:de:gbv:hil2-opus4-9902

STEFAN SILBER, Prof. Dr. theol. habil., geb. 1966, Professor für Didaktik der Theologie im Fernstudium mit Schwerpunkt Systematische Theologie an der Katholischen Hochschule Nordrhein-Westfalen, Abteilung Paderborn, Mitglied des Diözesanvorstands von pax christi Würzburg und des Wissenschaftlichen Beirats von pax christi Deutschland sowie Koordinator der Plattform Theologie der Befreiung. Mitarbeit im Ökumenischen Institut für Friedenstheologie. Von 1997 bis 2002 lebte und arbeitete er mit seiner Familie in der Diözese Potosí in Bolivien.

EGON SPIEGEL, Prof. Dr. theol. habil., Prof. h.c., Dipl. Theol. (Universität Freiburg), Dipl. Pol. (Universität Marburg), ausgebildeter Pastoralreferent (Diözese Fulda), Inhaber des Lehrstuhls für Praktische Theologie: Religionspädagogik und Pastoraltheologie, Universität Vechta, Visiting Professor der Uniwersytet Warmińsko-Mazurski, Olsztyn, Polen, sowie Advisory Professor am UNESCO Chair on Peace Studies at Nanjing University, P.R. China, und Distinguished Researcher des Institute of Nanjing Massacre History and International Peace in Nanjing.

GEORG STEINS, Dr. theol., Studium der Philosophie und Katholischen Theologie in Münster, Tübingen und Innsbruck, habilitiert im Fach Altes Testament (Die ‚Bindung Isaaks' im Kanon (Gen 22). Grundlagen und Programm einer kanonisch-intertextuellen Lektüre. Mit einer Spezialbibliographie zu Gen 22, Herders Biblische Studien 20, Freiburg 1999), seit 2002 Professor für Biblische Theologie/Exegese des Alten Testaments an der Universität Osnabrück, Koordinator des Masterprogramms Theologie und Kultur, Mitglied im Arbeitskreis Bibel und Didaktik; Forschungsschwerpunkte: Bibelhermeneutik (Kanon und kanonisch-intertextuelle Lektüre); Bibeltheologie (Wunder, Schöpfung, Frieden, Apokalyptik); Kommentarprojekte zu den Büchern der Chronik und zu Daniel.

ANJA VOLLENDORF, Pfarrerin, Kirchenrätin im Landeskirchenamt der Evangelische Kirche im Rheinland, Abt. 1 Theologie und Ökumene. Dez. 1.2 Ökumene, Geschäftsführung AG Friedensarbeit. Mitarbeit im Ökumenischen Institut für Friedenstheologie.

MARIE NOËLLE VON DER RECKE, geb. 1952, mennonitische Theologin, von 1977 bis 1985 Dozentin für Bibelwissenschaften und Ethik an der Europäischen Mennonitischen Bibelschule Bienenberg (Schweiz), seit 1985 Mitglied der ökumenischen Lebensgemeinschaft des Laurentiuskonvents, von 2000 bis 2013 Generalsekretärin von Church and Peace, Mitglied der Mennonitengemeinde Weierhof/Pfalz, Menno-Simons-Predigtpreis 2016.

JOHANNES WEISSINGER, geb. 1948, 1967 Kriegsdienstverweigerung, 1968/1969 Zivildienst (Bethel), Studium der evangelischen Theologie, Pfarrer der EKvW im Gemeindedienst (Dortmund , in mit der Ehefrau geteilter Stelle Schwerte und Lünen) und für Erwachsenenbildung (Kirchenkreis Wittgenstein), Mitarbeit in Gremien und Gruppen der westfälischen Landeskirche besonders zu den Themen Sozialer Friedensdienst, Friedensverantwortung der Kirche, Juden-Christen, seit 1983 Vorsitzender der Regionalen AG Westfalen der EAK (Ev. Arbeitskreis Kriegsdienstverweigerung und Frieden). Mitarbeit im Ökumenischen Institut für Friedenstheologie.

THEODOR ZIEGLER, geb. 1953, Dr. phil., Friedensarbeit der Evangelischen Landeskirche in Baden, Lehrbeauftragter an der Evangelischen Hochschule in Freiburg, tätig in der Beratung von Kriegsdienstverweigerern und im Religionsunterricht. Mitarbeit im Ökumenischen Institut für Friedenstheologie. Seine 2018 als Buch veröffentlichte Dissertation handelt von den Motiven und Alternativentwürfen christlicher Pazifisten verschiedenster theologischer Richtungen.

Ökumenisches Institut für Friedenstheologie
www.oekum-institut-friedenstheologie.de

edition pace

John Dear
EIN MENSCH DES FRIEDENS
UND DER GEWALTFREIHEIT WERDEN
Ausgewählte Aufsätze und Reden
edition pace 1
168 Seiten; farbige Abbildungen; Taschenbuch; Preis 6,99 €
Norderstedt: BoD 2018 – ISBN: 978-3-7460-8898-3

Heinrich Missalla
„GOTT MIT UNS"
Die deutsche katholische Kriegspredigt 1914-1918
edition pace 2
132 Seiten; zahlreiche Abbildungen; Taschenbuch; Preis 5,60 €
Norderstedt: BoD 2018 – ISBN: 978-3-7528-1568-9

Christian Weisner / Friedhelm Meyer / Peter Bürger (Hg.)
„GEDENKT DER HEILIGSPRECHUNG VON OSCAR ROMERO
DURCH DIE ARMEN DIESER ERDE"
Dokumentation des Ökumenischen Aufrufes
zum 1. Mai 2011 – Zuschriften – Lesesaal
edition pace 3
268 Seiten; farbige Abbildungen; Taschenbuch; Preis 9,99 €
Norderstedt: BoD 2018 – ISBN: 978-3-7460-7979-0

Reinhard J. Voß
DIE KATHOLISCHE KIRCHE IN DER DR KONGO
IM KONTEXT VON GESELLSCHAFT UND ÖKUMENE
edition pace 4
372 Seiten; farbige Abbildungen; Taschenbuch; Preis 12,99 €
Norderstedt: BoD 2019 – ISBN: 978-3-7481-4482-3

Matthias-W. Engelke
ZELT DER FRIEDENSMACHER
Die christliche Gemeinde in
Friedenstheologie und Friedensethik
edition pace 5
464 Seiten; Abbildungen; Taschenbuch; Preis 15,90 €
Norderstedt: BoD 2019 – ISBN: 978-3-7494-3645-3

I<small>M</small> S<small>OLD DER</small> S<small>CHLÄCHTER</small>
Texte zur Militärseelsorge im Hitlerkrieg
Hg. R. Schmid, Th. Nauerth, M.-W. Engelke, P. Bürger
edition pace 6
440 Seiten; farbige Abbildungen; Taschenbuch; Preis 14,99 €
Norderstedt: BoD 2019 – ISBN: 978-3-7481-0172-7

John Dear
G<small>EWALTFREI LEBEN</small>
Aus dem Englischen von Ingrid von Heiseler,
herausgegeben von Thomas Nauerth
edition pace 7
192 Seiten; farbige Abbildungen; Taschenbuch; Preis 8,90 €
Norderstedt: BoD 2019 – ISBN: 978-3-7494-5179-1

D<small>IE</small> S<small>EELEN RÜSTEN</small>
Zur Kritik der staatskirchlichen Militärseelsorge
Hg. R. Schmid, Th. Nauerth, M.-W. Engelke, P. Bürger
edition pace 8
456 Seiten; farbige Abbildungen; Taschenbuch; Preis 15,99 €
Norderstedt: BoD 2019 – ISBN: 978-3-7494-6804-1

Peter Bürger
O<small>SCAR</small> R<small>OMERO, DIE SYNODALE</small> K<small>IRCHE</small>
<small>UND</small> A<small>BGRÜNDE DES</small> K<small>LERIKALISMUS</small>
Zum 40. Todestag des Lebenszeugen aus El Salvador
edition pace 9
112 Seiten; Taschenbuch; Preis 8,90 €
Norderstedt: BoD 2020 – ISBN: 978-3-7504-9377-3

Ullrich Hahn
V<small>OM</small> L<small>ASSEN DER</small> G<small>EWALT</small>
Thesen, Texte, Theorien zu Gewaltfreiem Handeln heute.
Herausgegeben von Annette Nauerth & Thomas Nauerth.
edition pace 10
344 Seiten; Taschenbuch; Preis 14,80 €
Norderstedt: BoD 2020 – ISBN: 978-3-7519-4442-7

Wilhelm Wille
S<small>IE SAGEN</small> F<small>RIEDE</small>, F<small>RIEDE</small> …
Zwanzig Jahre Forum Friedensethik
in der Evangelischen Landeskirche in Baden (FFE)

edition pace

Die hier fortgesetzte *edition pace*,
initiiert von Thomas Nauerth und Peter Bürger,
erschließt Quellentexte, Inspirationen & Forschungsbeiträge
zu folgenden Themenschwerpunkten:

Kultur der Gewaltfreiheit und des Friedens;
Persönlichkeiten, Spiritualität und Praxis
des gewaltfreien Widerstands;
Friedenstheologie, Kritik der Kriegsreligion;
Kirchliche Friedenslehren und Geschichte des
religiös motivierten Pazifismus;
Ökumenische und interreligiöse Lernprozesse
in der Bewegung für Gerechtigkeit, Frieden und
Bewahrung der Schöpfung.